KB237556

약속의 성취

너희 자녀에게 성경을 가르치라

현재까지 출간된 책들

- **창세기 가정예배** : 세상의 시작
- **출레민신 가정예배** : 광야를 지나는 언약 백성
- **약속의 성취** : 사복음서, 사도행전 가정예배

약속의 성취

사복음서, 사도행전 가정예배

조엘 R. 비키, 닉 톰슨 지음

김도영 옮김

개혁된실천사

자녀 양육의 주된 목적은 무엇인가? 그것은 〈웨스트민스터 소요리문답〉에 함축되어 있는 대로 우리의 자녀들이 하나님의 은혜로 구원받아 그분을 영화롭게 하고, 영원히 즐거워하는 것이다. 우리가 부모라면, 우리의 일차적인 목표는 지성적이고, 성공적이고, 유능하고, 정직한 시민을 육성하는 데 있지 않다. 물론, 그런 일에도 당연히 관심을 기울여야 하겠지만, 자녀들의 영혼을 유익하게 하고, 특히 하나님을 영화롭게 하는 하나님 중심적인 자녀 양육에 초점을 맞춰야 한다. 부모는 성령의 도우심을 통해 만물이 하나님에게서 나오고 그분으로 말미암고 그분에게로 돌아갈 뿐 아니라 그분이 모든 영광을 받기에 합당하시다는 것을 자녀들이 고백할 수 있게끔 도와야 한다(롬 11:36). 자녀들이 하나님 안에서 기뻐할 수 있도록(시 37:4) 그들의 양심을 일깨워 죄를 뉘우치고 그리스도를 믿도록 인도하는 것이 부모의 목표다(시 34:8). 우리는 자녀 양육을 축복하시는 성령의 은혜를 의지함으로써 우리의 자녀들이 일찍부터 〈하이델베르크 요리문답〉 제2문에 세 가지로 요약된 대로 참된 행복을 알고, 경험할 수 있게 해달라고 기도해야 한다. "첫째는 나의 죄와 비참함이 얼마나 큰지를 알아야 하고, 둘째는 어떻게 나의 모든 죄와 비참함에서 구원받을 수 있는지를 알아야 하며, 셋째는 그런 구원에 대해 하나님께 어떻게 감사해야 하는지를 알아야 한다." 그렇게 되면 우리의 자녀들은 진정으로 '하나님을 영화롭게 하고 그분을 영원히 즐거워할 수 있다.' 이것이 자녀 양육의 주된 목적이다.

그러나 하나님을 영화롭게 하고 즐거워하려면 지식이 필요하다. 하나님을 알지 못하면 그분을 영화롭게 할 수도 없고, 즐거워할 수도 없다. 이것이 〈웨스트민스터 소요리문답〉 제2문이 "하나님은 어떤 규칙을 우리에게 주어 자신을 영화롭게 하고 즐거워하도록 가르치셨는가?"라고 묻는 이유다. 하나님을 영화롭게 하고 즐거워하려면, 그 규칙을 통해 그분과 그분이 요구하시는 것을 알아야 한다. 그렇다면 그 규칙은 무엇일까? 〈웨스트민스터 소요리문답〉은 "하나님을 영화롭게 하고 즐거워하도록 가르치는 유일한 규칙은 신구약 성경에 기록된 하나님의 말씀이다."라고 대답한다.

우리가 〈자녀들에게 성경을 가르치라〉라는 시리즈를 저술하게 된 이유는 바로 이런 확신 때문이다. 우리는 매일의 가정 예배를 통해 흥미롭고 적절하면서도 전인적인 방식으로 자녀들에게 성경을 가르치는 것이 자녀 양육의 주된 목적을 이루기 위한 중요한 수단 가운데 하나라고 믿는다. 우리의 자녀들이 하나님을 영화롭게 하고 즐거워하게 하려면, 그들에게 신구약 성경을 가르쳐야 한다. 안타깝게도 자녀들에게 성경을 가르치고, 적용하는 일을 할 수 있는 역량이 부족하다고 느끼는 부모들이 많다. 그것이 이 시리즈가 필요한 이유다. 이 시리즈는 가정 예배를 통해 자녀들에게 하나님의 온전하신 뜻을 가르치기를 원하는 부모들을 위한 지침서다. 우리의 목적은 성경적이고, 개혁주의적인 건전한 가정 예배를 위한 지침, 곧 5-12세의 아이가 충분히 이해할 수 있을 뿐 아니라 온 가족을 교육하는 데 필요한 안내서를 제공하는 데 있다.

이 시리즈의 각 장은 '복습,' '본문 읽기,' '해설,' '기도'라는 네 개의 항으로 구성되어 있다. 우리는 각 장을 단순하고, 기억하기 좋게 구성함으로써 부모들이 수중에 이 지침서가 없을 때도 쉽게 떠올려 따라서 할 수 있도록 배려했다. 아래에 이 네 가지 항의 내용과 그것을 최대한 잘 활용할 수 있는 방법을 설명했으니 참조하기 바란다.

복습

교육에 관한 고전이라고 할 만한 책을 저술한 존 밀턴 그레고리는 그 책에서 인간의 생각을 "처음에는 그림의 윤곽과 서로 동떨어진 듯 보이는 부분들을 대충 그리고 나서 개개의 부분들을 계속 손질해 음영을 온전하게 드러냄으로써 구상한 것을 실물과 똑같게 완전하게 그려내는" 미술가에 빗대었다. 우리도 자녀들과 함께 똑같은 진리를 여러 번 되풀이함으로써 하나님의 말씀에 관한 그들의 생각이 흐릿하고, 불분명한 단계에서 뚜렷하고, 명료한 단계로 발전해 나가도록 이끌어야 한다.

이 항에는 최근에 가정 예배에서 논의된 이야기와 교리와 적용을 복습하도록 도와줄 질문이 두 개씩 수록되어 있다. 이 지침서에 수록된 모든 질문은 부모를 돕기 위한 몇 가지 실례에 지나지 않는

약속의 성취

다. 다시 말해, 그것들은 꼭 물어야 할 질문도 아니고, 유일한 질문도 아니다. 각각의 질문에 대한 대답은 그 바로 아래에 명시되어 있다. 자녀들과 내용을 복습할 때는 "이번 주에 우리는 성경의 어느 부분을 살펴보고 있지?"라거나 "어제 살펴본 성경은 어디지?"와 같은 좀 더 일반적인 질문을 던지는 것이 유익하다. 이 항목에 제시된 질문들은 그런 질문보다는 좀 더 구체적이기 때문에 일반적인 질문도 함께 던지는 것이 좋다. 자녀들에게 앞서 진행된 예배를 통해 배운 것을 말할 기회를 제공하면, 하나님의 말씀을 그들의 생각과 마음속에 더욱 확고하게 심어줄 수 있을 뿐 아니라 성경의 이야기들과 진리들을 서로 연관시킬 수 있는 능력을 길러줄 수 있다.

본문 읽기

우리의 자녀들이 정기적으로 성경을 접하지 않으면 하나님을 영화롭게 하고, 즐거워하는 것이 불가능하다는 것이 그리스도인 부모인 우리의 신념이다. 하나님의 말씀은 살아 있고 강력하며(히 4:12), 항상 하나님이 말씀하신 목적을 이룬다(사 55:11). 하나님의 말씀은 영원히 거하며(사 40:8), 영적으로 죽은 죄인들을 거듭나게 만들고(벧전 1:23), 신자들 안에서 효과적으로 역사해 예수님을 더욱 닮게 하며(요 17:17), 모든 선한 일을 행할 능력을 갖추게 해준다(딤후 3:16, 17).

'본문 읽기' 항은 두 부분으로 구성되어 있다. 첫 번째는 예배의 본문이 되는 성경 구절들이다. 성경은 무엇이든 다 유익하지만, 그렇다고 해서 어린아이들에게 모든 성경이 다 똑같이 유익한 것은 아니다. 이런 이유로 우리는 이 시리즈에서 성경의 장과 절을 일일이 다 다루지 않고, 5-12세의 어린아이들을 가르치는 데 가장 적합하게 생각되는 구절들만 다루기로 결정했다. 성경의 장 전체가 아닌 작은 단락(대개 두 개 내지 열 개의 구절)에 초점을 맞춘 것도 그런 이유에서다. 어린아이를 가르칠 때는 적게 가르칠수록 더 많이 가르칠 수 있는 경우가 많다. 공경하는 태도로 표현력 있게 천천히 본문을 읽어라. 자녀들이 직접 읽을 만한 나이가 되었다면, 한 구절이나 본문 전체를 읽을 기회를 제공하라.

성경 본문을 읽은 다음에는 몇 가지 질문을 접하게 될 것이다. 예를 들어, 창세기 12장 1-9절이 본문일 때는 다음과 같은 질문들을 던질 수 있다.

1) 누가 아브람에게 나타났는가?
2) 하나님은 아브람에게 어디로 가라고 명령하셨는가?
3) 아브람은 하나님께 어떻게 반응했는가?

성경에 귀를 기울이게끔 유도하고, 내용을 얼마나 잘 이해했는지를 점검하며, 그것을 자신의 말로 명료하게 표현할 수 있도록 가르치려면 기본적인 이해를 묻는 물음을 묻는 것이 중요하다. 성경 본문을 다 읽고 나서 이런 질문들을 던질 수도 있지만, 주의를 집중시키기 위해 본문을 읽어가면서 질문들을 던지는 것도 유익할 것이다.

해설

웨스트민스터 총회가 발간한 〈가정 예배 지침서〉는 성경을 읽지만 말고, 가정 예배의 지도자(대개는 아버지)가 공개적으로 설명하고, 적절하게 적용해야 한다고 조언한다. 우리의 자녀들은 단순히 성경의 기본적인 내용을 이해하는 데 그쳐서는 안 된다. 구체적으로 말해, 성경의 내용을 해설하고, 적용하는 것이 필요하다. 가정 예배에서 부모가 해야 하는 역할 가운데 가장 어려운 일이 있다면 바로 이것이다. 자녀들의 흥미를 끌면서 그들이 이해할 수 있는 말로 성경을 적절하게 설명하고 적용할 능력이 없다고 느끼거나 매일 그런 일을 준비할 시간이 충분하지 않다고 생각하는 부모들이 많다. 이 항을 마련한 이유는 그런 부모들의 고충을 덜어주기 위해서다.

이 항에서 발견되는 첫 번째 요소는 본문의 핵심 내용이다. 이것은 본문의 요점을 밝힌 간결한 문장이다. 이것을 가족들에게 읽어주어도 좋고, 그들에게 성경을 가르칠 때 논의의 초점을 유지하는 길잡이로 삼아도 좋다. 핵심 내용 이후에 제시된 글은 어린 자녀의 수준을 고려해 성경 본문을 해설하고, 예시하고, 적용하는 내용으로 이루어져 있다. 이 글을 가족들에게 읽어주면 본문을 좀 더 깊이 이해할 수 있도록 도울 수 있다.

이 과정 이후에는 적용을 위한 질문들을 나열했다. 이 질문들은 논의를 촉진하기 위한 것이다. 성경을 적용할 때는 전인적인 요소를 고려하는 것이 중요하다. 성경 전체를 어린 자녀의 전인적인 인격에 적용해야 한다. 머리에 지식을 제공하고, 마음을 자극하고, 손을 움직이게 만드는 다양한 질문들이 제시되었다. '복습'과 '본문 읽기'에 제시된 질문들처럼, 이 질문들도 꼭 물어야 할 질문이 아닌 대표적인 실례일 뿐이다. 본문을 자녀들에게나 가정이 처한 상황에 구체적으로 적용할 수 있는 방법을 찾는 것이 중요하다. 제시된 질문들에 얽매이지 말고, 길잡이로 삼아 상황에 알맞은 질문들을 생각해 내라. 바꾸어 말해, 우리가 제시한 질문들은 주인이 아닌 종과 같은 역할을 할 따름이다. 그러나 어떤 질문을 던지든 자녀들의 인간적인 요소 전체(곧 머리, 마음, 손)에 하나님의 진리를 적용하려고 노력해야 한다.

기도

하나님은 성경 말씀을 통해 우리에게 말씀하시고, 우리는 기도로 그분께 대답한다. 열심히 기도하는 가정보다 하나님의 마음을 더 기쁘게 하는 것은 없다. 이 마지막 항에는 성경 본문 및 본문 해설과 연관된 기도가 제시되어 있다. 기도를 제시했지만, 자녀들에게 "오늘 하나님의 말씀을 통해 배운 것과 관련해 무슨 기도를 드리면 좋겠느냐?"라고 물으라고 권하고 싶다. 자녀들이 우리 저자들보다 더 나은 기도 제목을 제시할 수도 있다. 아무쪼록 우리의 기도 제안이 하나님의 말씀에 근거한 기도로 그분께 대답하는 방법을 가르치는 데 도움이 될 수 있기를 바란다.

부모들은 자녀들이 예수 그리스도 안에 있는 말로 다 할 수 없이 풍성한 하나님의 영광을 맛볼 수 있도록 이끌어야 한다. 이 시리즈가 하나님의 도구가 되어 그런 부모들을 많이 배출하는 데 도움이 되기를 바라는 마음 간절하다. 자녀들이 하나님을 사랑하며 그분의 진리 안에서 행하는 것을 보는 것보다 더 좋은 것이 어디에 있겠는가(요삼 1:4)? 그런 일이 발생하면, 자녀 양육의 주된 목적이 실현된 것이다. 이 시리즈가 그런 중요한 노력에 조금이나마 도움이 되면, 우리는 더할 나위 없이 기쁠 것이다.

—조엘 비키와 닉 톰슨

목차

1부
그리스도 안에서 성취하심

마태복음 - 요한복음

복습 

1)　네 복음서의 이름은 무엇입니까?

— 마태, 마가, 누가, 요한복음입니다.

2)　하나님께서 우리에게 복음서를 주신 이유는 무엇입니까?

— 예수 그리스도의 삶과 죽음과 부활을 우리가 알게 하시기 위해서입니다.

본문 읽기 

요한복음 1:1-3, 14-18

1)　요한이 말한 "말씀"은 누구를 가리킵니까?

— 아버지와 능력과 영광이 동일하신 하나님의 아들입니다.

2)　그 말씀은 하나님께서 창조하신 존재였습니까?

— 아닙니다. 처음 시작의 바로 그 순간에 이미 계셨고, 아버지와 함께 만물을 창조하셨습니다.

3)　말씀은 세상을 창조하신 뒤 세상에서 멀리 떠나 계셨습니까?

— 아닙니다. 놀라운 사랑으로 사람이 되셔서, 자신에게 순종하지 않았던 세상을 구원하려고 오셨습니다.

핵심 내용 : 우리의 창조주께서 우리를 구원하시기 위해 우리 가운데 한 사람이 되셨다.

성경은 하나님 한 분 외에는 아무것도 없던 가장 처음에서 시작한단다(창 1:1). 너와 나는 어느 순간에 존재하게 되었지만 하나님은 그렇지 않으시지. 하나님이 계시지 않던 때는 한 번도 없었어. 요한은 요한복음을 시작하면서, 시작이 없으신 하나님께서 만물을 창조하시던 바로 그 처음으로 우리를 이끌어 주고 있어.

하나님께서 어떻게 세상을 창조하셨는지 기억하니? 하나님은 능력 있는 말씀으로 세상을 창조하셨어(창 1:3; 시 33:6). 아무것도 없는 가운데서 모든 것을 존재하게 하신 거야. 그런데 그 창조의 "말씀"은 단순한 소리가 아니라 한 인격이셨어. 그분은 성부 하나님과 구별되시면서도 동시에 하나이신 하나님의 아들이시지. 우리의 하나님은 성부와 성자와 성령, 세 위격으로 존재하신단다. 요한은 그중 두 번째 위격이신 성자에게 특별히 초점을 맞추어서, 그분이 시작이 없으신 만물의 창조주이심을 보여 주고 있어. 하나님으로서 예수님께는 생일이 없으셔.

그렇지만 우리는 해마다 예수님의 생일을 기념하지? 맞아. 만물을 창조하신 하나님의 아들께서 자신의 창조 세계 안으로 들어오셨기 때문이야. 이것을 성육신이라고 해. 하나님께서 사람이 되셨다는 뜻이지. 우리가 다른 존재인 척하려고 옷을 입을 수는 있지만, 하나님의 아들께서는 사람인 척하신 것이 아니야. 참된 몸과 영혼을 취하셔서 실제 사람이 되신 거야. 예수님께 하나님으로서의 생일은 없으시지만, 사람으로서의 생일은 있으신 거란다.

네가 개미가 된다고 상상해 볼 수 있겠니? 하나님께서 사람이 되셨을 때는 단순히 더 큰 존재가 더 작은 존재로 변한 것이 아니야. 이것은 마치 너나 내가 아주 작은 벌레가 되는 것과 같은 일이 아니란다. 하나님께서 사람이 되셨을 때, 위대한 창조주께서 피조물이 되신 거란다. 이것은 세상에서 가장 놀라운 진리야. 하나님께서 우리를 얼마나 사랑하시는지를 분명하게 보여 주거든. 우리의 창조주께서 우리를 구원하시기 위해 우리 가운데 한 사람이 되셨어. 그분은 은혜와 진리로 우리의 죄에서 우리를 구원하기 위해 오셨고, 이는 우리가 하나님을 알고 그분과 함께 영원히 살게 하시기 위함이야. 우리는 스스로 하나님께 올라갈 수 없단다. 그래서 하나님께서 예수님 안에서 우리에게 내려오셔서, 오직 하나님만 하실 수 있는 방식으로 우리를 구원하신 거야.

1) 성육신이 무엇입니까?

── 하나님께서 인간의 몸을 취하시어 참된 사람이 되신 놀라운 진리입니다. 하나님의 아들은 사람의 옷을 입은 것이 아니라 실제 살과 피로 태어나셨습니다.

2) 예수님께 생일이 있습니까?

── 하나님으로서는 생일이 없으십니다. 그러나 사람으로서는 탄생하셨습니다. 한 인격 안에 시작이 없으신 신성과, 어느 시점에 시작된 인성을 함께 가지신 것입니다.

3) 왜 하나님의 아들이 사람이 되셨습니까?

── 우리의 죄에서 우리를 구원하시고 하나님께로 다시 데려오시기 위해서입니다. 우리는 우리의 행위로 하나님께 올라갈 수 없습니다. 그래서 하나님께서 하늘에서 내려오셔서서 자신의 일로 우리를 구원하셔야 했습니다.

기도 

하나님께서 자녀들에게 성육신의 신비를 믿는 믿음을 주시도록 기도한다.

동정녀의 태에서 빚어지신 예수님

복습

1) 성육신이 무엇입니까?

　── 하나님의 아들이 사람이 되신 것입니다.

2) 하나님께서 사람이 되신 이유는 무엇입니까?

　── 우리의 죄에서 우리를 구원하시고 우리를 하나님께로 다시 데려오시기 위해서입니다.

본문 읽기

마태복음 1:18-25

1) 마리아의 태에서 예수님을 빚으신 분은 누구십니까?

　── 성령님이십니다. 보통 여자가 아기를 가지려면 남자가 필요합니다. 그런데 예수님은 성령님의 기적으로 마리아의 태에서 빚어지셨습니다.

2) 요셉의 꿈에 나타난 분은 누구입니까?

　── 하나님의 천사였습니다. 마리아의 태에 있는 아기가 하나님께로부터 온 것이라고 말해 주었습니다.

3) 구약에서 선지자 이사야는 예수님이 임마누엘이라 불릴 것이라

고 말했습니다. 임마누엘은 무슨 뜻입니까?

──"하나님이 우리와 함께 계시다"라는 뜻입니다. 마리아의 태에 있는 아기는 사람의 몸을 입고 오신 하나님의 아들이십니다.

해설

> **핵심 내용 :** 성령님께서 동정녀 마리아의 태에서 예수님을 참되고 의로우시며 신성을 지닌 사람으로 빚으셨다.

옛날 이야기에서는 황새가 아기를 부모에게 데려다준다고 말하기도 하지. 하지만 아기가 그렇게 오는 것은 아니란다. 아기는 보통 아버지와 어머니가 사랑으로 하나 될 때 생기고, 아주 작은 생명의 씨가 어머니의 태에 심겨 자라게 되는 거야. 아기가 생기려면 아버지와 어머니가 모두 필요하지.

그런데 구약 시대에 선지자 이사야가 예수님의 오심을 전하면서, 남자의 도움 없이 한 여자의 태에서 아기가 생길 것이라는 하나님의 약속을 전했단다(사 7:14). 예수님의 어머니 마리아와 그녀와 약혼한 요셉은 곧 결혼할 예정이었지만, 아직 부부로서 함께하지는 않았어. 그래서 마리아는 자신이 아기를 가지게 되었다는 소식을 천사에게 들었을 때 매우 놀랐단다. 성령님께서 마리아가 남자와 결합하는 일 없이 기적으로 마리아 안에 아기를 빚으신 거야.

하나님께서 첫 사람 아담을 흙으로 빚으시고 그에게 생명을 불어넣으신 것처럼(창 2:7), 마리아 안에서 예수님을 빚으시고 그분에게 생명을 주셨어. 예수님은 겉모습만 사람처럼 보이시는 것이 아니란다. 아기로서 마리아의 태 안에서 자라셨어. 어머니의 유전자를 함께 지닌 실제 아이로 태어나신 거야. 첫째 아담이 죄를 지어 우리 모두를 죄와 죽음 아래로 떨어뜨렸기 때문에, 하나님의 아들은 우리의 죄를 대신 지시고 우리의 죽음을 담당하시기 위해 둘째 아담으로 오셨어. 그러기 위해서는 반드시 참된 사람이 되셔야 했단다.

하지만 동시에 죄가 전혀 없는 의로운 사람이셔야 했어. 성경은 우리가 부모에게서 죄책과 죄성을 물려받는다고 가르쳐 주셔(창 5:3; 시 51:5). 그래서 아무도 거짓말하거나 이기적으로 행동하는 법을 따로 배우지 않아도 되는 거란다. 우리는 죄 가운데 태어나지만, 예수님은 그렇지 않으셨어. 예수님은 죄 있는 사람 아버지에 의해 형성되신 것이 아니라, 죄 없으신 성령님의 역사로 빚어지셔서 하나님을 사랑하고 섬기는 새로운 인류의 머리가 되셨어.

마리아의 태에서 이루어진 이 기적적인 잉태는 예수님이 죄가 없으신 분임을 보여 주고, 동시에 그분이 단순한 사람이 아니심을 드러낸단다. 그분은 우리와 함께 계시는 하나님이시며, 우리 가운데 한 사람이 되신 하나님이셔. 오직 하나님만이 우리를 우리 죄에서 구원하실 수 있기 때문이란다.

하나님의 아들은 성령님의 역사로 마리아의 태 안에서 작은 아기가 되기로 기꺼이 동의하셨어. 우리가 필요로 하는 구원자는 참 하나님이시며 동시에 참 사람이셔야 하기 때문이야. 우리 같이 하나님을 찬양하자.

1) 이사야 7장 14절은 하나님께서 보내실 구원자에 대해 무엇을
   말해 주고 있습니까?
   —— 그 구원자는 남자와 함께하지 않은 동정녀의 태에서 태어
   날 것이고, "하나님이 우리와 함께 계시다"라는 뜻을 가진 특별
   한 이름을 받을 것입니다.

2) 하나님의 아들은 참된 사람이 되셨습니까?
   —— 네. 예수님의 인성은 마리아에게서 형성되었고, 우리가 어
   머니의 태 안에서 자라는 것처럼 마리아의 태 안에서 자라나셨
   습니다.

3) 그렇다면 예수님을 다른 모든 사람과 다르게 만드는 것은 무엇
   입니까?
   —— 성령님으로 말미암아 잉태되셨기 때문에, 예수님은 하나
   님이시면서 또한 죄가 전혀 없으십니다. 우리의 죄를 없애기
   위해서는 참 하나님이시며 죄 없으신 구원자가 필요하기 때문
   입니다.

기도 

가족 모두가 참 하나님, 참 사람이신 예수 그리스도를 통해 죄에서
구원을 받도록 기도한다.

복습 

1) 예수님은 마리아의 태에서 어떻게 빚어지셨습니까?

　— 마리아가 남자와 사랑으로 함께하는 것 없이 성령님의 능력으로 빚어지셨습니다.

2) 이사야는 예수님이 어떤 이름으로 불릴 것이라고 했습니까?

　— 임마누엘입니다. 이는 "하나님이 우리와 함께 계시다"라는 뜻입니다.

본문 읽기 

누가복음 2:8-20

1) 주의 천사는 목자들에게 나타나 무엇이라고 말했습니까?

　— 큰 기쁨의 좋은 소식을 전했습니다. 주님이시며 구주이신 예수님이 태어나셨다고 했습니다.

2) 첫 천사가 말한 뒤 목자들은 무엇을 보았습니까?

　— 아주 많은 천사들의 무리가 하나님을 찬양하며 영광을 돌리는 것을 보았습니다.

3) 아기 예수님을 보고 돌아온 뒤 목자들은 무엇을 했습니까?

―― 하나님께 영광을 돌리고 찬양했습니다. 복음을 들을 때 우리는 항상 하나님을 찬양해야 합니다.

해설

우리가 눈으로 보는 세상이 전부는 아니란다. 우리 주변에는 우리가 볼 수 없는 영적인 존재들로 가득한 세계가 있어. 하나님은 영이시며(요 4:24), 하나님을 섬기도록 많은 영적 존재들, 곧 천사들을 지으셨어. 성경에서 천사들은 하나님의 백성에게 하나님의 메시지를 전했어. 그들은 지금도 하나님의 백성을 섬기고 보호하며, 멈추지 않고 하나님께 가장 아름다운 찬양을 드리고 있어(히 1:14; 계 5:11-14). 천사들은 하나님의 보좌를 둘러싸고 있으며 하늘의 영광으로 빛나고 있단다.

예수님이 태어나셨을 때, 베들레헴 밖 들판에 있던 목자들에게 수많은 천사들이 나타나 기쁜 소식을 전했어. 이 천사들은 하나님의 영광을 선포할 때 큰 기쁨으로 가득 차 있었단다. 예수님의 탄생을 통해 하늘의 하나님의 영광이 땅에 임했어. 예수님은 땅의 사람들과 하늘의 하나님 사이에 평화를 가져오기 위해 태어나셨고, 하늘과 땅을 잇는 다리가 되셨어. 그분을 통해 하늘의 기쁨과 생명과 복과 영광이 이 땅의 사람들에게 나타난단다.

천사들이 예수님을 구주라고 부른 이유는, 그분이 자기 백성을 그들의 죄에서 구원하기 위해 오셨기 때문이야(마 1:21). 우리가 죄에서 구원받지 못하면 하늘의 영광을 누릴 수 없어. 그래서 예수님은 우리를 위해 살고 죽으시려고 세상에 나셨어. 그분의 구원의 사역을 통해 우리는 하나님의 영광을 누릴 수 있는데, 이것은 가장 아름답고 놀라운 진리란다. 예수님은 언젠가 다시 오셔서 온 땅을 하늘의 영광으로 가득 채우실 거야. 목자들은 이 좋은 소식을 듣고 하나님께 영광을 돌리며 찬양으로 응답했어. 그들의 영혼은 하늘의 기쁨을 미리 맛보며 천사들의 기쁨에 함께 참여했단다. 우리도 마찬가지로 하나님을 찬양해야 해. 우리는 스스로 땅에서 하늘로 올라갈 수 없기에, 하나님께서 예수님 안에서 하늘을 이 땅으로 가져오신 거야.

1) 주 예수 그리스도는 왜 태어나셨습니까?

— 죄 가운데 있는 세상과 하늘 사이에 평화를 가져와 우리 같은 죄인들이 하나님의 영광을 알고 누리게 하시기 위해서입니다.

2) 하늘의 영광을 누리기 위해 우리는 예수님에 대해 무엇을 알아야 합니까?

— 예수님을 우리의 구주로 알아야 합니다. 복음서에서 읽고 배우는 것만으로는 충분하지 않고, 은혜로 그분을 믿어야 합니다.

 약속의 성취

3) 그리스도를 통해 나타난 하나님의 영광에 우리는 어떻게 응답
해야 합니까?

— 입술의 찬양뿐 아니라 하나님께 감사로 순종하는 삶으로
하나님을 찬양해야 합니다.

기도 

하나님의 은혜로 하나님과 가족 모든 사람 사이에 평화를 주셔서
하늘의 기쁨을 알고 천사들과 함께 찬양하게 하시기를 기도한다.

새로 나신 왕 그리스도께 경배하라

복습 

1) 주의 천사는 목자들에게 무엇을 알렸습니까?

— 주이시며 구주이신 예수 그리스도께서 태어나셨다고 알렸습니다.

2) 예수님은 왜 태어나셨습니까?

— 하나님과 사람 사이에 평화를 가져오고 이 땅에 하나님의 영광을 나타내시기 위해서입니다.

본문 읽기 

마태복음 2:1-11

1) 예수님은 어느 마을에서 태어나셨습니까?

— 베들레헴입니다. 이곳은 다윗 왕의 고향이며 하나님께서 미가 5장 2절에서 미리 말씀하신 곳입니다.

2) 별을 보고 예수님을 찾으러 예루살렘에 온 사람들은 누구입니까?

— 동방 박사들입니다. 유대인이 아닌 이방 사람들이고, 꿈과 종교에 관한 책들과 별을 연구하던 지혜로운 사람들입니다.

3) 동방 박사들이 예수님을 찾았을 때 무엇을 했습니까?

— 예수님 앞에 엎드려 경배하고 예물을 드렸습니다.

해설

> **핵심 내용 :** 동방 박사들처럼 우리도 기쁨으로 왕이신 예수님께 엎드려 경배해야 한다.

밤하늘의 별을 바라보는 것을 좋아하니? 동방 박사들은 밤하늘을 주의 깊게 연구하던 사람들이었지만, 그들이 본 이 별은 이전에 본 어떤 별과도 달랐단다. 그 별은 한 위대한 왕이 올 것을 알리는 별이 이스라엘에서 떠오를 것이라는 구약의 예언을 떠올리게 했어(민 24:17). 동방 박사들은 그 별을 보고 이 왕을 만나기 위해 긴 여행을 시작했고, 헤롯 대왕이 다스리던 왕의 도시 예루살렘으로 갔단다.

헤롯은 매우 악한 사람이었고, 누군가 자신의 왕좌를 빼앗을까 항상 두려워했어. 그래서 새로 태어난 왕에 대해 묻는 동방 박사들의 말을 듣자 마음에 두려움과 미움이 일어났단다. 메시아가 베들레헴에서 태어날 것이라는 사실을 알게 된 헤롯은 동방 박사들을 그곳으로 보내면서 자신도 예수님께 경배하겠다고 말했지만, 사실은 예수님을 죽일 계획을 가지고 있었어.

이 특별한 별은 동방 박사들을 예수님께서 계셨던 베들레헴의 한 집까지 인도했고, 그 집 위에 멈추어 섰단다. 수백 킬로미터가 넘는

긴 여행 끝에 그들은 마침내 그들이 찾던 새로 나신 왕을 만나게 된 거야! 그들은 많은 왕자들과 왕들을 만나봤지만, 이 집에 있는 아기는 평범한 왕이 아님을 알아보았어. 그분은 만왕의 왕이셨어. 그분은 다윗 왕의 자손으로서 하나님의 백성을 구원하시고 온 세상을 다스리실 분이셨어.

이 이방인들은 값비싼 황금과 향유를 예수님께 드렸을 뿐 아니라, 그분 앞에 엎드려 경배했어. 예수님은 사람의 몸을 입고 오신 영원하신 하나님의 아들이시기 때문이란다(미 5:2). 많은 유대인들이 잠들어 하나님의 왕에게 관심조차 두지 않을 때, 그리고 헤롯이 그분을 죽이려고 음모를 꾸밀 때, 이 이방인들은 예수님을 찾아와 그분을 주님으로 알고 그 앞에 엎드려 경배했어. 이것이 예수님께 나아가는 유일하게 옳은 길이란다. 우리는 예수님을 찾고, 그분 앞에 엎드려 경배하며, 우리의 전부, 우리가 가진 모든 것을 기쁨으로 드려야 해.

1) 헤롯은 왜 예수님을 죽이려고 했습니까?

── 예수님이 자신의 왕좌를 빼앗을까 두려워했기 때문입니다. 그는 다른 많은 사람들처럼 유대인의 왕이 오면 그가 로마인들을 몰아낼 것이고, 그래서 자신의 왕좌도 빼앗길 것이라고 생각했습니다.

2) 동방 박사들은 왜 예수님께 경배했습니까? 우리는 하나님만 경배해야 하지 않습니까?

 약속의 성취

— 맞습니다. 우리는 하나님만 경배해야 합니다. 동방 박사들은 베들레헴에서 태어난 이 아기가 하나님이심을 알았기 때문에 경배했습니다.

3) 이사야 60장 3절과 6절의 예언은 이 이야기에서 어떻게 이루어졌습니까?

— 이방인들이 특별한 별의 빛에 이끌려 하나님의 왕께 나아와 금과 유향을 드리고 찬양했습니다. 어둠 가운데 있던 그들에게 예수님 안에서 하나님의 구원의 빛이 비추었습니다.

기도 

우리 자녀들이 하나님이시며 왕이신 예수님 앞에 엎드려 경배하게 하시기를 기도한다.

복습 

1)　아기 예수님을 죽이려 했던 사람은 누구입니까?

　　── 헤롯 대왕입니다.

2)　아기 예수님께 경배하려 했던 사람들은 누구입니까?

　　── 동방 박사들입니다.

본문 읽기

누가복음 2:22-33

1)　시므온은 무엇을 기다리고 있었습니까?

　　── 이스라엘의 위로를 기다리고 있었습니다. 이 위로는 하나님의 약속을 말합니다. 하나님께서는 구약에서 자기 백성을 죄에서 구원하실 메시아를 보내시겠다고 많은 약속을 주셨고, 시므온은 그 위로를 보기를 기다리고 있었습니다.

2)　시므온은 성전에서 아기 예수님을 만났을 때 무엇을 했습니까?

　　── 아기를 품에 안고 하나님을 찬양했습니다. 예수님이 이스라엘의 위로이심을 알았기 때문입니다. 예수님의 구원의 사역을 통해 하나님의 백성에게 달콤한 위로와 평안과 격려가 주어

집니다.

3) 요셉과 마리아를 축복한 뒤 시므온은 예수님에 대해 무엇이라고 말했습니까?

── 예수님은 사람들에게 구원을 주시지만, 그분을 믿지 않는 많은 사람들에게 거부당하실 것이고, 그 일로 마리아는 마음이 칼에 찔린 것처럼 큰 아픔을 겪게 될 것이라고 했습니다.

해설 

> **핵심 내용 :** 시므온이 아기 예수님을 바라보았을 때 그의 가장 깊은 갈망이 채워졌다.

무언가를 너무 갖고 싶어서 도저히 기다릴 수 없었던 적이 있니? 더운 날이 끝난 뒤 먹는 아이스크림일 수도 있고, 생일에 받고 싶은 장난감일 수도 있어. 이런 것들도 하나님이 주시는 복이지만 오래가지는 않는단다. 하나님은 이 땅의 어떤 것도 우리를 참으로 만족하게 하거나 행복하게 할 수 없도록 우리를 지으셨어. 오직 하나님만이 우리를 참으로 만족하게 하실 수 있어.

시므온의 가장 깊은 갈망은 하나님께서 보내겠다고 약속하신 메시아, 곧 기름 부음 받은 왕을 보는 것이었어. 시므온은 구약 성경에서 이 약속을 읽었고, 성령님께서는 그가 예수님의 아름다움을 보기 전에는 죽지 않을 것이라고 알려 주셨어. 요셉과 마리아가 아기

예수님을 성전에 데려왔을 때, 시므온은 곧바로 그분을 알아보았단
다. 그런데 예수님은 다른 아기들과 다르지 않게 보였어. 그렇다면
시므온은 어떻게 이 아기가 약속된 메시아임을 알았을까?

하나님께서 시므온으로 하여금 보통 눈으로는 볼 수 없는 것을
보게 하셨기 때문이야. 시므온은 예수님을 믿음의 눈으로 보았단다.
그의 믿음의 눈은 성경의 약속들에 의해 형성되었고, 성령님께서
시므온에게 그 약속들이 참된 메시아이시자 사람의 몸을 입은 이
아기 안에서 이루어지고 있음을 보게 하셨어.

우리도 믿음을 통해 예수 그리스도의 아름다움과 영광을 볼 수
있어. 지금 우리는 다른 사람들을 보듯이 예수님을 눈으로 실제로
보지는 못하지만, 성경을 통해 성령님께서 예수님의 영광을 바라보
게 하시고 우리 영혼이 가장 깊이 바라던 만족을 얻게 하신단다. 비
록 지금은 육신의 눈으로 예수님을 보지 못해도, 우리는 그분을 믿
고 사랑하며 말할 수 없는 큰 기쁨으로 즐거워할 수 있어(벧전 1:8).

1) 왜 하나님 외에는 우리 마음의 가장 깊은 갈망을 채울 수 없습
   니까?

   ── 하나님께서 우리를 하나님 자신을 위해 지으셔서 우리가
   영원히 하나님과 교제하며 그분을 누리도록 하셨기 때문입니
   다. 사람의 마음은 오직 하나님에게서 오는 선을 간절히 바랍니
   다. 사람은 피조된 것들로는 결코 만족할 수 없습니다.

2) 왜 우리는 성경에서 예수님을 보기 위해 성령님의 도움이 필요

    약속의 성취

합니까?

── 우리는 믿음의 눈으로만 예수님을 볼 수 있고, 그 믿음은 성령님께서 주시는 선물이기 때문입니다.

3) 우리는 시므온처럼 성령님의 특별한 메시지를 기대해야 합니까?

── 아닙니다. 시므온은 선지자였지만 우리는 아닙니다. 그러나 성령님은 우리가 성경을 읽을 때 예수님의 영광을 보게 하십니다.

기도 

성령님께서 우리의 믿음을 더해 주시고 성경 안에서 예수님의 아름다움을 더욱 분명히 보게 하시기를 기도한다.

6

왕의 길을 준비하라

복습 

1) 우리 마음의 가장 깊은 갈망을 채울 수 있는 유일한 것은 무엇입니까?

— 예수 그리스도를 통해 하나님을 아는 것입니다.

2) 우리가 성경을 공부할 때 무엇을 보기를 바라야 합니까?

— 성령님께서 성경을 통해 보여 주시는 예수님의 영광과 아름다움입니다.

본문 읽기 

마가복음 1:1-8

1) 마가는 복음서의 시작에서 주 예수 그리스도를 무엇이라고 부릅니까?

— 하나님의 아들이라고 부릅니다. 하나님의 아들로서 예수님은 아버지와 같은 신성을 가진 하나님이십니다.

2) 세례 요한은 광야에서 무엇을 하고 있었습니까?

— 죄 사함을 받게 하는 회개의 세례를 베풀며 회개하라고 선포하고 있었습니다. 요한의 세례는 사람들이 죄와 죄책에서 씻

김 받아야 함을 보여 주는 것입니다. 물은 회개하는 죄인을 깨끗하게 하시는 성령님의 사역을 보여 주는 표입니다.

3) 요한은 주 예수께서 사람들에게 무엇으로 세례를 주실 것이라고 말했습니까?

— 성령님으로 세례를 주실 것이라고 했습니다. 예수님은 아버지와 함께 성령님을 보내셔서 사람들이 구원의 은혜를 경험하게 하십니다.

해설

> **핵심 내용** : 세례 요한은 세례를 베풀고 회개를 선포함으로써 주 예수님의 길을 준비했다.

옛날에는 왕이 어떤 곳을 방문하기 전에 먼저 종들을 보내어 길을 준비하게 했단다. 종들은 왕이 지나갈 길에 있는 장애물들을 치우고, 왕이 온다는 소식을 알려서 사람들이 마땅한 존경심을 가지고 왕을 맞이할 준비를 하도록 했어.

세례 요한은 하나님께서 예수님의 길을 준비하도록 보내신 종이었어. 구약 성경은 요한이 선지자 엘리야와 비슷한 방식으로 와서 죄 가운데 있는 하나님의 백성을 하나님께 돌아오게 할 것이라고 미리 말해 주었단다(사 40:3; 말 3:1; 4:5-6). 요한은 길을 고치거나 겉모습을 아름답게 꾸민 것이 아니라, 설교를 통해 사람들의 마음이 예수님을 합당한 존경으로 맞이할 준비를 하도록 했어. 우리 마음의 죄는 복음 안에 있는 하나님의 자비와 용서를 거절하게 만들기 때문이야. 그래서 요한은 사람들이 죄에서 돌이켜 기꺼이 예수 그리스도의 메시지를 받아들이도록 회개를 선포했단다.

우리 마음의 죄는 예수님이 누구이신지에 대한 아름다움과 영광을 보지 못하게 막아. 그래서 우리는 반드시 회개해야 해. 참된 회개는 단지 자기 죄에 대해 죄송하다고 말하는 것이 아니란다. 또 죄를 고백하면서 계속 죄를 짓는 것도 아니야. 우리는 우리의 죄가 무엇인지 인정하고 고백하며, 죄를 미워하고, 죄에서 돌아서며, 하나님의 은혜로 다시는 죄로 돌아가지 않기로 결심해야 해. 우리는 하나님의 은혜를 의지해서 죄와 싸우고, 하나님께서 그리스도 안에서 베푸시는 용서의 물 아래에 우리의 죄를 묻어 달라고 간구해야 하지. 세례 요한이 베푼 세례든 오늘날 목회자들이 물로 주는 실제 세례든, 물 자체가 더러운 마음을 깨끗하게 하지는 못해. 오직 복음의 말씀을 통해 역사하시는 성령님의 은혜만이 우리 안을 깨끗하게 하고 예수 그리스도와의 교제를 누리게 하신단다.

1) 우리의 마음이 죄에 대해 가르쳐주시는 하나님의 진리와 예수님 안에 있는 그분의 구원을 받아들일 준비가 되려면 어떻게 해야 합니까?

　　— 오직 하나님의 자비를 신뢰하면서 참으로 회개해야 합니다.

2) 회개란 무엇입니까?

　　　　　　　　　　　　　　　　　　　　약속의 성취

―― 죄를 진심으로 슬퍼하고 미워하며 고백하고, 하나님의 은혜로 다시는 죄를 짓지 않으려고 하나님께로 돌아서는 것입니다.

3) 예수님을 믿지 않고 회개할 수 있습니까?

―― 없습니다. 회개는 예수님을 믿는 믿음 없이는 불가능합니다. 회개와 믿음은 한 동전의 양면처럼 항상 함께 갑니다.

기도 

말씀과 성령께서 우리 가족 각 사람의 마음 깊은 곳에 참되고 지속적인 회개를 일으켜 주시기를 기도한다.

7

하나님의 어린양을 보라

복습 

1) 하나님께서는 예수님의 길을 준비하도록 누구를 보내셨습니까?

— 세례 요한을 보내셨습니다.

2) 세례 요한은 어떻게 예수님의 길을 준비했습니까?

— 사람들이 죄에서 돌이켜 예수님 안에서 용서를 받도록 회개를 선포했습니다.

본문 읽기

요한복음 1:29-34

1) 세례 요한은 예수님께서 어떤 동물과 같으시다고 했습니까?

— 어린양입니다. 이것은 구약의 제사를 가리킵니다. 그때는 하나님의 백성을 대신해서 동물을 죽여 그들의 죄를 속했습니다(레 1:1-5:19).

2) 예수님은 자기 백성의 죄를 어떻게 하십니까?

— 십자가에서 그들을 위해 죽으심으로 그 죄를 없애실 것입니다.

3) 요한은 물로 세례를 주었지만, 예수님은 무엇으로 세례를 주십

니까?

── 성령님으로 세례를 주십니다. 예수님은 그분의 인성 안에서 성령님으로 충만하셔서 우리에게 성령님을 주실 수 있습니다.

핵심 내용 : 우리는 죄에서 구원받기 위해 예수님과 그분의 희생을 바라보아야 한다.

네가 남쪽을 보고 있다가 뒤로 돌아서면 어느 방향을 보게 될까? 북쪽이란다. 어떤 것에서 돌아선다는 것은 언제나 다른 어떤 것을 향해 돌아선다는 뜻이야. 그런데 회개에 관해서는 이 사실을 잊어버리고 단지 죄에서 돌아서기만 하면 된다고 생각하는 사람들이 있어. 하지만 참된 회개는 죄에서 돌아서 예수님 안에서 하나님께로 향하는 것이란다. 그래서 세례 요한은 사람들에게 회개하라고 말했을 뿐 아니라 그들의 시선을 예수님께로 향하게 했어.

우리는 죄로 인해 죽음과 지옥 형벌을 받아 마땅해(창 2:17; 롬 6:23). 그렇다면 우리 같은 죄인이 어떻게 이런 형벌에서 벗어날 수 있을까? 다른 누군가가 우리 대신 죽음과 지옥 형벌을 담당해 줄 때만 가능해. 아담과 하와가 에덴동산에서 죄를 짓자마자 하나님께서는 그들을 대신해서 처음으로 동물을 죽이시고 그 가죽으로 그들의 죄 된 수치를 덮어 주셨어(창 3:21). 하나님께서 자기 백성을 이집트에서 구원하시려 할 때에도, 각 가정이 어린양을 죽여 그 피를 문설주에 바르게 하셔서 이집트 사람들에게 내리실 죽음을 피하게 하셨단다(출 12장). 유월절 어린양과 구약의 모든 동물 제사는 우리의 죄를 대신 지고 우리의 죽음을 대신 죽을 대속자가 필요함을 보여 주는 상징이었어. 물론 그 동물들이 실제로 죄를 없앨 수는 없었지(히 10:4). 이 동물들은 다만 유일하게 죄를 없애실 수 있는 분, 곧 예수 그리스도를 가리키고 있었단다.

세례 요한도 우리에게 예수님을 가리키고 있어. 하나님의 어린양이신 예수님은 우리가 생명을 얻도록 우리가 당할 죽음을 대신 담당하셨어. 우리가 하늘을 볼 수 있게 하시려고 우리의 지옥 형벌을 겪으셨어. 우리가 하나님께 돌아오도록 십자가에서 하나님께 버림받으셨어. 그러니 우리는 죄를 버리고 전적으로 예수님을 신뢰해야 해. 우리의 마음의 눈을 예수님께로 돌려서, "보라, 하나님의 어린양이로다!"라는 요한의 외침을 들어야 한단다.

1) 회개는 단순히 죄에서 돌아서는 것입니까?
   —— 아닙니다. 예수님 안에서 하나님께로 돌아서는 것입니다. 죄를 버릴 뿐 아니라 예수님을 바라보아야 합니다.
2) 왜 세례 요한은 예수님을 어린양이라고 불렀습니까?
   —— 예수님은 유월절 어린양과 구약의 모든 제사가 가리키던 분입니다. 자기 백성의 죄를 위해 십자가에서 죽음과 지옥 형벌을 담당하실 분입니다.

          약속의 성취

3) 우리가 하나님과 영원히 살 수 있도록 우리의 죄를 없애려면 어떻게 해야 합니까?

— 오직 예수님을 바라보고 복음 안에서 그분을 받아들여야 합니다. 복음이 전해질 때마다 예수님께서는 그 백성을 죄와 죽음과 지옥 형벌에서 구원하시는 어린양으로서 자신을 우리에게 내어 주고 계십니다.

기도 

하나님께서 우리 자녀들의 눈을 열어 하나님의 어린양을 보고 믿게 하시기를 기도한다.

복습 

1) 우리는 회개할 때 누구를 향해 돌아섭니까?

— 그리스도를 통해 하나님께로 돌아섭니다.

2) 우리가 하나님께 나아가기 위해 왜 그리스도가 필요합니까?

— 그분은 하나님의 어린양이시며, 우리의 죄를 없애고 하나님과의 관계를 바로잡으실 유일한 분이기 때문입니다.

본문 읽기

마가복음 1:9-11

1) 요한은 요단강에서 그리스도께 무엇을 했습니까?

— 세례를 베풀었습니다. 그리스도께서는 회개할 죄가 없으셨지만, 하나님 앞에서 우리의 중보자로서 모든 의를 이루기 위해 세례를 받으셨습니다(마 3:15).

2) 그리스도께서 물에서 올라오실 때 무슨 일이 일어났습니까?

— 하늘이 갈라지고 성령님께서 비둘기 같은 모습으로 내려오셨습니다.

3) 하늘에서 누구의 음성이 들렸으며 무엇이라고 말씀하셨습니까?

—— 하나님 아버지의 음성이 들렸고, 예수님이 하나님의 아들
이시며 아버지께서 그 아들을 기뻐하신다고 선언하셨습니다.

해설

핵심 내용 : 죄를 담당하시고 성령으로 충만하신 하나님의 아들의 세례를
통해 새로운 출애굽이 시작된다.

구약의 출애굽을 기억하니? 하나님께서는 홍해의 물을 벽처럼 세우
셔서 이스라엘을 이집트의 종살이에서 건져 내셨단다. 그러나 그들
은 바로에게서는 풀려났어도 여전히 죄의 종이었어. 그래서 모세와
는 다른, 죄를 없애고 하나님의 은혜의 땅으로 인도할 더 위대한 지
도자가 필요했단다.

밖에서 하루 종일 놀다가 더러워지면 물로 씻지? 요한의 회개의
세례는 죄의 더러움이 씻기는 모습을 보여 주는 장면이었어. 그렇
다면 죄가 전혀 없으신 그리스도께서 왜 이런 세례를 받으셨을까?
우리를 죄에서 구원하시기 위해 죄인들과 동일시되셔야 했기 때문
이야(사 53:12). 공생애의 시작에서 그리스도께서는 그분이 자기 백
성의 죄를 담당하러 오셨음을 보여 주셨단다.

그리스도께서 물에서 올라오실 때 하늘이 갈라지고 성령님이 비
둘기처럼 내려오셨어. 이것은 창조 때 성령님이 물 위에 운행하시
던 장면을 떠올리게 해(창 1:2). 이제 세례의 물을 통해 하나님 아버

지께서 성자 안에서 성령의 능력으로 새 창조를 이루고 계신단다.

사람들은 그리스도를 죄 씻음이 필요한 죄인으로 오해할 수도 있었어. 그러나 성령이 내려오실 때 아버지께서는 그리스도만이 언제나 자신을 기쁘게 한다고 선언하셨어. 아담은 하나님의 사랑받는 아들이었지만 하나님께 순종하지 않아 하나님을 기쁘시게 하지 못했지(눅 3:38). 그러나 그리스도는 죄가 없으셔. 그래서 요단강 물속에서 우리는 죄 없는 죄의 담당자를 보게 돼. 그리스도는 회개하는 자기 백성의 죄를 없애고 그들에게 자기의 의를 주시기 위해 오셨단다.

1) 죄가 없으신 그리스도께서 왜 요한에게 세례를 받으셨습니까?

── 자기 백성의 죄를 친히 짊어지시고 십자가에서 그 죄를 제거하기 위해 오셨다는 것을 보여 주시기 위해서 세례를 받으셨습니다.

2) 우리 같은 죄인이 죄와 그 저주에서 벗어나 하나님의 새 창조에 참여하려면 어떻게 해야 합니까?

── 오직 우리의 죄를 회개하고, 우리를 죄와 저주에서 구원하기 위해 우리의 죄와 저주를 친히 짊어지신 그리스도를 믿을 때 참여할 수 있습니다.

기도 

죄 없는 죄의 담당자이신 그리스도를 더욱 분명히 보게 해주시기를
하나님께 기도한다.

복습 

1) 예수님은 죄가 없으신데 왜 세례를 받으셨습니까?

    ── 그분이 구원하러 오신 백성의 죄를 담당하셨기 때문입니다.

2) 예수님이 세례 받으실 때 하늘에서 누가 내려오시고 누가 말씀하셨습니까?

    ── 성령님이 내려오셨고 아버지께서 말씀하셨습니다. 하나님은 세 위격이신 한 분 하나님이십니다.

본문 읽기 

마태복음 4:1-11

1) 예수님은 며칠 밤낮을 금식하셨습니까?

    ── 사십 일 밤낮 동안 아무 음식도 드시지 않았습니다. 이스라엘이 사십 년 동안 광야에서 지내며 자주 하나님을 원망하고 하나님이 정말 선하고 참되신 분인지 의심해서 실패했던 그 시험을 예수님은 통과하셔야 했습니다.

2) (마귀라고도 불리는) 사탄은 예수님을 시험하면서 무엇을 인용했습니까?

— 성경입니다. 그러나 사탄은 거짓말쟁이이기 때문에 하나님의 말씀을 비틀고 있었습니다.

3) 예수님은 시험을 받으실 때마다 어떻게 대답하셨습니까?

— 성경 말씀을 인용해서 사탄에게 대답하셨습니다. 예수님은 하나님의 말씀을 참되게 사용하셔서 사탄이 거짓을 말하고 있음을 드러내셨습니다.

해설

핵심 내용 : 예수님은 사탄의 시험에 굴복하지 않으심으로 죄 없으신 분이 되어서 아담의 타락으로 인해 세상에 온 저주를 되돌리셨다.

하나님께서 아담과 하와를 창조하셨을 때, 그들을 에덴이라 불리는 아름다운 동산에 두셨어. 그곳에는 먹을 것도 풍성했고, 누릴 수 있는 모든 좋은 것이 있었단다. 그런데 사탄이 뱀의 모습으로 나타나 하와를 시험해서 하나님이 정말로 선하신 분인지 의심하게 만들었어. 그는 "하나님이 정말 그렇게 말씀하셨느냐?"라고 물었지. 그는 하나님의 참된 말씀을 거짓으로 비틀었고, 아담과 하와는 그 거짓말을 믿어 하나님을 거역하고 말았단다. 슬프게도 그들은 사탄과의 싸움에서 패배했고, 그 결과 온 인류가 죄와 하나님의 저주 아래 놓이게 되었어.

하나님께서 이스라엘 민족을 이집트에서 이끌어 내셨을 때, 그들은 마른 땅처럼 된 홍해 사이를 지나갔단다. 그리고 하나님은 그들을 사십 년 동안 광야로 인도하시며 시험하셨어. 그러나 아담처럼 그들도 시험에 실패했어. 그들은 사탄의 거짓을 믿고 하나님이 정말 선하고 참되신지에 대해 의심했단다.

그러나 예수님은 새 아담으로 오셔서 인류를 대표하시되 죄를 짓지 않으셨어. 아담의 타락으로 세상에 들어온 저주를 되돌리기 위해, 예수님은 사탄과 싸워 반드시 그를 이기셔야 했단다. 아담이 먹을 것이 가득한 아름다운 동산에서 금지된 열매를 먹은 것과 달리, 예수님은 먹을 것이 전혀 없는 광야에서 사십 일 밤낮 금식하신 뒤에도 빵 한 조각조차 드시지 않았어. 또한 이스라엘 백성이 광야에서 날마다 주시는 음식에 대해 원망하며 하나님이 약속을 지키실지 의심했던 것과 달리, 예수님은 광야에서 하나님의 말씀을 신뢰하셨어. 예수님은 사탄의 모든 시험에 신실하게 맞서셨고, 시험을 받을 때마다 성령의 검, 곧 하나님의 말씀으로 사탄을 치셨단다(엡 6:17). 그렇게 예수님이 맞서시자, 사탄은 물러날 수밖에 없었어.

오늘도 사탄은 여러 가지 방법으로 하나님의 백성을 죄를 짓도록 유혹해. 그러나 우리는 우리 주 예수님을 믿는 믿음으로 그를 이길 수 있단다. 우리 주님은 광야에서 사탄을 물리치기 시작하셨고, 십자가에서 그를 완전히 패배시키셨어(골 2:15). 우리는 그리스도와 그분의 십자가의 능력을 신뢰함으로 사탄과의 싸움에서 승리할 수 있어. 사탄이 너를 시험할 때마다, 자신의 힘이 아니라 주님의 능력을 의지해야 한단다. 하나님의 말씀을 마음속으로 되새기고, 기도와 찬

약속의 성취

양 가운데 그 말씀을 입으로 선포하렴. 우리가 사탄을 대적하면 그는 반드시 우리에게서 도망가게 되어 있어(약 4:7).

1) 우리가 성경, 곧 하나님의 말씀을 잘 알아야 하는 이유는 무엇입니까?

—— 시험을 받을 때 예수님처럼 하나님의 진리로 거짓과 싸우기 위해서입니다.

2) 왜 우리는 사탄의 시험에 대한 승리를 위해 오직 예수님만을 신뢰해야 합니까?

—— 우리는 아담 안에서, 또 이스라엘처럼 모두 사탄을 이기는데 실패했지만 예수님은 승리를 이루셨기 때문입니다. 예수님은 시험의 광야에서 하나님께 완전하게 순종하셨습니다. 그러므로 우리는 그분 안에서 안식해야 하고, 그러면 그분의 승리가 우리의 승리가 됩니다.

기도 

주님께서 우리와 우리 가족을 시험에서 건져 주시기를 구체적으로 기도한다.

복습 

1) 광야에서 예수님을 시험한 것은 누구입니까?

— 마귀, 곧 사탄입니다.

2) 마귀는 무엇을 사용해서 예수님을 시험했습니까?

— 성경입니다. 하나님의 말씀을 비틀어 예수님을 속이려고 했습니다.

본문 읽기

누가복음 4:14-21

1) 예수님은 갈릴리로 돌아오신 후 어느 마을로 가셨습니까?

— 갈릴리 언덕에 있는 작은 마을, 자신의 고향 나사렛입니다.

2) 예수님은 회당에서 어떤 구약 선지자의 글을 읽으셨습니까?

— 이사야입니다. 그는 오실 메시아, 곧 하나님의 특별한 기름 부음 받은 자에 대해 말한 선지자입니다.

3) 이사야는 하나님의 메시아가 무엇을 하실 것이라고 말했습니까?

— 그분의 말씀과 행위로 죄와 그 저주에 대한 구원을 가져오실 것이라고 했습니다.

> **핵심 내용 :** 예수님은 하나님께 기름 부음 받은 선지자이며 제사장이며 왕이시다.

누군가 네 머리에 올리브유를 부었다고 상상해 보렴. 그런 일이 일어난다면 아마 나쁜 장난이라고 생각할지도 몰라. 하지만 구약 시대에는 기름 부음을 받는 것이 큰 복의 표였단다. 그것은 그가 성령님의 임재하심과 능력을 받아 선지자로서 하나님을 대신해 말하고, 제사장으로서 하나님께 제사를 드리며, 왕으로서 하나님을 대신해 다스리도록 세움을 받았다는 뜻이었어. 그러나 이 세 가지 직분을 한 사람이 동시에 받은 일은 없었단다. 그런데 예수님이 세례를 받으실 때 성령이 그 위에 내려오심으로, 예수님은 하나님께서 기름 부으신 완벽한 선지자와 제사장과 왕이 되셨어.

예수님은 광야에서 하나님의 성령과 말씀의 능력으로 마귀의 시험을 이기신 뒤, 자신이 하나님의 백성이 기다려 온 기름 부음 받은 자, 곧 메시아라고 선포하시며 사역을 시작하셨어. 왜 사람들이 메시아를 기다렸을까? 성령으로 기름 부음을 받은 사람이 와서 자기 백성을 죄에서 구원하실 것이라고 하나님께서 약속하셨기 때문이야. 선지자 이사야도 이 사실을 많이 기록했지. 그래서 예수님은 회당 예배 중 이사야의 두루마리를 건네받으셨을 때, 자기 백성을 구원할 선지자와 제사장과 왕에 대해 말하는 부분을 펴서 읽으시고

"이 말씀이 바로 나를 가리킨다"라고 선언하셨단다.

성령으로 기름 부음 받은 선지자로서 예수님은 하나님의 구원의 복음을 선포하셨어. 성령으로 기름 부음 받은 제사장으로서 예수님은 자신을 희생 제물로 드려 죄의 값을 치르셨지. 성령으로 기름 부음 받은 왕으로서 예수님은 어둠의 세력을 이기시고 그 통치로 자유와 치유를 베푸셨어. 예수님은 구약의 모든 선지자와 제사장과 왕이 가리키던 바로 그 기름 부음 받은 자이시란다.

그러나 슬프게도 예수님의 고향 나사렛의 유대인들은 자기들 앞에 서 계신 분이 고대하던 메시아라는 사실을 알아보지 못했어(눅 4:22-29). 하나님의 성령으로 기름 부음 받은 종은 처음부터 사람들에게 거절당하셨지만, 그들의 불신앙이 예수님의 선지자적·제사장적·왕적 사역을 막을 수는 없었단다. 성령의 능력 있는 기름 부으심으로 예수님은 죄와 그 저주에서의 구원을 이루실 것이기 때문이야.

1) 구약에서 기름 부음은 무엇을 상징했습니까?

— 성령님의 임재하심과 능력입니다. 하나님께서 사람을 선지자나 제사장이나 왕의 특별한 직분으로 부르실 때, 그들이 하나님을 필요로 한다는 사실과 하나님께서 그들과 함께하시겠다는 약속의 표로 그들에게 기름을 부으셨습니다.

2) 선지자와 제사장과 왕의 세 직분을 동시에 맡은 사람이 있었습니까?

— 예수님 외에는 아무도 없습니다. 예수님은 이 세 직분을 완

전하게 이루시는 궁극적인 기름 부음 받은 자이십니다.

3) 그리스도는 선지자와 제사장과 왕으로서 어떻게 하나님을 섬기십니까?

　— 선지자로서 성령으로 하나님의 말씀을 선포하시고, 제사장으로서 자신을 희생하시며 자기 백성을 위해 기도하시고, 왕으로서 성령으로 자기 백성을 다스리며 원수들을 물리치십니다. 예수님만이 우리를 죄에서 구원하실 수 있습니다.

기도 

우리 각 자녀가 하나님께 기름 부음 받은 선지자요 제사장이며 왕이신 그리스도를 받아들이게 해주시기를 기도한다.

복습 

1) 하나님의 기름 부음 받은 자는 누구입니까?

— 예수님입니다. 예수님은 하나님께 기름 부음 받은 선지자요 제사장이며 왕이십니다.

2) 예수님은 선지자와 제사장과 왕으로서 어떻게 하나님을 섬기십니까?

— 선지자로서 하나님을 대신해 말씀하시고, 제사장으로서 하나님께 제사를 드리며, 왕으로서 하나님을 대신해 다스리십니다.

본문 읽기 

마가복음 1:14-20

1) 예수님은 사역을 시작하시면서 무엇을 선포하셨습니까?

— 하나님의 나라가 가까이 왔으니 회개하고 복음을 믿으라고 선포하셨습니다.

2) 예수님은 어떤 네 명의 어부들을 제자로 부르셨습니까?

— 시몬, 곧 베드로와 그의 형제 안드레, 그리고 야고보와 그의 형제 요한입니다.

3) 예수님은 제자들을 무엇이 되게 하겠다고 말씀하셨습니까?

— 사람을 낚는 어부입니다. 그들이 단지 물고기를 잡는 것이 아니라 복음을 전해 사람들을 하나님의 나라로 이끌 수 있도록 예수님께서 필요한 것들을 주실 것입니다.

> **핵심 내용 :** 예수님은 제자들을 사람을 낚는 어부로 부르신다.

낚시가 무엇인지 아니? 베드로와 안드레와 야고보와 요한은 어부였단다. 물고기를 잡는 것이 돈을 벌고 가족을 먹여 살리는 그들의 직업이었어. 그들은 오늘날 많은 사람이 사용하는 낚싯대가 아니라 그물을 사용해 물고기를 잡았단다. 갈릴리 바다에서 오랜 시간을 보내며 그물을 물에 던지고 물고기가 걸리기를 기다렸어. 그들이 할 수 있는 일은 그물을 던지는 것뿐이었고, 물고기가 걸리게 만드는 것은 할 수 없었단다. 그래서 그들은 물고기를 그물로 보내 주시는 주님을 의지했어.

예수님은 이 사람들을 부르시면서 그들을 사람을 낚는 어부가 되게 하시겠다고 말씀하셨어. 이것은 그들을 복음의 설교자가 되게 하시겠다는 뜻이란다. 예수님은 그들에게 새로운 직업, 곧 새로운 소명을 주신 거야. 그들은 예수님을 따르며 그분의 삶과 가르침과 기적과 죽음과 부활에 대해 배우게 될 것이었어. 그리고 온 세상에 예수님에 대한 진리를 전하게 될 것이었단다. 이전에 그물로 물고기를 모았던 것처럼, 이제 하나님께서 그들의 설교를 통해 사람들을 하나님의 나라로 모으시게 될 거야. 그들은 이 새로운 사역에서 열매를 맺기 위해, 그들의 설교를 써서 사람들을 그리스도에 대한 참된 지식으로 인도하시는 주님의 능력 있는 은혜를 의지했단다.

예수님께서 제자가 되라고 부르신 것은 이 네 사람에게만 해당되는 것이 아니야. 이것은 모든 곳, 모든 사람에게 주시는 부르심이란다. 네 사람은 곧바로 그물과 배를 버려 두고 예수님을 따랐어. 옛 삶을 떠나 예수님을 따르는 새로운 삶을 시작한 거야. 곧 예수님의 말씀을 듣고, 그 말씀을 믿으며, 그 가르침에 순종하고, 배운 모든 것을 생활로 실천하는 삶이었지. 우리도 마찬가지로 옛 삶을 버리고 예수님을 따라야 해. 우리의 죄와 우상과 이기적인 길을 버리고 예수님의 발자취를 따라 걸어야 해. 참된 제자는 단지 예수님을 믿는다고 말하는 사람이 아니라, 무엇보다 그분을 따르고 순종함으로써 그 믿음을 나타내는 사람이야.

1) 오늘날 우리는 어떻게 예수님의 제자가 될 수 있습니까?
    —— 예수님께서 지금은 이 땅에 계시지 않기 때문에 문자 그대로 그분을 따라다니는 것이 아니라, 죄를 회개하고 구원을 위해 예수님을 신뢰하고 그분의 가르침에 순종하며 살아감으로 제자가 됩니다.

2) 오늘날 어떤 사람이 사람을 낚는 어부, 곧 설교자가 될 수 있습

                                    약속의 성취

니까?

— 오직 예수님께서 세우시는 사람만 사람을 낚는 어부가 될 수 있습니다. 하나님께서 죄인을 구원하기 위해 사용하시는 설교자는 예수님만 세우실 수 있습니다. 사람이 구원받는 것은 전적으로 하나님의 능력 있는 은혜 때문입니다(요 6:44).

3) 우리도 어떤 의미에서 사람을 낚는 어부가 되어야 합니까?

— 예수님의 첫 제자들은 특별히 사도로 부름 받아 성경을 기록하도록 기름 부음을 받았지만, 예수님께서는 불신자들에게 복음을 전하는 일에 모든 믿는 사람들을 부르십니다. 이 부르심에 순종할 때 우리는 하나님께서 택하신 백성들을 믿음으로 이끄실 것을 기도하며 신뢰해야 합니다.

기도 

주님께서 우리를 그리스도의 참된 제자로 삼으셔서 그분의 말씀 안에 거하고 그 말씀을 세상에 신실하게 전하게 해주시기를 기도한다.

복습

1) 예수님을 따른다는 것은 무엇을 의미합니까?

　── 죄의 길에서 돌아서고, 예수님을 믿으며, 그분의 가르침을 삶으로 실천하는 것입니다.

2) 우리는 예수님의 첫 제자들처럼 사람을 낚는 어부가 되어야 합니까?

　── 모든 사람이 설교자로 부름 받는 것은 아니지만, 하나님께서 우리의 증언을 통해 택하신 사람들을 구원하신다는 것을 믿으며 믿지 않는 이들에게 복음을 신실하게 전해야 합니다.

본문 읽기

요한복음 2:1-11

1) 예수님은 어떤 잔치에 참석하고 계셨습니까?

　── 혼인 잔치였습니다.

2) 그 잔치에서 포도주가 어떻게 되었습니까?

　── 잔치가 끝나지 않았는데 포도주가 모두 떨어졌습니다. 이것은 신랑과 신부를 부끄럽게 하는 일이었고, 그 잔치를 망치는

일이 될 뻔했습니다.

3) 예수님은 그 문제를 어떻게 해결하셨습니까?

— 구원의 능력으로 거의 400리터가 넘는 물을 포도주로 바꾸셨습니다.

해설

핵심 내용 : 예수님은 자기 백성을 하나님과의 기쁨의 잔치로 이끄시는 위대한 신랑이시다.

커피나 레모네이드와 달리, 포도를 이용하는 포도주는 만들어지는 데 오랜 시간이 걸린단다. 포도가 자란 뒤에는 그것을 으깨야 하고, 그다음에는 발효 과정을 거쳐야 하는데, 이 과정에서 으깨진 포도가 포도주로 변해. 포도 껍질에는 자연스럽게 효모가 들어 있어서 보통 삼 일에서 오 일 정도 지나면 발효가 일어나지. 이 과정이 끝난 뒤에는 오래 둘수록 포도주의 맛이 더 좋아진단다. 아무도 순간적으로 포도주를 만들 수 없고, 일주일 만에 아주 맛있는 포도주를 만들 수도 없어. 그래서 가나의 혼인 잔치에서 포도주가 떨어졌을 때, 잔치를 맡은 사람은 어떻게 해야 할지 알지 못했단다. 포도주는 기쁨의 상징이며(시 104:15), 즐거움과 만족을 나타내는 표였어(잠 3:10). 예수님 시대에 혼인 잔치에서 포도주가 떨어지는 일은 신랑과 신부에게 매우 수치스러운 일이었단다.

혼인 잔치에서 포도주가 떨어진 것은 구약 시대 하나님의 백성의 모습을 보여 주는 한 장면과도 같아. 이스라엘의 불신으로 인해 그들에게 영적인 양식과 포도주가 없다는 것을 보여주는 거야. 그러나 하나님께서는 선지자 이사야를 통해, 하나님의 은혜로 그들에게 맛있는 음식과 오래 저장된 포도주가 가득한 큰 잔치를 베푸실 것을 약속하셨어(사 25:6). 예수님께서 여섯 개의 큰 돌항아리에 가득 채운 물, 곧 약 450에서 680리터나 되는 물을 잘 익은 포도주로 바꾸셨을 때, 그것은 기쁨과 복을 가져오는 새 시대가 시작되었음을 보여 주는 표였단다. 이것이 어떻게 가능할까? 오직 예수님께서 자기 백성이 그들의 불신앙 때문에 받아야 할 슬픔과 저주를 대신 담당하러 오셨기 때문이야.

우리의 죄의 문제는 이 새로 결혼한 부부가 포도주가 떨어졌을 때 겪은 문제보다 훨씬 더 크단다. 그러나 예수님의 피와 의로 말미암아 우리는 참된 기쁨과 즐거움을 알 수 있고, 장차 올 세상에서 하늘의 신랑이신 예수님과 함께 잔치에 참여할 것이라는 소망을 가질 수 있어(계 19:9). 그 잔치의 먹을 것과 마실 것은 결코 떨어지지 않을 거고, 우리가 상상할 수 있는 그 어떤 것보다 더 맛있을 거야. 하지만 그 만찬에서 가장 좋은 것은 고기나 포도주가 아니야. 가장 좋은 것은 예수님을 얼굴과 얼굴을 맞대고 보는 것이야. 그보다 더 큰 기쁨과 행복은 없단다.

1) 포도주는 무엇이며, 성경에서 무엇을 상징합니까?

 약속의 성취

── 성경 시대의 포도주는 물과 섞은 발효된 포도즙입니다. 성경은 그것을 기쁨과 즐거움과 만족의 상징으로 말합니다(시 104:15; 잠 3:10).

2) 이 신랑과 신부는 포도주가 떨어졌을 때 곧바로 더 만들 수 있었습니까?

── 아닙니다. 포도주를 만들려면 적어도 며칠이 걸리고, 정말 맛있는 포도주는 훨씬 더 오래 걸립니다. 그래서 예수님의 기적이 더욱 놀라운 것입니다. 예수님은 한순간에 물을 잘 익은 포도주로 바꾸셨습니다.

3) 이사야 25장 6절을 읽어 봅시다. 우리 이야기에서 예수님은 이 예언을 어떻게 이루기 시작하셨습니까?

── 물을 포도주로 바꾸심으로, 자신이 하나님의 백성에게 큰 잔치의 기쁨과 복을 가져오실 위대한 구주이심을 보여 주셨습니다. 그리스도인들은 지금 그 풍성함을 일부 누리고 있으며, 장차 온전히 누리게 될 것입니다.

기도 

믿지 않는 이웃들이 생명과 복을 얻기 위해 예수 그리스도께 돌아오게 해주시기를 기도한다.

복습 

1)　예수님은 가나의 혼인 잔치에서 어떤 기적을 행하셨습니까?

　　— 400리터가 넘는 물을 포도주로 바꾸셨습니다.

2)　이 기적은 무엇을 보여 주는 장면입니까?

　　— 죄인들을 하나님 안에서 기쁨과 만족으로 회복시키시는 예수님의 사역입니다.

본문 읽기

마가복음 1:40-45

1)　나병 환자는 예수님께 자신을 깨끗하게 해 달라고 구하면서 무엇을 확신하지 못했습니까?

　　— 예수님께 병을 고치실 능력이 없다고 의심한 것은 아니었지만, 예수님께서 자신을 깨끗하게 해 주실지에 대해서는 확신하지 못했습니다.

2)　예수님을 움직이게 한 감정은 무엇이었습니까?

　　— 불쌍히 여기시는 마음입니다. 예수님은 그 나병 환자를 불쌍히 여기시고 도와주기를 원하셨습니다.

3) 예수님은 나병 환자를 깨끗하게 하시기 위해 무엇을 하셨습니까?

── 손을 내밀어 그를 만지시며 "내가 원하노니 깨끗함을 받으라"고 말씀하셨습니다.

해설

핵심 내용 : 예수님께서 나병 환자를 고쳐주심으로 죄인을 향한 사랑과 그들을 구원하시는 능력을 보여 주신다.

성경에서 나병은 여러 가지 피부병을 가리키는 말이란다. 예수님 시대의 이스라엘에서 나병 환자들은 사람들 앞을 지날 때 그들의 입을 가리고 "부정하다! 부정하다!"라고 외쳐야 했어. 그들은 더러운 사람으로 여겨져 다른 사람을 만질 수 없었단다. 그래서 나병 환자들은 사회에서 완전히 떨어져 지내야 했어.

그런데 어느 날 이 나병 환자는 주 예수님의 놀라운 능력에 대해 듣게 되었어. 그는 예수님이 이 무서운 병을 고치실 수 있다고 믿었단다. 그래서 예수님 앞에 무릎을 꿇고 "주님께서 원하시면 저를 깨끗하게 하실 수 있습니다"라고 간청했어. 하지만 그는 예수님에 대해 많이 알지는 못했지. 예수님도 다른 사람들처럼 그를 밀어내실까? 이처럼 가난하고 낮은 나병 환자를 돌아보시고 고쳐 주실까?

예수님은 그를 불쌍히 여기셨어. 참 하나님이시며 참 사람이신 그분에게서 하나님의 사랑이 흘러나왔단다. 예수님은 그 넘치는 은혜와 자비로 "내가 원하노니 깨끗함을 받으라"라고 말씀하셨어. 이것만으로도 놀라운 일인데, 예수님은 그 나병 환자에게 손을 대셨어. 어떤 이스라엘 사람도 그렇게 하지 않았을 거야. 그렇게 하면 자신이 부정하게 된다고 생각했기 때문이야. 그러나 예수님은 그 사람의 나병 때문에 더러워지지 않으셨어. 오히려 예수님의 선하심과 능력이 그 만지심을 통해 흘러가 나병 환자를 깨끗하게 만들었단다. 우리 주 예수께서는 자비를 구하며 부르짖는 가난한 죄인들을 깊이 사랑하셔.

예수님은 자신의 삶과 죽음과 부활로 죄에 병든 우리의 영혼을 고치실 수 있어. 그러나 사람들은 종종 예수님이 정말 그렇게 해 주실지 의심하곤 하지. 우리를 진정으로 돌보시는지 질문하기도 해. 나병 환자의 이야기를 통해 우리는 예수님이 단지 우리를 구원하실 수 있을 뿐 아니라, 믿음과 회개로 나아오는 모든 사람을 가장 기꺼이 구원하기 원하신다는 사실을 배우게 된단다. 우리가 아무리 더럽고 무능력할지라도, 예수님은 그 권능의 사랑과 은혜로 우리의 모든 죄를 깨끗하게 하실 수 있어.

1) 나병은 어떤 점에서 죄와 비슷합니까?

── 나병 환자는 부정하기 때문에 성전에 들어갈 수 없었습니다. 이게 죄의 한 모습입니다. 우리도 죄 가운데 있으면 하나님께서 임재하시는 곳에 들어갈 수 없습니다. 나병 환자와 죄인은

오직 하나님의 능력으로만 고침 받을 수 있습니다.

2) 예수님은 자신에게 부르짖는 사람들의 죄를 깨끗하게 하기를
원하십니까?

— 네, 예수님은 큰 사랑으로 죄인들을 자비롭고 불쌍히 여기
사 구원하시는 구주이십니다. 믿음으로 나아오는 사람을 결코
내쫓지 않으십니다(요 6:37).

3) 예수님은 우리의 모든 죄를 깨끗하게 하실 수 있습니까?

— 네, 예수님의 은혜는 가장 악한 죄인의 모든 죄까지도 깨끗
하게 하실 수 있습니다.

기도 

예수 그리스도의 온유한 마음과 불쌍히 여기시는 사랑을 참되게,
그리고 더욱 깊이 알게 해주시기를 기도한다.

복습 

1) 예수님은 왜 기꺼이 나병 환자를 깨끗하게 하셨습니까?

 —— 그분의 불쌍히 여기시는 마음과 사랑과 은혜 때문입니다.

2) 예수님의 능력 외에 나병 환자를 깨끗하게 할 수 있는 것이 있었습니까?

 —— 없습니다. 오직 예수님만이 나병 환자를 깨끗하게 하실 수 있었습니다. 우리의 죄도 예수 그리스도 외에는 고칠 길이 없다는 점에서 우리는 그 나병 환자와 같습니다.

본문 읽기 

마가복음 2:1-12

1) 예수님께서 중풍병자의 죄를 용서하기 전에 보신 것은 무엇이었습니까?

 —— 그 중풍병자와 그의 친구들의 믿음이었습니다. 우리도 오직 그리스도를 믿는 믿음으로만 죄 사함을 받습니다.

2) 중풍병자를 고치신 일은 예수님께 어떤 능력이 있음을 보여 주었습니까?

　　── 예수님께 이 땅에서 죄를 용서하실 권세가 있음을 보여 주
었습니다.

3)　서기관들에 따르면 죄를 용서하실 수 있는 분은 누구뿐입니까?
　　── 하나님 한 분뿐입니다. 예수님은 사람의 몸을 입고 오신 하
나님의 아들이시기 때문에 죄를 용서하실 수 있습니다.

해설

핵심 내용 : 예수님은 중풍병자의 죄를 용서하시고 그를 고치심으로 죄를
용서하는 권세를 보여 주신다.

어느 날 예수님께서 가버나움의 한 집에서 가르치고 계실 때, 많은
무리가 몰려와 그분의 말씀을 들었단다. 사람들은 그처럼 지혜롭고
깊이 있으며 권위 있게 가르치는 분을 한 번도 본 적이 없었어. 모
두가 예수님을 보고 그 말씀을 듣고 싶어 했지. 그러나 사람들이 너
무 빽빽하게 모여 있어서 더 이상 집 안으로 들어올 수가 없었단다.

　이것은 예수님께 고침 받기를 원하던 한 중풍병자에게 큰 문제가
되었어. 어떻게 해야 예수님께 가까이 가서 고쳐 달라고 구할 수 있
을까? 다행히 그에게는 네 명의 친구가 있었고, 그들은 침상에 누운
그를 침상째로 메고 왔단다. 그들은 반드시 예수님께 나아가야 한
다고 생각했어. 그래서 지붕을 뚫어 구멍을 내고 중풍병자를 예수
님 바로 앞으로 침상을 달아 내렸단다. 그들의 담대한 믿음은 예수

님께 나아가기 위해 무엇이든 하게 만들었어.

예수님은 하나님이시기 때문에 이 사람들의 마음과 믿음을 알고 계셨어. 그러나 아무도 잊지 못할 교훈을 주시기 위해, 먼저 중풍병자를 고치시기 전에 모든 사람 앞에서 "작은 자야, 네 죄 사함을 받았느니라"라고 선언하셨어. 사람들은 오직 하나님만이 죄를 용서하실 권세가 있다는 것을 알고 있었지. 하지만 서기관들은 예수님이 하나님의 아들이심을 믿지 않았어. 그래서 예수님께서 그들이 틀렸다는 것을 증명하셨단다.

누군가의 죄를 용서한다고 말하는 것은 실제로 중풍병을 고치는 것보다 훨씬 쉬워 보여. 그러나 예수님은 헛된 말을 하신 것이 아니었어. 예수님은 하나님과 동등하시며 하나님의 권세를 온전히 가진 분이시기 때문에 진실을 말씀하신 거야. 그래서 중풍병자의 병을 고치심으로, 자신에게 죄를 용서할 권세가 있음을 분명히 나타내셨단다.

복음서에 나타난 예수님의 기적들은 그분만이 유일한 주님이시며 구주이심을 보여줘. 그러므로 우리는 중풍병자와 그의 네 친구가 예수님께 나아갔던 것처럼 구원을 얻기 위해 그분께 나아가야 해. 우리와 예수님 사이에 어떤 장애물도 놓이게 해서는 안 된단다. 믿음으로 예수님께 나아오는 일을 미루거나 핑계를 대어서도 안 돼.

오늘날 사람들이 예수님께 나아오지 못하게 하는 흔한 장애물에는 어떤 것들이 있을까? 어떤 사람들은 자신의 죄가 너무 크거나 많다고 생각해. 어떤 사람들은 예수님이 그리스도, 곧 하나님의 아들이심을 믿지 않아. 또 어떤 사람들은 자신의 삶이 바뀌는 것을 원하지 않아서 죄를 사랑하며 그대로 살려고 하지.

이러한 장애물들이 예수님께 나아오지 않아도 되는 이유가 될 수 있을까? 전혀 그렇지 않단다. 예수님은 중풍병자를 고치신 것처럼 쉽게 죄를 용서하실 수 있어. 그분은 기적들을 통해 자신이 하나님의 아들이심을 증명하셨고, 이제 더 이상 아무런 핑계를 대지 말고 구원을 받기 위해 지금 자신에게 나아오라고 우리를 부르고 계셔.

1) 우리에게 장애물은 무엇입니까?

—— 우리가 예수님께 나아가는 것을 어렵게 만드는 것들입니다. 우리의 죄, 의심, 세상의 유혹 같은 것들이 장애물이 될 수 있습니다.

2) 중풍병자의 친구들이 보여준 믿음은 어떤 것이었습니까?

—— 어떤 장애물이 있어도 예수님께 나아가면 해결될 것이라고 믿고 행동하는 믿음이었습니다.

3) 예수님께 나아가면 어떤 일이 일어납니까?

—— 예수님은 우리의 믿음을 보고 죄를 용서해 주시며, 우리 영혼을 고쳐주십니다.

기도 

그리스도의 성령께서 우리 안에 일으키신 믿음으로 죄 사함의 확신을 받게 하시기를 기도한다.

15

그리스도를 향한 배고픔

복습 

1) 예수님께서 많은 무리에게 둘러싸여 계셨을 때, 중풍병자는 어떻게 예수님께 나아갔습니까?

— 친구들이 지붕에 구멍을 내어 그를 아래로 달아 내렸습니다.

2) 예수님은 이 중풍병자를 위해 무엇을 하셨습니까?

— 그의 죄를 용서하시고 병을 고쳐 주셨습니다.

본문 읽기 

마가복음 2:18-22

1) 신랑은 누구이며, 이 말씀에서 신랑은 누구를 가리킵니까?

— 신랑은 결혼식 날 신부와 혼인하는 남자를 말합니다. 여기서 신랑은 우리 주 예수 그리스도입니다. 그분은 자기 백성인 교회의 신실한 머리십니다 (엡 5:25-32).

2) 예수님의 제자들은 언제 금식하게 됩니까?

— 신랑을 빼앗길 때입니다. 이것은 그리스도의 첫 번째 오심과 두 번째 오심 사이의 시간을 가리킵니다 (행 13:2; 고전 7:5).

3) 새 포도주를 낡은 가죽 부대에 넣으면 어떻게 됩니까?

― 새 포도주가 가죽 부대를 터뜨려 포도주가 쏟아지고 가죽 부대도 망가집니다. 이 비유는 예수님이 오심으로 생긴 기쁨을 가리킵니다. 왕께서 자기 나라를 이루러 오셨을 때는 슬픔과 금식의 때가 아니라 기쁨과 잔치의 때였습니다.

해설

> **핵심 내용 :** 주님의 백성은 무엇보다도 그리스도를 갈망한다.

하나님께서 우리에게 여러 가지 맛있는 음식을 주시는 것은 그분의 선하심을 보여 주시는 한 가지 방식이란다. 우리는 입을 즐겁게 하고 배를 채워 주는 음식을 먹는 것을 기뻐하지.

그러나 때로는 하나님을 기쁘시게 하기 위해 우리를 기쁘게 하는 것들을 내려놓아야 할 때가 있어. 음식은 몸을 좋게 할 수는 있지만, 영혼을 먹이지는 못한단다. 우리가 좋은 음식으로 배를 채우고 싶어 하듯이, 믿음으로 주 예수 그리스도를 누림으로 마음과 영혼이 채워지기를 더욱 원해야 해.

예수님께서 오시기 전, 하나님은 자기 백성에게 때때로 금식하며 하나님을 찾으라고 하셨어. 금식이란 잠시 동안 음식을 먹지 않고 기도와 성경 묵상에 집중해서 마음이 하나님에게 향하도록 하는 것이란다(고전 7:5). 금식을 통해 하나님의 백성은 하나님을 얼마나 갈망하는지를 나타내고, 또한 하나님 앞에서 자신을 낮추며 자신의 죄를 회개하게 돼.

예수님께서 이 땅에 계실 때에는 제자들에게 금식을 요구하지 않으셨어. 그분이 신랑으로서 그들과 함께 계셨기 때문이야. 제자들은 이를 기뻐하며 축하하고 있었단다. 성취의 때가 왔고 하나님의 나라가 가까이 왔으며 구원이 임했어. 결혼식에서는 금식하지 않고 잔치를 벌이잖니. 그러나 예수님께서 하늘로 가신 후에, 하나님은 자기 백성이 때때로 금식하기를 원하셔. 우리는 이를 통해 주님이 다시 오셔서 이 망가진 세상을 바로 세우시기를 얼마나 사모하는지를 나타내게 돼. 금식은 하나님께 이렇게 말하는 것과 같단다. "나는 음식보다 예수 그리스도를 더 알기를 갈망합니다. 나는 그분을 더 닮기를 갈망합니다. 그리고 그분이 다시 오시기를 갈망합니다."

1) 금식의 목적은 무엇입니까?

— 하나님을 향한 갈망을 나타내고, 죄로 인해 자신을 낮추며, 기도와 성경 읽기 같은 영적인 일에 집중하기 위해서입니다.

2) 모든 사람이 같은 방식으로 금식해야 합니까?

— 아닙니다. 어린아이와 노인과 건강이 좋지 않은 사람은 오랫동안 금식을 못하기 때문에, 사람마다 다른 방식, 다른 기간 동안 금식해야 합니다.

3) 금식에 대한 성경의 가르침에서 우리가 배울 실제적인 교훈은 무엇입니까?

— 예수 그리스도를 믿고 그분의 구원을 받아들임으로 그분을

누리는 것이 음식 자체보다 더 중요하다는 것입니다.

기도 

세상에서 그 어떤 것보다 의에 주리고 목마른 마음을 갖게 해주시기를 기도한다.

16

안식일의 주인

복습 

1) 주님의 백성은 삶에서 무엇을 그 어떤 것보다 더 갈망해야 합니까?

— 예수 그리스도를 알고 그분의 은혜와 의로 충만해지는 것입니다.

2) 금식이란 무엇입니까?

— 금식은 하나님께 더 가까이 나아가기 위해 기도하고 성경을 읽는 동안 일정 시간 음식을 먹지 않는 것입니다.

본문 읽기

마가복음 2:23-28

1) 제자들이 안식일에 곡식밭 사이를 지나가며 무엇을 했습니까?

— 먹기 위해 이삭을 조금 잘랐습니다. 그들은 모세의 율법을 어기지 않았는데도 바리새인들은 그들이 죄를 지었다고 비난했습니다.

2) 안식일은 누구를 위해 만들어졌습니까?

— 안식일은 사람을 위해 만들어졌고, 사람이 안식일을 위해

만들어진 것이 아닙니다.

3) 안식일의 주인은 누구이십니까?

―― 인자이신 예수님이 안식일의 주인입니다. 그분은 다윗보다
더 크시며, 하나님으로서 안식일에 무엇이 옳고 그른지를 완벽
하게 알고 계십니다.

해설

> **핵심 내용 :** 안식일은 하나님께서 우리가 안식하면서 예수 그리스도를 기뻐
> 하도록 주신 날이다.

우리가 안식일을 어떻게 바라보는지는 하나님 앞에서 우리의 마음
상태가 어떠한지를 보여 준단다. 바리새인들의 마음은 하나님과 바
른 관계에 있지 않았어. 그들은 안식일을 해야 할 일과 하지 말아야
할 일의 목록, 곧 규칙들의 모음으로 여겼단다. 더 나아가 하나님의
계명에 자기들이 만든 여러 규칙까지 덧붙였어. 그들의 가르침 아
래에서 안식일은 감당하기 어려운 짐이 되었지. 그들은 규칙과 율
법을 지키는 것이 하나님을 기쁘시게 한다고 생각했고, 자기들이
만든 규칙을 따르지 않는 사람은 악하다고 여겼단다.

예수님과 제자들이 안식일에 곡식밭 사이를 지나갈 때 제자들은
배가 고팠어. 그래서 이삭을 조금 잘라 먹었단다. 바리새인들은 이
것을 안식일에 일한 것이라고 비난했지만, 그것은 일이 아니었어.

그들은 배가 고파 곡식을 먹었을 뿐이야. 모세의 율법은 낫으로 거두지만 않는다면 안식일에도 손으로 이삭을 따는 것을 죄라 하지 않아(신 23:25).

구약 시대에는 다윗도 급한 상황에서 굶어 죽지 않기 위해 성막의 거룩한 떡을 가져다 먹은 적이 있어(삼상 21:1-9). 그런데 예수님은 다윗보다 더 크신 분이란다. 제자들은 하나님의 백성을 구원하고 다스리러 오신 인자를 따르며 세상에서 가장 중요한 사명을 수행하고 있었어. 그러므로 안식일에 이삭을 잘라 먹은 일은 더욱 정당했단다. 안식일이 사람을 위해 만들어졌지, 사람이 안식일을 위해 만들어진 것이 아니야. 안식일은 우리의 유익을 위한 것이며 우리를 예수님께로 향하게 해준단다.

처음에 하나님은 안식일을 복 주시고 거룩하게 하셔서 아담과 그의 자손이 지키도록 하셨어(창 2:1-3). 이제 우리는 그리스도께서 부활하신 날로서 한 주의 첫째 날, 곧 주님의 날에 안식일을 지킨단다. 우리는 안식일을 무거운 짐이나 금지 목록으로 여기던 바리새인들처럼 되어서는 안 돼. 오히려 평소에 하던 일을 멈추고 교회에 가고, 성경과 유익한 신앙 서적을 읽고, 기도하며, 사랑의 일을 행하는 기쁜 시간으로 여겨야 한단다.

1) 그리스도인의 안식일은 무슨 요일입니까?

　—— 한 주의 첫째 날, 곧 주일입니다(마 28:1; 행 20:7; 계 1:10).

2) 안식일에 대한 우리의 생각은 하나님 앞에서 우리의 마음 상태

를 어떻게 보여 줍니까?

── 하나님과 바른 관계에 있는 하나님의 자녀의 마음은 그분의 임재를 기뻐하고 그분을 기쁘시게 하는 일을 즐거워합니다. 하나님을 사랑하기 때문에 그분의 계명은 무겁지 않습니다(요일 5:3).

3) 안식일은 우리를 해치기 위한 날입니까, 돕기 위한 날입니까?

── 안식일은 우리의 유익을 위해 주어진 날입니다. 일주일 중 하루를 쉬며 하나님을 찾을 때 몸과 영혼이 새로워지고, 나머지 날들에 맡겨진 일을 더 잘 감당할 수 있습니다.

기도 

주님의 안식일이 참된 기쁨이라는 것을 우리 가족이 경험하도록 도와주시기를 기도한다.

17

거듭남

복습 

1) 안식일이란 무엇입니까?

— 안식일은 하나님께서 우리가 일을 쉬고 그분을 예배하도록 주신 거룩한 날입니다.

2) 안식일은 복입니까, 짐입니까?

— 복입니다.

본문 읽기 

요한복음 3:1-8

1) 누가 밤에 예수님께 찾아왔습니까?

— 니고데모라는 바리새인이었습니다. 그는 유대인의 중요한 지도자였습니다.

2) 예수님께서 니고데모가 하나님의 나라에 들어가려면 무슨 일이 일어나야 한다고 말씀하셨습니까?

— 성령의 능력 있는 역사로 거듭나야 한다고 말씀하셨습니다.

3) 니고데모는 예수님의 말씀을 완전히 이해했습니까?

약속의 성취

── 아닙니다. 그는 사람이 어떻게 두 번째로 태어날 수 있는지 이해하지 못했습니다.

> **핵심 내용 :** 우리가 그리스도로 말미암아 구원을 받으려면 성령께서 새 생명을 주셔야 한다.

우리 각 사람은 정확히 정해진 때에 이 세상에 태어났단다. 이것을 출생이라고 하지. 출생은 어머니 몸 밖에서의 삶이 시작되는 순간을 가리켜. 우리가 함께 노는 친구들, 우리를 가르치는 선생님들, 이웃 사람들, 그리고 함께 예배하는 그리스도인들 모두 태어난 사람들이야. 그러나 한 번 태어난 사람이 다시 어머니 뱃속으로 들어가 두 번째로 태어나는 일은 없단다. 그래서 유대인의 지도자 니고데모는 예수님의 가르침을 듣고 혼란스러워했어.

니고데모는 바리새인들 가운데서 중요한 지도자였고, 산헤드린의 한 사람이었단다. 산헤드린은 유대인의 신앙 생활을 다스리던 칠십 명의 지도자들이었어. 그는 성경을 가르치는 일을 했고, 성경을 가르칠 뿐 아니라 그대로 살려고도 노력했단다. 그러나 안타깝게도 그는 모든 규칙을 열심히 지키기만 하면 구원을 받을 수 있다고 생각하고 있었어. 그래서 예수님께서 그에게 거듭나야 한다고 말씀하셨을 때 매우 혼란스러웠지. 사람이 어떻게 두 번째로 태어날 수 있겠니?

니고데모는 그런 일을 본 적도, 들은 적도 없었어. 그러나 예수님이 말씀하신 것은 육신의 출생이 아니라 영적인 출생이었단다. 이것은 성령께서 주시는 새로운 생명의 시작이야. 구약성경은 출생이라는 표현을 사용하지는 않았지만, 성령께서 새 마음을 주시고 죄를 씻어 깨끗하게 하시며 새 생명을 불어넣으시는 새 언약을 약속하고 있어(렘 32:39-40; 겔 36:25-27). 그러므로 니고데모는 예수님의 말씀에 놀랄 이유가 없었단다.

이 종교 지도자가 단지 선하게 살려고 노력하는 것만으로는 충분하지 않았어. 그는 하나님을 참되게 사랑하도록 마음을 새롭게 하시는 하나님의 성령이 필요했단다. 우리도 마찬가지야. 거듭남이 없이는 교회에 가고 성경을 읽고 하나님께 순종하려 애쓴다 해도 여전히 예수님의 구원과는 상관없는 사람으로 남게 돼. 우리는 복음의 능력으로 우리를 새롭게 만드시는 하나님의 성령이 필요하단다. 이 은혜로운 역사가 없으면 우리는 길을 잃은 사람들이란다.

1) 출생이란 무엇이며, 거듭난다는 것은 무엇을 뜻합니까?

— 출생은 아기가 어머니 몸 밖으로 나와 세상에서 살기 시작하는 것입니다. 거듭난다는 것은 다시 어머니 뱃속에 들어가는 것이 아니라, 하나님께서 은혜로 영적인 생명을 주시는 것을 뜻합니다.

2) 니고데모는 거듭남에 대한 예수님의 가르침을 듣고 놀랐어야

했습니까?

— 아닙니다. 그는 성령께서 새 마음을 주신다고 가르치는 구약성경을 알고 있었기 때문입니다 (겔 36:25-27).

3) 그리스도인의 가정에서 태어나고 교회에 다니기만 하면 구원을 받을 수 있습니까?

— 그리스도인의 가정에서 태어나고 교회에 다니는 것은 큰 복이지만, 그것만으로는 구원받을 수 없습니다. 거듭남으로 마음이 씻음 받고 새롭게 되어야 합니다.

기도 

우리 자녀들이 거듭남을 통해 하나님의 나라를 보고 그 나라에 들어가게 해주시기를 기도한다.

18

목마른 영혼을 채우심

복습 

1) 누가 밤에 예수님께 나아왔습니까?

— 유대인의 선생인 니고데모입니다.

2) 예수님은 니고데모에게 무엇이라고 말씀하셨습니까?

— 그가 성령으로 거듭나야 한다고 말씀하셨습니다.

본문 읽기

요한복음 4:5-14

1) 예수님께서 피곤하실 때 어디에 앉으셨습니까?

— 사마리아의 한 우물가에 앉으셨습니다. 우물은 사람들이 신선한 물을 길어 올리는 깊은 구멍입니다.

2) 예수님은 우물가의 여자에게 무엇을 달라고 하셨습니까?

— 물을 좀 달라고 하셨습니다. 참 사람이신 예수님도 우리처럼 목마르셨습니다.

3) 예수님은 그 여자에게 무엇을 주겠다고 하셨습니까?

— 다시는 목마르지 않게 하고 영생에 이르게 하는 생수를 주겠다고 하셨습니다.

약속의 성취

핵심 내용 : 예수 그리스도를 통해 하나님을 아는 것만이 우리의 목마른 영혼을 만족시킨다.

아주 심하게 목말랐던 적이 있니? 목마름은 우리 몸이 물이 필요하다고 알려 주는 신호란다. 갈증을 느끼는 것은 선물과도 같아. 우리가 물을 마시지 않으면 몸이 죽기 때문이야. 갈릴리로 돌아가시는 길에 예수님은 사마리아 지역을 지나가셨단다. 뜨거운 햇볕 아래에서 오래 걸으신 뒤, 예수님은 수가라는 마을의 우물가에 앉으셨고 목이 마르셨어.

너희는 목이 마를 때 수도꼭지나 정수기를 쉽게 사용할 수 있지만, 예수님 시대의 사람들은 대부분 두레박으로 우물 밑에서 물을 길어 올려야 했단다. 예수님이 우물가에서 쉬고 계실 때 한 여자가 물을 길으러 왔어. 당시 유대인의 선생들은 공공장소에서 여자와 대화하지 않는 것이 보통이었고, 더구나 사마리아 여자와는 절대로 말하지 않았단다.

사마리아 사람들은 유대인과 관련이 있었지만, 예수님보다 수백 년 전부터 이방인과 결혼하며 자기들만의 종교를 만들기 시작했어. 그래서 유대인과 사마리아 사람들 사이에는 깊은 미움이 있었단다. 서로 인사도 하지 않았고 음식이나 물도 함께 나누지 않았어. 그래서 예수님이 이 사마리아 여자에게 친절하게 말씀하시며 물을 달라고 하셨을 때, 여자는 크게 놀랐단다.

예수님은 그 여자가 자기 자신을 아는 것보다 더 잘 알고 계셨어. 그녀에게는 마실 물이 있었지만, 영혼은 목말라 있었단다. 우리가 이 광야 같은 세상을 살아가는 동안 우리의 영혼도 이렇게 목말라 해. 새로워지고 채워지기를 갈망하지. 그러나 죄 가운데 있는 우리는 세상의 것들로 영혼의 갈증을 채우려 한단다(렘 2:13). 이 여자도 그랬어. 다른 사람들과 세상의 즐거움이 자신을 만족시킬 수 있다고 생각했지(요 4:16-18).

하지만 세상의 우물에서 물을 마시면 마실수록 영혼은 더 목마르게 될 뿐이야. 우리의 영혼은 하나님을 위해 창조되었고, 하나님 안에서만 만족할 수 있기 때문이란다. 예수님은 우리를 하나님께로 다시 데려오셔서 그분을 알고 다시는 목마르지 않게 하시려고 오셨어. 이것이 바로 영생이야(요 17:3).

1) 사마리아 여자가 예수님의 부탁에 놀란 이유는 무엇입니까?
— 유대인은 보통 사마리아 사람과 말하지 않았고, 남자는 여자와 공공장소에서 말하지 않는 것이 보통이었습니다. 그런데 예수님은 이 사마리아 여자에게 말을 걸고 물을 달라고까지 하셨습니다.

2) 예수님은 육체적으로 목마르셨지만, 이 여자는 어떤 목마름을 겪고 있었습니까?
— 영적인 목마름입니다. 우리 몸이 그러는 것처럼 우리 영혼

　　　　　　　　　　　　　　　약속의 성취

도 무언가를 갈망합니다. 그러나 이 세상의 것들에서 만족을 찾으면 더 목말라질 뿐입니다.

3) 우리의 영적인 목마름을 오직 누가 해결하실 수 있습니까?

── 그리스도를 통해 알게 되는 하나님만이 해결하실 수 있습니다. 죄는 우리를 하나님과 갈라놓지만, 예수님은 우리를 하나님에게 다시 데려오셔서 지금부터 영원까지 우리로 하나님 안에서 만족하게 하십니다. 성경은 이것을 "영생"이라고 부릅니다.

기도 

우리 가족 모두가 그리스도 안에서 하나님의 생수를 마시게 해주시기를 기도한다.

복습 

1) 예수님께서 우물가에서 쉬실 때 누구를 만나셨습니까?

— 물을 길으러 온 사마리아 여자입니다.

2) 예수님은 사마리아 여자에게 무엇을 주겠다고 하셨습니까?

— 그녀의 목마른 영혼을 만족하게 하는 하나님의 생수입니다.

본문 읽기 

마태복음 5:1-11

1) 예수님은 산 위에서 누구를 가르치셨습니까?

— 제자들과 많은 무리들입니다.

2) 예수님이 이 구절들에서 반복하신 단어는 무엇이며, 그 뜻은 무엇입니까?

— "복이 있다"는 말입니다. 이것은 하나님의 은혜로 튼튼하고 강하게 자라나는 아름답고 큰 나무 같은 사람을 가리킵니다.

3) 예수님은 어떤 사람이 복이 있다고 말씀하셨습니까?

— 심령이 가난한 사람, 애통하는 사람, 온유한 사람, 의에 주리고 목마른 사람, 긍휼히 여기는 사람, 마음이 깨끗한 사람, 화

평하게 하는 사람, 박해를 받는 사람입니다.

핵심 내용 : 그리스도의 제자들은 그분의 발자취를 따르며 그분의 은혜로 복을 받는다.

사람은 누구나 복을 받기를 원한단다. 우리는 그것을 흔히 "좋은 삶"이라고 부르지. 복을 바라는 것 자체는 잘못이 아니야. 문제는 우리가 권력과 쾌락과 소유와 정치와 사람들 속에서 복을 찾는다는 거야. 어떤 장난감이나 어떤 친구만 얻으면 정말 행복해질 것이라고 생각하지.

그러나 성경은 전혀 다른 이야기를 들려줘. 시편 1편은 복 있는 사람을 강하고 튼튼하며 잎이 무성하고 열매를 맺는 나무로 아름답게 그린단다. 너는 하이킹을 하다가 하늘 높이 솟고, 뿌리는 깊이 내리고, 가지와 잎이 풍성한 나무를 본 적이 있니? 하나님은 우리가 그런 모습이 되기를 바라셔. 하지만 시편 1편은 죄의 길을 떠나 하나님의 길로 걸어갈 때에만 복된 삶을 얻는다고 말해 준단다.

예수님은 한 번도 죄를 짓지 않으시고 완전히 순종하신 바로 그 복 있는 사람이셨어. 우리도 우리 삶이 복되기를 바란다면 그분을 의지하고 그분의 발자취를 따라야 한단다.

그렇다면 그것은 어떤 모습일까? 우리가 기대하는 것과는 아주 다르단다. 세상은 자신감을 복의 길이라고 말하지만, 예수님은 하나님과 그 은혜만을 전적으로 의지하는 심령이 가난하고 겸손한 사람이 되어야 한다고 말씀하셔. 세상은 웃음이 복의 길이라고 말하지만, 예수님은 죄와 그로 인한 고통을 슬퍼해야 한다고 하셔. 세상은 자기 생각대로 사는 것이 복이라고 말하지만, 예수님은 하나님이 옳다고 하신 것을 행하기를 사랑과 깨끗한 마음으로 갈망해야 한다고 하셔. 세상은 원수에게 복수하는 것이 복이라고 말하지만, 예수님은 긍휼을 베풀고 화평을 이루라고 하셔. 세상은 고통을 피하는 것이 복이라고 말하지만, 예수님은 그분을 위해 자기 십자가를 지고 고난을 받아야 한다고 하셔.

다시 말해, 하나님의 은혜로 크고 열매 많은 나무처럼 살기를 원한다면 예수님이 걸어가신 길을 따라 걸어야 해. 이것이 진정으로 좋은 삶의 길이란다. 우리가 구원의 왕이신 예수님의 다스리심 앞에 복종해서 살 때에만 하나님의 미소 아래 안식을 누리고, 장차 그분의 영원한 나라에서 누릴 영광을 소망할 수 있기 때문이야(시 2편 참고).

1) 복됨이란 무엇입니까? 그것을 원하는 것이 잘못입니까?
    — 복됨은 하나님의 은혜로 튼튼하고 강하게 살아가는 삶입니다. 우리는 그런 삶을 원해야 합니다. 문제는 죄 때문에 잘못된 곳에서 복을 찾는다는 것입니다.
2) 복에 대한 그리스도의 가르침에서 놀라운 점은 무엇입니까?

    약속의 성취

― 복된 사람에 대한 설명이 세상이 말하는 것과 정확히 반대라는 점입니다. 참된 복은 이 세상의 죄 많고 교만한 길에서 건짐을 받을 때에만 주어지기 때문입니다.

3) 하나님의 저주를 받아 마땅한 죄인인 우리가 어떻게 복을 받을 수 있습니까?

― 예수님이 십자가에서 죄에 대한 하나님의 저주를 대신 받으시고, 완전한 순종으로 하나님의 복을 얻으셨기 때문입니다. 그분을 믿고 따르는 사람들은 그분 안에서 복을 받습니다.

기도 

우리 자녀들이 그리스도의 발자취를 따라 하나님의 은혜 안에서 풍성히 자라나게 해주시기를 기도한다.

은혜로우신 아버지께 드리는 기도

복습 

1) 참으로 복되다는 것은 무엇을 의미합니까?

— 하나님의 은혜로 튼튼하고 강하게 자라나는 것을 의미합니다.

2) 우리 같은 죄인이 어떻게 복을 받을 수 있습니까?

— 오직 그리스도만을 믿어 구원을 받고 그분의 길을 따라 걸을 때 복을 받습니다.

본문 읽기 

마태복음 6:5-13

1) 예수님은 어떤 기도를 반대하셨습니까?

— 당시 유대인들의 지도자들처럼 다른 사람들에게 보이려고 하는 기도와, 많은 말을 해야 그들의 신이 응답한다고 생각하던 이방인들처럼 하는 기도입니다.

2) 예수님은 제자들에게 어디에서 기도하라고 말씀하셨습니까?

— 문이 닫힌 은밀한 곳입니다. 이것은 교회나 다른 사람들과 함께 기도하면 안 된다는 뜻이 아니라, 기도할 때 사람의 눈과

귀를 찾지 말고 하나님의 눈과 귀를 찾아야 한다는 뜻입니다.

3) 예수님은 제자들이 누구에게 기도하도록 가르치셨습니까?
　　—— 하늘에 계신 하나님 아버지입니다.

해설

하나님은 우리가 무엇을 하는지만 보시는 분이 아니란다. 왜 하는지도 보셔. 사람들은 종종 잘못된 이유로 기도해. 유대인의 지도자들은 다른 사람들에게 좋은 인상을 주기 위해 공개적으로 기도했어. 사람들에게 "와, 정말 경건하구나!"라는 말을 듣고 싶었던 거지. 이방인들은 말을 많이 할수록 그들의 신들이 더 잘 들어준다고 생각해서 오래 기도했단다.

그러나 예수님은 우리가 단지 기도하는 것만을 원하지 않으셔. 올바른 이유와 올바른 방법으로 기도하기를 원하셔. 그러려면 우리는 복음 안에 나타난 하나님의 은혜를 알아야 해. 하나님의 은혜란 우리가 진노를 받아 마땅함에도 불구하고 하나님이 우리에게 베푸시는 친절이란다.

성경은 우리가 죄 가운데 있을 때 본질상 진노의 자녀라고 가르쳐 줘(엡 2:3). 그러나 하나님께서 예수 그리스도를 믿는 믿음을 통해 우리를 자신의 가족으로 삼으시고 자녀로 입양하셔(갈 3:26). 그래서 예수님은 제자들에게 하나님을 아버지라고 부르며 기도하라고 가르치신 거야.

하나님께서 그리스도 안에서 아버지가 되어주시는 사랑을 알게 되면, 우리는 바리새인들처럼 사람의 박수를 받기 위해 기도하지 않게 된단다. 또 이방인들처럼 많은 말로 하나님을 움직이려 하지도 않게 돼. 우리는 어린아이처럼 단순하게 기도할 수 있어. 하나님이 우리의 모든 필요를 채우실 준비가 되어 계시고, 기꺼이 그렇게 하시며, 능히 하실 수 있다는 것을 알기 때문이야. 참되게 기도하는 사람은 하나님의 은혜를 믿는단다.

하지만 예수님은 참된 기도가 하나님의 은혜를 구하는 것이라고도 가르치셔. 주기도문의 여섯 가지 간구가 바로 그것을 보여 주지. 처음 세 간구는 하나님의 영광에 초점을 맞춰서, 사람들이 하나님의 거룩하심을 예배하고 그 다스리심 아래 복종하며 하나님의 말씀에 순종하도록 구하는 기도야. 이런 예배와 복종과 순종은 구원의 은혜가 마음과 삶 속에서 역사할 때 나타나는 열매란다.

나머지 세 가지 간구는 우리의 유익에 초점을 맞춰서, 하나님이 우리의 필요를 채워주시고 죄를 용서하시며 마귀와 그의 시험에서 우리를 보호해 달라고 구하는 기도야. 우리는 이런 좋은 것들을 받을 자격이 없지만, 하나님은 아들 안에서 기쁘게 은혜로 주신단다. 그래서 우리는 하나님의 은혜를 믿고 동시에 그 은혜를 구하며 살아가게 돼. 이것이 참된 기도란다.

1) 믿지 않는 바리새인들과 이방인들의 기도 방식의 문제는 무엇입니까?

— 기도를 하나님께 은혜를 구하는 복으로 보지 않고, 사람이나 신들의 호의를 얻기 위한 수단으로 여겼다는 것입니다.

2) 우리 같은 죄인이 어떻게 하나님을 아버지라고 부를 수 있습니까?

— 영원하신 하나님의 아들이신 예수님을 믿을 때만 가능합니다. 예수님 안에서 죄를 용서받고 하나님의 가족으로 입양되기 때문입니다. 이것이 세상에서 가장 큰 복입니다.

3) 주기도문의 여섯 가지 간구를 어떻게 요약할 수 있습니까?

— 하나님의 영광과 우리의 유익을 위해 복음의 은혜를 구하는 것입니다.

기도 

우리 가족이 하나님의 이름을 거룩히 여기고, 하나님의 다스리심에 복종하며, 그리스도 안에서 하나님의 뜻에 순종하게 해주시기를 기도한다.

복습 

1) 예수님은 누구에게 기도하라고 가르쳐 주셨습니까?

— 하늘에 계신 하나님 아버지입니다.

2) 하나님이 어떻게 우리의 아버지가 되실 수 있습니까?

— 예수님께서 죄인들이 하나님의 가족으로 입양되는 길을 여셨기 때문입니다.

본문 읽기 

마태복음 6:25-34

1) 예수님은 제자들에게 무엇을 염려하지 말라고 말씀하셨습니까?

— 먹을 음식과 입을 옷 같은 사는 데 기본적으로 필요한 것들을 염려하지 말라고 하셨습니다.

2) 예수님은 무엇을 보라고 말씀하셨습니까?

— 하나님께 먹이를 받는 새들과 하나님께서 꽃으로 입히시는 들판을 보라고 하셨습니다. 하나님이 이런 피조물들을 돌보신다면, 자기 자녀들은 얼마나 더 돌보시겠습니까!

3) 예수님은 무엇에 가장 크게 관심을 가져야 한다고 말씀하셨습

니까?

── 하나님의 능력 있는 나라가 임하고 그분의 의로운 뜻이 이루어지는 것을 가장 크게 구해야 한다고 말씀하셨습니다.

해설

너는 염려해 본 적이 있니? 염려는 우리가 통제할 수 없는 미래의 어떤 일을 두려워할 때 생기는 마음이란다. 이런 질문의 모습으로 나타나기도 해. "생활비를 낼 돈이 충분할까?", "시험에 합격할 수 있을까?", "사람들이 나를 이상하게 생각하면 어떡하지?", "암이 다시 생기면 어떡하지?" 예수님 시대 사람들은 다음 끼니를 어디서 얻을지 모르는 경우가 많았기 때문에 "먹을 것이 있을까?"라는 염려를 자주 했어. 또 옷이 많지 않았기 때문에 "무엇을 입을까?"라고 걱정하기도 했단다.

염려는 미래가 불확실하게 느껴질 때, 우리가 우리 생활을 스스로 통제하고 있다는 느낌을 얻고 싶어서 하는 일이야. 그러나 모든 것을 정말로 다스리시는 분이 누구인지 아니? 하나님이시란다. 그분이 우리 삶의 모든 작은 것들까지 다스리고 계셔.

예수님은 우리가 새들을 보고 하나님이 그것들을 돌보신다는 사실을 기억하게 하신단다. 까마귀는 음식을 저장해 두는 창고나 냉장고가 없어. 하지만 먹을 것이 있을지 걱정하는 새를 본 적이 있니? 예수님은 또 아름다운 백합과 들꽃이 가득한 들을 가리키셨어. 하나님이 새를 먹이시고 풀을 입히신다면, 그리스도 안에 있는 자기 자녀들은 얼마나 더 돌보시겠니!

미래가 두려울 때 우리가 할 수 있는 가장 좋은 일 가운데 하나는 밖에 나가 걸어 보는 것이란다. 다람쥐와 나무와 물고기와 시냇물을 바라보면, 모든 것을 돌보시는 하나님의 다스리심을 떠올리게 돼. 하나님은 온 창조 세계를 돌보시고, 특히 입양하신 자기 자녀들을 돌보셔. 예수님을 따르는 사람이라면 하늘 아버지께서 자기의 필요를 채우실 것을 확신하며 위로를 얻을 수 있단다.

그러므로 우리는 염려하는 일에 힘쓰기보다 하나님을 찾고 섬기는 일에 힘써야 해. 다음에 염려가 찾아오면 예수님을 바라보고, 하나님이 예수님 안에서 너의 사랑하는 아버지가 되신다는 사실을 기억하렴. 하나님이 참새와 다람쥐도 돌보신다면, 너를 훨씬 더 돌보시지 않겠니?

1) 염려란 무엇이며, 우리는 왜 염려합니까?

　── 염려는 미래를 두려워하는 마음입니다. 우리는 앞으로 어떤 일이 일어날지 모르면서도 통제하고 싶어 하기 때문에 염려합니다.

2) 예수님은 왜 새와 꽃을 바라보라고 말씀하셨습니까?

　　　　　　　　　　　　　　　　　　　　약속의 성취

── 우리의 미래를 다스리시는 하나님께서 그 피조물들을 돌보신다는 사실을 기억하게 하시기 위해서입니다. 하나님께서 새와 들꽃을 돌보신다면, 예수 그리스도 안에 있는 자기 자녀들은 반드시 돌보실 것입니다.

3) 우리는 염려에 힘쓰지 않고 무엇에 힘을 써야 합니까?

── 그리스도를 믿는 믿음 안에서 하나님의 다스리심 아래 살며 하나님의 법에 순종하고, 다른 사람들도 그렇게 살도록 부르는 일에 힘써야 합니다.

기도 

앞으로 알 수 없는 일들을 염려하지 않고 하나님의 나라와 의를 구할 수 있게 은혜를 주시기를 기도한다.

복습 

1) 염려란 무엇입니까?

  —— 미래를 두려워하는 마음입니다.

2) 죄 된 염려에서 벗어나기 위해 우리는 무엇을 바라보아야 합니까?

  —— 하나님께서 창조 세계를 돌보시는 모습과, 그리스도 안에서 우리 같은 죄인들을 돌보시는 것을 바라보아야 합니다.

본문 읽기

마태복음 7:21-27

1) 심판 날에 누가 그리스도의 나라에 들어가게 됩니까?

  —— 십계명에 요약된 하나님의 뜻을 행한 참된 그리스도의 제자들만 들어갑니다.

2) 그날에 나라에 들어가지 못하는 제자들도 있습니까?

  —— 네, 슬프게도 실제로는 그렇지 않으면서 자기가 예수님의 제자라고 주장하는 사람들이 많이 있습니다.

3) 예수님의 비유에서 두 사람과 그 집의 차이는 무엇입니까?

── 지혜로운 사람은 그리스도께 순종해서 반석 위에 집을 지었고, 어리석은 사람은 순종하지 않아 모래 위에 집을 지었습니다.

해설

핵심 내용 : 그리스도를 따른다고 말하는 사람 모두가 참된 제자는 아니며, 오직 그리스도를 주로 알고 그분에게 순종하는 사람이 참된 제자이다.

산상수훈 전체에서 그리스도는 우리를 참된 제자도로 부르시며 위선을 경고하신단다. 위선자가 무엇인지 아니? 이 말은 다른 사람처럼 보이기 위해 가면을 쓰는 연극 배우를 가리켜. 그는 가면 뒤에 자신의 진짜 모습을 숨기지. 슬프게도 많은 사람들이 그리스도를 따르는 척하는 위선자들이란다. 세례와 기도와 성경 읽기와 교회 출석과 봉사 뒤에 자신을 숨긴 채 그리스도인이라는 가면을 쓰고 있어. 겉으로는 옳은 말과 행동을 하지만 마음은 실제로 그리스도에 의해 변화되지 않았단다.

그리스도는 심판 날의 모습을 보여 주심으로 위선을 경고하셔. 그날에 우리 모두는 누구를 믿었고 어떻게 살았는지에 대해 그분 앞에 서서 말씀드리게 될 거야(고후 5:10). 예수님이 보여 주신 장면은 매우 두려운 모습이란다. 자신이 그분을 따르고 있다고 생각했던 많은 사람이 있기 때문이야. 그들은 "주님을 위해 우리가 이렇게도 하고 저렇게도 했습니다"라고 말해. 그러나 그들은 그리스도의 구원의 사역을 의지하지 않고 자기 행위를 의지했어. 교회에서 바쁘게 섬기느라 정작 그리스도를 놓쳐 버린 거란다.

이런 위선적인 제자들은 모래 위에 집을 지은 사람과 같아. 겉으로 보기에는 반석 위에 지은 집과 똑같아 보일 수 있어. 그러나 기초가 잘못되었기 때문에 폭풍이 오면 무너져 버리고 말지. 겉모습만 제자처럼 보이고 마음으로는 그리스도를 주와 왕으로 모시지 않았다면, 하나님의 심판의 폭풍을 견딜 수 없다는 것을 주님은 경고하신단다.

우리는 그리스도를 사랑하고 순종함으로 반석 위에 집을 지어야 해. 우리의 순종이 우리를 구원하기 때문이 아니라, 참된 믿음은 사랑의 열매를 맺고(갈 5:6) 사랑은 율법을 이루기 때문이야(롬 13:10). 그리스도를 믿는다고 말하면서 선한 행위가 없다면 그 믿음은 구원하는 믿음이 아니란다(약 2:17). 세례를 받고 교회에 다니는 것만으로는 충분하지 않아. '그리스도가 우리의 주님이신가?' 이것이 가장 중요한 질문이란다.

1) 위선자들이란 누구입니까?

　　── 가면 뒤에 자신의 진짜 모습을 숨기는 연극 배우와 같습니다. 많은 사람이 마음은 변하지 않았는데도 교회에 다니는 등 종교적인 행동이라는 옷만 입고 그리스도를 따르는 척합니다.

2) 입술로만 그리스도를 주님이라고 부르는 것은 왜 충분하지 않습니까?

　　　　　　　　　　　　　　　　　　약속의 성취

── 삶으로 그리스도의 주권에 복종하지 않으면서 그렇게 말하
는 사람이 많기 때문입니다. 우리는 입으로 그분을 왕으로 고백
해야 할 뿐 아니라 삶으로도 그리스도를 사랑하며 순종해야 합
니다(롬 10:9).

3) 그렇다면 우리의 순종이 우리를 구원한다는 뜻입니까?
　　── 아닙니다. 오직 그리스도만이 우리를 구원하십니다. 그러나
그분의 구원을 참으로 믿는 사람은 반드시 그분을 사랑하고 섬
기게 됩니다.

기도 

우리 자녀들이 참된 그리스도의 제자로서 반석 위에 집을 세우게
해주시기를 기도한다.

복습 

1) 위선자들이란 누구입니까?

  —— 가면 뒤에 자신의 진짜 모습을 숨기는 사람들입니다.

2) 예수님을 따르는 사람들이 어떻게 위선자가 될 수 있습니까?

  —— 마음으로는 예수님을 참으로 믿거나 사랑하지 않으면서, 교회에 다니고 기도하고 봉사하는 등 그리스도인인 척하는 가면을 쓰는 것입니다.

본문 읽기

마태복음 11:25 - 30

1) 예수님은 누구에게 기도하셨습니까?

  —— 하나님 아버지께 기도하셨습니다. 예수님은 하나님의 아들이시며, 아버지와 구별되시면서도 아버지와 하나이십니다.

2) 예수님의 기도에 따르면 누가 아버지를 압니까?

  —— 예수님께서 성부 하나님을 온전히 아십니다. 그리고 예수님께서 하나님이 택하신 모든 백성에게 성부를 알게 하십니다.

3) 예수님은 무리에게 무엇을 하라고 부르셨습니까?

　　　　　　　　　　　　약속의 성취

── 참된 제자로서 예수님께 나아와 예수님을 순종하고 따르라고 부르셨습니다. 이것이 참된 안식에 이르는 길입니다.

해설

학교나 일을 마친 뒤에 아주 피곤했던 적이 있니? 우리가 지치면 포근한 베개와 이불 속에 누워 쉬는 것보다 더 좋은 것은 없지. 그런데 만약 잠도 자지 못한 채 며칠 동안 계속 일만 해야 한다면 어떻게 될까? 몸이 몹시 지치고 말 거야. 죄 가운데 있는 우리의 영혼도 이와 같단다. 하나님을 떠나 기쁨과 생명을 끝없이 찾아다니느라 쉼을 얻지 못하고 닳아 버렸어. 죄는 우리에게 평안과 안식을 약속하지만, 실제로는 우리 영혼을 폭풍으로 흔들리는 바다처럼 불안하게 만들 뿐이야. 우리는 스스로 그 바람과 물결을 잠잠하게 할 힘이 없단다.

예수님 당시의 종교 지도자들도 사람들에게 도움을 주지 못했어. 그들은 사람이 만든 많은 규칙을 만들어서 무거운 짐을 사람들의 어깨에 지웠고, 그 짐은 삶을 더 힘들고 괴롭게 만들었지. 예수님이 오셨을 때 세상은 죄와 자기 의에 눌려 지친 영혼들로 가득했어. 사람들은 마음의 안식을 갈망했지만, 그것을 찾으려고 애쓸수록 오히려 더 멀어지고 있었단다.

이것은 우리가 하나님을 알고 그분께 순종하도록 창조되었기 때문이야. 우리가 하나님의 길 위에서 그분과 함께 걸을 때에만 참된 생명과 기쁨과 평안을 누릴 수 있어. 그러나 죄로 인해 우리는 하나님과 그분의 의로운 길에서 멀어진 사람이 되었지. 예수님은 하나님을 우리에게 보여 주셔서 우리가 참되게 하나님을 알게 하시려고 오셨어. 또한 죄를 위해 죽으심으로 우리를 하나님과의 사랑의 언약 관계로 다시 이끄셨단다. 그리고 우리가 원래 창조된 목적대로 하나님의 의로운 길을 걷도록 우리를 부르셨어.

예수님은 자신을 따르는 것을 "멍에"라고 부르셨어. 멍에는 사람이 짐을 더 쉽게 지도록 어깨에 메는 나무 틀이란다. 예수님이 주시는 안식은 베개처럼 아무 일도 하지 않는 쉼이 아니야. 그분은 우리에게 멍에를 주시며 믿음과 순종으로 자신을 따르라고 부르셔. 우리가 하나님의 명령의 길에서 겸손히 하나님과 함께 걸을 때에만 참된 안식과 평안을 누릴 수 있기 때문이란다.

1) 예수님이 우리에게 주시려고 오신 안식은 어떤 안식입니까?
— 하나님은 우리에게 육신의 쉼도 주시지만(시 127:2), 예수님이 주시는 안식은 영적인 안식입니다. 예수님은 세상 것과 자기 행위에서 평안과 기쁨을 찾느라 지친 영혼을 건지시려고 오셨습니다.

2) 우리 영혼의 참된 안식은 어디에서 찾을 수 있습니까?

   약속의 성취

── 하나님을 알고 그분께 순종하는 데서 찾을 수 있습니다. 예수님은 십자가의 죽음과 부활로 하나님과 우리의 관계를 바로 잡으셨습니다.

3) 그렇다면 우리의 순종 때문에 이 안식을 얻는 것입니까?

── 아닙니다. 예수님이 우리를 위해 이 안식을 이루시고 값없이 선물로 주십니다. 우리가 그분께 나아갈 때, 하나님을 사랑하며 순종하도록 이끄시고 그 길에서 참된 안식을 누리게 하십니다.

기도 

우리 가족 모두가 예수 그리스도를 통해서 하나님의 길 안에서 하나님과 함께 걷게 하시기를 기도한다.

복습

1) 예수님은 왜 우리 영혼에 안식을 주려고 하십니까?

— 우리가 죄 가운데서 영적으로 지치고 무거운 짐에 눌려 있기 때문입니다.

2) 예수님은 어떻게 우리에게 참된 안식을 주십니까?

— 자신의 죽음과 부활을 통해 우리를 하나님과 하나님의 의로운 길로 다시 이끌어 주심으로 안식을 주십니다.

본문 읽기

마가복음 4:1-9

1) 길가에 떨어진 씨는 어떻게 되었습니까?

— 새들이 와서 먹어 버렸습니다. 많은 사람이 말씀을 들을 때 사탄이 곧바로 와서 그 마음에 뿌려진 말씀을 빼앗아 갑니다.

2) 돌밭과 가시덤불에 떨어진 씨는 어떻게 되었습니까?

— 돌밭의 씨는 빨리 자랐지만 뿌리가 깊지 않아 햇볕에 타 버렸습니다. 가시덤불의 씨는 가시에 막혀 열매를 맺지 못했습니다. 이것은 복음을 받아들이지만 믿음과 순종으로 끝까지 견디

지 못하는 사람들과 같습니다.

3) 좋은 땅에 떨어진 씨는 어떻게 되었습니까?

— 잘 자라 많은 열매를 맺었습니다. 이것은 하나님의 말씀을 듣고, 받아들이고, 열매로 그 믿음이 참됨을 나타내는 사람들과 같습니다.

해설

> **핵심 내용 :** 하나님의 말씀을 들을 때 우리는 열매 맺는 믿음으로 받고 있는지 살펴야 한다.

교회에서 하나님의 말씀이 선포될 때 주위를 둘러본 적이 있니? 무엇이 보였니? 어떤 사람들은 주의 깊게 듣고 있었을 거야. 어떤 사람들은 설교자의 말에 기쁨과 동의로 고개를 끄덕이며 메모를 하고 있었겠지. 그러나 어떤 사람들은 지루해 보였을 수도 있어. 졸고 있는 사람도 있었을지 몰라. 또 어떤 이들은 다른 데 마음이 빼앗겨 이야기하거나 핸드폰을 보고 있었을지도 몰라.

사람들은 하나님의 말씀에 서로 다르게 반응해. 말씀이 가르쳐지거나 선포될 때마다 하나님은 우리 앞에 자신에 대한 진리를 두시는데, 그 진리에 어떻게 반응하느냐가 우리가 영원을 어떻게 보내게 될지를 결정해. 말씀에 대한 우리의 반응이 하나님을 알고 더 가까이 나아가게 할 수도 있고, 전혀 관심이 없게 하거나 마음을 굳어지게 할 수도 있어. 그러므로 우리는 귀로만이 아니라 온 마음을 다해 모든 주의를 기울여 말씀을 들어야 해.

씨 뿌리는 자의 비유는 예수님을 믿는다고 말하는 모든 사람이 참으로 믿는 것은 아님을 경고해. 어떤 사람들은 복음을 들을 때 그리스도인이 된 것처럼 보이지만, 삶에 시험이나 유혹이 오면 예수님을 떠나 다시 세상으로 돌아가 버려. 그들은 좋은 땅과 같이 듣는 사람이 아니었어. 그들은 거듭남을 경험하지 못했고(요일 3:6, 9), 하나님께 영광을 돌리는 열매도 맺지 못했단다.

열매를 가장 많이 맺는 그리스도인은 하나님의 말씀을 사랑하는 사람들이야. 그들은 말씀이 생각 깊이, 마음 깊이, 영혼 깊이 스며들게 해. 말씀을 아무리 들어도 부족하다고 느끼지. 설교 듣기를 사랑하고, 날마다 읽기를 사랑하며, 다른 믿는 이들과 말씀을 나누기를 사랑하고, 말씀에 대해 기도하기를 사랑해. 우리가 그리스도 안에 살고 그분의 말씀이 우리 안에 거하면 우리는 하나님께 영광을 돌리고, 많은 열매를 맺고, 그분의 제자임을 증명할 수 있게 된단다(요 15:7-8).

1) 야고보서 1장 21절에 따르면 우리는 하나님의 말씀을 어떻게 받아야 합니까?

   — 죄를 버리고 온유함으로 말씀을 받아야 합니다. 온유함이란 말씀의 가르침 아래 자신을 겸손히 낮추는 것을 뜻합니다.

2) 히브리서 4장 1-2절에 따르면 이스라엘 백성은 왜 들은 말씀의

   약속의 성취

유익을 얻지 못했습니까?

── 믿음이 없었기 때문입니다. 말씀의 유익을 얻으려면 듣기만 하지 않고 믿어야 합니다.

3) 우리가 그리스도인으로서 열매를 풍성히 맺으려면 어떻게 해야 합니까?

── 하나님의 말씀을 배우고 믿고 성령의 도움으로 그것을 실천해야 합니다.

기도 

우리 가족이 말씀을 듣고 열매 맺는 사람들이 되게 해주시고, 하나님께 영광이 되도록 우리의 열매가 더욱 많아지게 해주시기를 기도한다.

하나님 나라의 비유들

복습 

1) 씨 뿌리는 자의 비유가 가르치는 핵심 교훈은 무엇입니까?

   ── 우리가 하나님의 말씀을 들을 때 열매 맺는 믿음으로 받아야 한다는 것입니다.

2) 가장 열매를 많이 맺는 그리스도인은 어떤 사람들입니까?

   ── 하나님의 말씀을 듣고, 읽고, 나누고, 말씀에 대해 기도하며, 실천하기를 사랑하는 사람들입니다.

본문 읽기 

마가복음 4:26-32

1) 이 두 비유는 무엇에 관한 것입니까?

   ── 하나님의 나라에 관한 것입니다. 이 나라는 창조 세계 위에 계신 하나님의 통치만이 아니라, 오늘날 죄인을 구원하시고 마침내 그들을 영광으로 이끄시는 하나님의 능력을 가리킵니다.

2) 첫 번째 비유는 하나님의 나라에 대해 무엇을 가르칩니까?

   ── 하나님의 나라는 씨가 뿌려진 것처럼 그리스도의 시대에 시작되었습니다. 이 세상이 있는 동안 점점 자라 가고, 하나님

의 택하신 자의 수가 다 구원받으면 자라기를 멈추고 추수가 시
작됩니다(딤후 2:10).

3) 두 번째 비유는 하나님의 나라에 대해 무엇을 가르칩니까?
　　── 하나님의 나라는 작고 보잘것없이 시작되었지만 온 세상으
로 퍼져 나가게 됩니다.

핵심 내용 : 하나님의 나라는 작게 시작되었지만 계속 자라 가고 있다.

왕과 그의 나라를 생각하면 무엇이 떠오르니? 왕의 옷을 입고 보좌
에 앉아 병사들과 신하들에게 둘러싸인 모습? 위엄과 부유함? 아니
면 지금 다른 나라들이 인정하는 어떤 나라? 예수님 시대의 사람들
도 하나님의 나라가 오면 그렇게 나타날 거라고 생각했단다.

　유대인들은 메시아가 오시면 하나님의 나라를 단번에 세우실 것
이라고 여겼어. 로마를 멸망시키고, 예루살렘 보좌에 앉아, 모든 나
라를 자신의 종으로 삼으실 것이라고 믿었지. 그러나 예수님은 그
런 방식으로 나라를 시작하지 않으셨어. 그분은 복음 선포를 통해
나라를 시작하셨어.

　예수님께서는 이스라엘 백성의 원수들을 전쟁으로 정복하신 것
이 아니라 하나님을 미워하던 죄인들의 마음을 정복하셨고, 죄인을
멸망시키신 것이 아니라 은혜로 변화시켜 기꺼이 자신을 섬기는 종

이 되게 하셨어. 하나님의 나라는 사람들이 예상하지 않은 방식으로 임했단다. 칼과 싸움이 아니라 말씀과 선포로 왔고, 눈에 당장 보이는 모습이 아니라 신비로운 영적 방식으로 임했어. 믿음의 눈으로만 그 시작과 성장을 볼 수 있었지.

지금도 하나님의 나라는 세상 가운데 복음이 전파되는 곳마다 확장되고 있어. 누군가가 구원 얻는 믿음으로 말씀을 받아들일 때마다 그는 하나님의 나라 시민이 된단다. 더 이상 이 세상에 속하지 않고 그리스도의 은혜로운 통치 아래 사는 종이 되는 거야. 그리스도는 지금 하나님 오른편 보좌에 앉아 계시며, 하늘의 보좌에서 온 세상에 있는 교회를 통해 자신의 나라를 넓혀 가고 계셔. 그리고 머지않아 다시 오셔서 그 나라를 모든 능력과 영광 가운데 완전히 세우실 거야. 지금 은혜로 그 나라에 들어가는 사람만이 장차 그 영광을 누리게 된단다.

1) 우리는 태어날 때부터 자연스럽게 하나님의 나라 시민이 됩니까?

— 아닙니다. 하나님의 말씀과 은혜로 거듭날 때에만 하나님 나라의 시민이 됩니다(요 3:3; 약 1:18).

2) 하나님 나라의 시민이라는 사실은 그리스도인의 생각에 어떤 영향을 주어야 합니까?

— 그리스도께서 계신 하늘의 것을 생각하고, 이 세상과 그 안의 것들을 사랑하지 않으며 나그네처럼 살아가야 합니다(골

3:1-2; 벧전 2:11).

3) 그렇다면 우리는 이 세상에서 자기 나라의 책임 있는 시민이 되지 말아야 합니까?

── 아닙니다. 하나님의 나라가 영광 가운데 오기를 기다리면서, 합당한 모든 일에 있어서 권위에 순종하는 선한 시민으로 살아야 합니다.

기도 

하나님의 나라가 임하게 하시고, 하늘에서 이루어진 것 같이 땅에서도 하나님의 뜻이 이루어지게 해주시기를 기도한다.

복습 

1) 예수님은 자신의 나라를 퍼뜨리기 위해 실제 칼을 사용하십니까?

— 아닙니다. 복음 선포를 통해 하나님의 나라가 퍼져 나갑니다.

2) 하나님의 나라는 언제 완성됩니까?

— 마지막 날에 예수님께서 하늘로부터 다시 오실 때 완성됩니다.

본문 읽기 

누가복음 16:19-31

1) 예수님의 비유에 나오는 두 사람은 어떻게 다르며, 또 어떻게 같습니까?

— 한 사람은 부자여서 먹을 것이 풍족했고, 다른 한 사람은 가난하고 굶주렸습니다. 그러나 두 사람 모두 죽었습니다. 사람들 사이에는 많은 차이가 있지만, 누구도 죽음을 피할 수는 없습니다.

2) 이 두 사람은 죽은 후 어디로 갔습니까?

── 부자는 지옥으로 내려갔고, 가난한 사람은 하늘에 있는 아
브라함의 품으로 올라갔습니다.

3) 지옥에서 고통을 당하던 부자는 아브라함에게 무엇을 요청했
습니까?

── 자신의 고통을 조금이라도 덜어 달라고 했고, 또 가난한 사
람을 자기 가족에게 보내 지옥을 경고하게 해 달라고 했습니다.
그러나 아브라함은 두 요청을 모두 거절했습니다.

해설

핵심 내용 : 지옥은 극심한 고통이 있으며 계속되는 곳이지만, 피할 수 있는 종착지이다.

예수님의 비유에 나오는 두 사람보다 더 서로 달라보이는 사람들을 만난 적이 있니? 생활과 재산만 보면 두 사람은 전혀 다른 세계에 사는 것처럼 보였단다. 그러나 가장 큰 차이는 영적인 것이었어. 부자는 교만했고, 가난한 사람은 겸손했지. 그럼에도 그들에게는 한 가지 공통점이 있었어. 두 사람 모두 죽었다는 사실이란다. 죽음은 하늘이나 지옥, 두 곳 가운데 하나로 들어가는 문이야. 하나님의 약속을 붙들고 겸손히 살던 가난한 사람은 죽을 때 하늘로 들려 올라갔고, 금을 붙잡고 살던 교만한 부자는 지옥으로 내려갔단다.

예수님은 성경에서 가장 분명한 지옥의 모습을 우리에게 보여 주

셨어. 피부에 작은 화상을 입어 본 적이 있니? 아주 작은 화상도 매우 아프단다. 그런데 지옥의 부자는 결코 꺼지지 않는 불 속에서 고통을 당했어. 그는 극심한 고통 가운데 있었고, 고통을 덜어 줄 수 있는 것을 구했지만 아무 도움을 얻지 못했단다. 이 땅에서 상상할 수 있는 가장 큰 고통도 지옥의 고통과는 비교할 수 없어. 그것은 죄에 대한 하나님의 진노를 온전히 받는 고통이기 때문이야. 더 비참한 것은 그 고통이 끝나지 않는다는 사실이란다. 지옥은 잠시 머무는 곳이 아니라, 하나님을 거부하고 자기의 의로움이나 재물을 의지한 사람들이 영원히 머무는 곳이야.

부자는 자기 가족만큼은 이 끔찍한 곳을 피하기를 원했어. 그래서 하늘에서 누군가를 보내 그들에게 경고하게 해 달라고 아브라함에게 부르짖었지. 아브라함은 어떻게 대답했을까? "그들에게는 지옥을 피하기에 충분한 성경 말씀이 있다. 하나님의 약속을 믿기만 하면 된다"라고 말했단다. 지옥은 우리 모두가 죄로 인해 마땅히 들어가야 하는 곳이지만, 예수님께서 죄인 대신 십자가에서 지옥의 형벌을 담당하셨기 때문에 피할 수 있어. 우리가 하나님 앞에서 겸손히 자신을 낮추고 십자가에 달리신 아들을 믿으면, 죽을 때 하늘로 들려 올라가게 된단다. 그러나 복음을 거부하면 영원한 지옥에 던져지게 돼.

1) 예수님의 비유에서 두 사람 사이의 가장 중요한 차이는 무엇입니까?

　　　　　　　　　　　　　　　　　약속의 성취

── 부자는 하나님과 그분의 구원이 필요 없다고 생각한 교만한 사람이었고, 가난한 사람은 하나님과 그분의 구원을 신뢰한 겸손한 사람이었습니다.

2) 누가복음 14:11을 읽어 봅시다. 이것이 예수님의 비유에서 어떻게 나타납니까?

── 교만한 부자는 가장 낮은 지옥으로 떨어져 낮아졌고, 겸손한 가난한 사람은 가장 높은 하늘로 올라가 높아졌습니다.

3) 사람이 죽은 후에 하나님의 말씀을 믿고 지옥을 피할 또 다른 기회가 주어집니까?

── 아닙니다. 이 삶에서 회개하고 그리스도를 믿지 않으면 죽은 뒤에는 더 이상의 기회가 없습니다.

기도 

자녀들이 예수 그리스도를 향한 겸손한 믿음을 가지고, 예수님 안에서 하늘에 합당한 자가 되게 해주시기를 기도한다.

복습

1) 지옥은 무엇입니까?

— 하나님과 그분의 말씀을 교만하게 거부한 사람들이 가는 곳입니다.

2) 지옥은 잠시 동안만 고통을 겪는 곳입니까?

— 아닙니다. 지옥은 영원한 고통의 장소입니다. 오직 예수님을 믿는 사람들만 그곳에서 구원을 받습니다.

본문 읽기

마가복음 4:35-41

1) 물결이 배를 덮칠 때 제자들은 어떻게 반응했습니까?

— 그들은 예수님을 깨우며 우리가 죽게 된 것을 돌보지 않으시냐고 했습니다. 물결을 두려워하고 예수님께 따지는 모습은 그분의 인격과 능력을 믿지 못한 불신앙을 보여 줍니다.

2) 그러자 예수님은 무엇을 하셨습니까?

— 바람을 꾸짖으시고 바다더러 잠잠하라고 명령하셨습니다. 그리고 불신앙 때문에 두려워하는 제자들도 꾸짖으셨습니다.

3) 바다가 잔잔해지자 제자들은 어떻게 반응했습니까?

　── 그들은 매우 두려워하며 이분이 누구이기에 바람과 바다도 순종하는지 서로 물었습니다. 이 기적은 예수님이 자연의 힘을 다스리는 하나님이심을 보여 줍니다.

핵심 내용 : 예수님은 요동하는 바다의 혼돈을 잠잠하게 하시는 하나님의 능력을 가지신 분이다.

성경에서 바다는 깊고 신비로우며 위험한 곳으로 그려진단다. 바다는 예측할 수 없고 때로는 매우 거칠어 아무도 그것을 통제할 수 없지. 폭풍이 갑자기 몰려올 수 있고, 순식간에 사람과 배를 삼켜 버리기도 해. 시편에서 다윗은 자신의 환난과 고통을 자신을 덮치는 바다의 물결에 비유했단다(시 42:7). 사람은 바다의 물결을 다스릴 수 없고, 그저 맞서거나 순응할 수밖에 없어.

예수 그리스도를 따르는 사람들도 인생의 환난과 거친 바다를 만나게 돼. 우리가 고난을 겪을 때 무력함을 느끼고, 주님께서 통제를 잃으신 것처럼 생각하기 쉬워. 제자들이 예수님을 깨우며 "주님, 우리가 죽게 된 것을 돌보지 않으십니까?"라고 물었던 것처럼 말이야. 우리는 매우 약하고, 주님의 인격과 능력을 신뢰하지 않으면 시험 앞에서 믿음이 흔들리기 쉽단다.

그러나 예수님은 바다를 완전히 다스리고 계셨어. 한마디 말씀으로 바람을 꾸짖고 물결을 잠잠하게 하셨지. 이와 같이 예수님은 복음의 평화의 말씀으로 우리의 죄를 용서하시고, 죽음에서 구원하시며, 영원한 비참함에서 건져 내실 능력이 있으시단다.

예수님은 이 시험조차 제자들의 유익이 되게 하셨어. 하나님을 사랑하는 자들에게 모든 것이 합력해서 선을 이루게 하시기 때문이야(롬 8:28). 그분은 하나님의 아들이시므로 언제나 주권적으로 다스리신단다. 하나님께서 바다를 창조하실 때 "네가 여기까지 오고 더 넘어가지 못한다"라고 말씀하셨고(욥 38:11), 다윗은 하나님께서 바다의 출렁임을 다스리신다고 기뻐했어(시 89:9). 높은 곳에 계신 주님은 많은 물소리와 큰 파도보다 더 능하시단다(시 93:4). 예수님은 주님이셔. 그러므로 인생의 폭풍이 우리 영혼을 삼킬 듯해도 우리는 그분을 신뢰할 수 있어.

1) 이 기적은 예수님이 누구신지를 보여 줍니까?
　— 바다를 다스리시는 전능하신 하나님의 아들이심을 보여 줍니다.

2) 그리스도인이 겪는 시험 중에 예수님께서 건져 내지 못하시는 것이 있습니까?
　— 없습니다. 예수님은 하늘과 땅의 모든 권세를 가지셨고 우리를 구원하실 수 있는 모든 능력을 가지셨습니다.

3) 시험 가운데서 우리의 믿음을 어떻게 강하게 할 수 있습니까?

　　　　　　　　　　　　　　　　　　　약속의 성취

── 시험의 바람과 물결이 아니라 만물을 다스리시는 그리스도를 바라봄으로 강해질 수 있습니다.

기도 

삶의 모든 폭풍 위에 계신 그리스도의 주권적인 능력을 믿는 믿음을 주시기를 기도한다.

오병이어의 기적

복습 

1) 바다의 물결을 다스리시는 분은 누구십니까?

— 하나님 한 분뿐입니다. 예수님은 하나님의 아들이시며 참 하나님이시기 때문에 바다를 다스리십니다.

2) 우리가 시험을 만날 때 무엇에 집중해야 합니까?

— 시험의 크기가 아니라 우리를 건지실 수 있는 예수님의 위대하심과 능력을 바라보아야 합니다.

본문 읽기 

마가복음 6:30-44

1) 많은 무리가 예수님과 제자들에게 나아왔을 때 그들은 어디에 있었습니까?

— 광야의 한적한 곳에 있었습니다. 그것은 이스라엘이 애굽에서 인도함을 받아 광야에 있었던 모습과 비슷합니다.

2) 제자들에게는 떡과 물고기가 얼마나 있었습니까?

— 떡 다섯 개와 물고기 두 마리뿐이었습니다. 이것은 가족들과 함께 있는 오천 명의 남자를 먹이기에는 턱없이 부족한 양이

었습니다.

3) 예수님은 그 떡과 물고기로 무엇을 하셨습니까?

　　── 떡과 물고기가 아주 많아지게 하셔서 그곳에 있던 사람들이 모두 먹고 배부르게 하셨습니다. 모두가 먹고 난 뒤에도 열두 바구니에 가득 찰 만큼 음식이 남았습니다.

해설 

> **핵심 내용 :** 예수님은 떡과 물고기를 많아지게 하셔서 창조하고 구속하시는 능력을 나타내셨다.

하나님께서 모세를 통해 이스라엘을 애굽에서 이끌어 내셨을 때, 그들은 광야에서 성막에 임재하신 하나님 주위에 진을 쳤단다. 광야에는 먹을 것이 많지 않았기 때문에 하나님은 하늘에서 만나라는 떡을 내려 그들을 먹이셨어(출 16장). 만나는 하나님께서 자기 백성의 필요를 공급하신다는 사실을 보여 주는 표였단다. 신명기 8장은 하나님께서 이스라엘을 낮추시고 굶주리게 하신 후 만나로 먹이신 이유를 설명해. 그것은 그들을 시험하시고, 공급하시는 하나님의 신실하심을 보여 주시며, 사람이 떡으로만 사는 것이 아니라 여호와의 입에서 나오는 모든 말씀으로 산다는 것을 가르치시기 위함이었어(2-3절).

하나님께서 광야에서 만나로 자기 백성을 먹이신 것처럼, 예수님을 통해서 굶주린 무리에게 떡과 물고기를 공급하셨어. 만물을 창조하신 분으로서 예수님은 아무것도 없는 데서 떡을 만드실 수 있고, 작은 도시락으로 큰 잔치상을 베풀 수도 있으시단다. 예수님은 기적을 통해 무리의 필요를 풍성하게 채워 주셨어. 그리고 장차 십자가에서 자기 몸이 찢기고 피를 흘리심으로 자기 백성의 죄를 속하셔서 그들의 영적인 필요도 채우실 거야.

예수님의 기적은 모세 시대에 일어난 기적들보다 더 크단다. 왜냐하면 그분은 하나님의 아들이시며 우주의 창조주이시고, 믿는 모든 사람의 구주이시기 때문이야. 네가 점심을 바라보기만 해서는 배가 부르지 않고 실제로 먹어야 하는 것처럼, 예수님을 생각만 해서는 영혼이 구원으로 채워지지 않아. 마음 깊은 곳으로 그분을 믿고 받아들여야 한단다(엡 3:17).

1) 하나님은 광야에서 이스라엘 백성에게 어떻게 먹을 것을 주셨습니까?

— 하늘에서 만나라는 특별한 떡을 주셔서 하나님의 약속을 신뢰하도록 가르치셨습니다. 예수님도 광야에서 이스라엘 백성에게 떡을 공급하셔서 그들이 예수님을 믿도록 가르치셨습니다.

2) 이 기적은 예수 그리스도를 통해 우리의 필요를 공급하시는 하나님에 대해 무엇을 가르쳐 줍니까?

— 하나님은 우리의 창조주이며 구속주이시기 때문에 특히 영

　　　　　　　　　　　　　　　약속의 성취

적인 필요를 포함한 모든 필요를 채우실 수 있음을 보여 줍니다.

3) 그리스도께서 주신 떡은 하나님께서 자기 백성에게 말씀과 구
원을 주시는 것을 어떻게 보여 줍니까?

— 떡이 몸을 살리듯이 하나님의 말씀은 영혼을 살립니다. 하
나님께서 보내신 예수님과 예수님께서 이루신 구원이 세상에
생명을 주는 참된 하나님의 떡입니다(요 6:32).

기도 

그리스도의 충만함 가운데서 우리 가족의 가장 깊은 영적 필요를
채워 주셔서 영혼을 먹여 주시기를 기도한다.

복습 

1) 하나님은 모세 시대 광야에서 자기 백성을 어떻게 기적으로 먹이셨습니까?

— 하늘에서 떡을 내려 주셨습니다.

2) 예수님은 광야에서 사람들을 어떻게 기적으로 먹이셨습니까?

— 떡과 물고기를 매우 많아지게 하셨습니다.

본문 읽기 

마태복음 14:22-33

1) 제자들이 배를 타고 떠난 후 예수님은 어디로 가셨습니까?

— 하늘에 계신 아버지께 기도하려고 산에 올라가셨습니다.

2) 제자들은 물 위로 걸어오시는 예수님을 보고 어떻게 반응했습니까?

— 몹시 두려워하며 예수님을 유령이라고 생각했습니다.

3) 예수님께서 배에 오르신 후 제자들은 무엇을 했습니까?

— 예수님을 하나님의 아들로 예배했습니다.

> **핵심 내용 :** 예수님은 물 위를 걸으심으로 우리의 믿음과 예배를 받기에 합당한 분이심을 나타내신다.

여러 시간 동안 항해한 뒤 제자들은 육지에서 멀리 떨어져 있었단다. 강한 바람과 큰 물결과 싸우느라 지치고 낙심해 있었어. 예수님은 어디 계셨니? 예수님은 전에 성난 바다를 잠잠하게 하신 적이 있었지만(마 8:23-27), 이번에는 제자들만 폭풍을 마주하는 것처럼 보였단다.

위험한 바다 위에서 배가 심하게 흔들릴 때, 그들은 어둠 속에서 자기들에게 다가오는 어떤 사람 모습을 보게 되었어. 그것이 무엇이었을까? 그들은 두려워하며 "유령이다!"라고 외쳤단다. 물결만으로도 충분히 무서운데 죽은 사람의 영까지 따라오는 것처럼 느껴졌기 때문이야. 사실 사람의 몸으로 물 위를 걷는다는 것은 있을 수 없는 일처럼 보이지 않니? 깊은 수영장 위에 서 보려고 하면 결과는 하나뿐이야. 가라앉는 것이지. 그러나 물 위에 서 계신 분은 유령이 아니고 바로 예수님이셨어. 물 위를 걸으심으로 자신이 하나님의 아들이심을 보여주신 거야. 오직 하나님만이 바다 위를 걸으실 수 있기 때문이야(욥 9:8).

베드로는 예수님께 자기가 요동치는 물 위를 걷게 해 달라고 요청했어. 예수님께서 그렇게 하시자 베드로는 잠시 물 위를 걸었지만 곧 예수님에게서 시선을 떼고 출렁이는 물결을 바라보았단다. 그의 믿음은 두려움으로 바뀌었고, 그는 물에 빠지기 시작했어. 그러나 그리스도의 자비로운 손이 그를 붙잡아 다시 배로 올려 주셨기 때문에 베드로는 빠져 죽지 않았단다.

예수님께서 배에 오르시자 바람과 물결이 멈추었고, 제자들은 자기들이 단순한 사람 앞에 서 있는 것이 아니라는 사실을 깨달았어. 그들은 예수님이 하나님이심을 알고 처음으로 그분을 예배하며 고백했단다. "진실로 하나님의 아들이로소이다!"

우리도 그렇게 해야 해. 삶의 폭풍 속에서 우리는 두려움을 선택할 수도 있고 믿음을 선택할 수도 있어. 원망할 수도 있고 예배할 수도 있단다. 예수님이 물결 위의 주님이심을 안다면, 우리는 믿음으로 걸으며 그분을 구주와 왕으로 예배하게 될 거야.

1) 아무나 물 위를 걸을 수 있습니까? 그렇지 않다면 예수님은 어떻게 바다 위를 걸으실 수 있었습니까?

— 사람이 수영장이나 호수나 바다 위를 걸으려고 하면 가라앉습니다. 예수님은 불가능한 일을 행함으로 자신이 자연을 다스리는 하나님이시라는 것을 보여 주십니다.

2) 제자들은 예수님이 하나님이심을 빨리 깨달았습니까?

— 아닙니다. 그들은 매우 더디게 깨달았습니다. 그러나 날마다 예수님과 함께 지내며 기적을 볼수록 조금씩 더 알게 되었고, 이때 처음으로 예수님을 하나님의 아들이라고 고백했습니다.

  약속의 성취

3) 이 이야기는 우리가 삶의 폭풍 같은 시험을 만날 때 무엇을 해야 한다고 가르쳐 줍니까?

　── 예수님을 바라보고 신뢰하며 우리의 주와 구주로 예배해야 한다는 것입니다.

기도 

예수님께서 하나님이심을 믿는 믿음으로 자녀들의 믿음을 자라게 해주시기를 기도한다.

복습 

1) 제자들이 거친 바다 한가운데 있을 때 예수님은 어떻게 그들에게 가셨습니까?

 ── 물 위를 걸어가셨습니다.

2) 예수님은 어떻게 물에 빠지지 않고 물 위를 걸으실 수 있었습니까?

 ── 하나님의 아들로서 그분의 능력으로 그렇게 하셨습니다.

본문 읽기

마가복음 7:14-23

1) 예수님은 무엇이 사람을 더럽게 할 수 없다고 말씀하셨습니까?

 ── 우리가 먹는 음식과 같은, 우리 밖에서 들어오는 것들입니다. 종교 지도자들은 잘못된 음식을 먹으면 나쁜 사람이 된다고 생각했습니다. 하나님은 이스라엘에게 만지거나 먹지 말아야 할 규례를 주셨지만, 그것들은 마음의 죄를 볼 수 있게 해주는 상징이었습니다. 바리새인들은 여기에 더 많은 규칙을 더하고 그것을 지키는 것을 자랑했습니다.

2) 예수님은 무엇이 사람을 더럽게 한다고 말씀하셨습니까?

　── 먹는 음식이 아니라 마음속에서 나오는 악입니다.

3) 우리가 짓는 죄의 행동은 어디에서 시작된다고 예수님은 말씀
하셨습니까?

　── 모든 죄는 마음에서 시작됩니다. 죄는 인간 본성을 더럽게
만들었습니다. 그것은 우리 안에 있는 힘이며, 하나님의 은혜의
능력으로만 깨끗하게 될 수 있습니다.

해설

핵심 내용 : 우리가 행하는 죄는 사람의 마음의 악에서 흘러나온다.

예수님께서 이 구절들에서 무엇이 사람을 깨끗하게 하거나 더럽게
하는지를 말씀하시기 바로 전에, 바리새인들은 손을 씻지 않고 음
식을 먹는 일로 예수님을 책망했단다(막 7:5). 그들은 그것이 죄라고
생각했지만 하나님은 그렇게 말씀하신 적이 없어. 바리새인들은 하
나님이 명령하지 않으신 많은 규칙을 만들어 냈단다. 그들은 하나
님을 진정으로 사랑하지 않고 사랑하는 척만 하는 위선자들이었어.
예수님은 그들이 입술로는 하나님을 공경하지만 마음은 하나님에
게서 멀리 떠나 있다고 꾸짖으셨어(6절). 실제로 그들은 사람의 전통
을 만들어 내고 하나님의 계명을 버리고 있었단다(7-13절).

　이 바리새인들은 율법주의를 행하고 있었어. 율법주의는 사람들

이 하나님과 바른 관계에 있지 않으면서도 그렇게 생각하게 만드는 무서운 죄란다. 율법주의자들은 자기의 순종으로 하나님을 기쁘시게 하고 구원을 얻을 수 있다고 생각해. 또 성경에 없는 규칙들을 만들어서 그것을 하나님의 계명보다 더 중요하게 여기기도 해. 그들의 신앙은 겉모습을 좋아 보이게 할 뿐이며, 마음은 여전히 부패하고 죄로 가득 차 있단다.

예수님은 바리새인들의 규칙이 그들의 마음을 조금도 더 낫게 만들지 못한다고 말씀하셨어. 잘못된 가르침은 마음을 죄에서 깨끗하게 할 능력이 없단다. 우리를 더럽게 하는 것은 우리가 먹는 음식이 아니라 우리에게서 나오는 죄야. 죄는 우리의 마음을 더럽히고 악하게 비틀어 놓았어. 그리고 우리가 지키는 규칙으로는 마음을 바꿀 수 없어. 그래서 우리는 하나님이 주시는 새 마음이 필요해. 우리는 하나님의 은혜로 속사람이 씻기고 새로워져야 하는 거야(딛 3:5). 우리의 마음은 예수 그리스도를 믿는 믿음을 통해 깨끗하게 되어야만 한단다(행 15:9).

1) 우리가 선한 일을 하면 마음을 깨끗하게 만들 수 있습니까?
   — 아닙니다. 우리의 행동과 겉모습은 마음속 죄의 뿌리를 해결하지 못합니다. 오직 하나님만이 그리스도의 피와 성령의 능력으로 우리의 마음을 깨끗하게 하실 수 있습니다(겔 36:25-27; 히 9:13-14).
2) 죄의 뿌리가 마음에 있다는 것을 알 때, 우리는 죄와 어떻게 싸

  약속의 성취

워야 합니까?

── 마음을 살펴 죄의 원인을 깨닫고, 하나님의 말씀의 약속을 무기로 삼아 마음속 죄와 싸워야 합니다.

3) 마음에서 나오는 악한 생각들로부터 우리의 생각을 어떻게 지킬 수 있습니까?

── 하나님의 말씀을 주야로 묵상해야 합니다(시 1:2; 119:11). 악한 생각을 거부하는 것만으로는 충분하지 않고, 말씀의 물로 마음이 씻겨야 합니다(엡 5:26). 우리 생각을 하나님을 기쁘시게 하는 새로운 생각으로 바꿔야 합니다(롬 12:2).

기도 

시편 51편 10절의 다윗의 기도로 하나님께서 우리 안에 정한 마음을 창조해 주시기를 기도한다.

복습 

1) 우리가 짓는 죄는 어디에서 나옵니까?

　— 우리의 죄 된 마음에서 나옵니다.

2) 우리가 바르게 행동하려고 노력하면 마음을 깨끗하게 할 수 있습니까?

　— 전혀 아닙니다. 오직 하나님만이 예수 그리스도를 믿는 믿음을 통해 성령의 은혜로 우리의 마음을 깨끗하게 하실 수 있습니다.

본문 읽기

요한복음 10:7-18

1) 양의 문은 누구이며, 이것은 무엇을 뜻합니까?

　— 예수님이 양의 문입니다. 누구든지 예수님을 믿으면 하늘의 안전한 풀밭에서 하나님과 함께 거하게 됩니다.

2) 선한 목자는 누구이며, 무엇을 하십니까?

　— 주 예수께서 선한 목자이시며 양들을 위해서 자기 생명을 내어 주십니다. 선한 목자는 결코 양들을 버리지 않습니다. 양

들을 보호하고 구하기 위해 모든 일을 합니다. 예수님은 자기 백성을 마귀에게 멸망당하지 않도록 구원하시려고 생명을 내어 주셨습니다.

3) 예수님은 십자가에서 자신의 계획과 상관없이 죽임을 당하신 것입니까?

—— 아닙니다. 예수님은 스스로 생명을 내어 주신다고 말씀하셨습니다. 그분은 십자가에 못 박히는 일을 스스로 선택하셨고, 자신의 죽음과 부활을 통해 양들이 영원한 생명을 얻게 하셨습니다.

해설

핵심 내용 : 예수님은 양들을 위해서 자기 생명을 내어 주시는 선한 목자이시다.

목자는 양을 돌보는 일을 하는 사람이란다. 목자는 양을 이름으로 알고, 양들은 목자의 음성을 따라가. 그는 양들과 함께 지내며 그들의 필요를 늘 살핀단다. 양이 길을 잃으면 찾아 나서서 우리로 데려오고, 다치면 상처를 싸매어 주지. 늑대가 위협하면 싸워서 양을 지키고, 어떤 목자는 양을 지키기 위해 자기 목숨까지 내놓기도 한단다. 예수님이 바로 그 선한 목자이시란다. 시편 23편은 "여호와는 나의 목자시니 내게 부족함이 없으리로다"라고 말해. 예수님은 자기 양들의 삶을 온전히 돌보시는 분이란다. 또한 예수님은 자기 백성들 각각을 이름으로 아시고, 각 사람을 위해서 죽으셨으며 지금도 하나님 보좌 앞에서 그들을 위해 기도하고 계셔(요 10:14-15; 롬 8:34).

선한 목자이신 예수님은 아무도 할 수 없는 방식으로 우리를 돌보신단다. 예수님은 단지 우리가 따라야 할 좋은 본보기가 되려고 오신 것이 아니야. 물론 우리는 그분의 계명이 필요하지만, 선한 목자로서 자기 백성을 위해 하신 일은 가르치는 것을 넘어선단다. 그분은 자기 양들과 같이 되셔서 그들을 위한 속죄 제물이 되려고 자기 생명을 내어 주셨어. 이것은 그들의 죄에 대한 형벌을 대신 짊어지시고 고난과 죽음으로 담당하셨다는 뜻이야. 피 흘림이 없이는 속죄도, 죄 사함도 이루어질 수 없기 때문이야(히 9:22). 이제 복음 속에서 우리를 부르시는 그 음성을 듣거라. 우리는 그분을 따르고, 그분을 통해 하늘의 문으로 들어가야 한단다.

1) 훔치고 죽이고 멸망시키려고 오는 이는 누구입니까?
    ── 마귀입니다. 그는 우리 원수로서 우는 사자처럼 삼킬 자를 찾고 있습니다(벧전 5:8). 우리 힘만으로는 마귀를 이길 수 없습니다. 선한 목자께서 우리를 보호하고 구원해 주셔야 합니다.
2) 예수님이 자기 백성에게 생명, 곧 더 풍성한 생명을 주신다고 하신 뜻은 무엇입니까?
    ── 예수님은 우리를 삶의 궁극적인 의미를 주시는 하나님께로

                                          약속의 성취

다시 데려오십니다. 그분의 희생을 통해 우리는 지금도 하나님과 함께하는 생명을 누리고, 장차 올 영원한 나라에서 완전하게 누리게 됩니다.

3) 예수님이 자기 생명을 버릴 권세도 있고 다시 얻을 권세도 있다고 하신 뜻은 무엇입니까?

—— 자신의 죽음과 부활을 미리 말씀하신 것입니다. 예수님은 죽음 자체를 다스리시는 분입니다(고전 15:25-28). 우리의 선한 목자께서는 자기 생명을 내어 주심으로 죽음과 마귀를 이기셨습니다(히 2:14).

기도 

우리 가족이 선한 목자를 따라가며 결코 그분에게서 떠나지 않도록 해주시기를 기도한다.

복습

1) 선한 목자는 누구이고, 무엇을 하셨습니까?

— 예수 그리스도이시고, 자기 양들을 위해 생명을 내어 주셨습니다.

2) 우리가 죄에서 구속되기 위해 무엇이 필요합니까?

— 선한 행동의 본보기가 아니라, 피로 이루어진 속죄가 필요합니다.

본문 읽기

마가복음 7:24-30

1) 예수님을 찾아온 여자는 어디에서 왔습니까?

— 그녀는 헬라인이고 수로보니게 족속 출신이었습니다. 예수님이 지나가시던 두로와 시돈은 이방 지역이었습니다(마 11:21-22).

2) 예수님은 처음에 그 여자의 부탁에 어떻게 응답하셨습니까?

— 자신의 사명의 초점이 이스라엘에 있기 때문에 그녀의 딸을 도와주지 않겠다고 말씀하셨습니다(마 15:24).

3) 그 여자는 예수님의 냉담한 대답에 어떻게 반응했습니까?

— 겸손하게 반응했지만 포기하지 않았습니다. 자신이 그분의 복을 받을 자격이 없음을 인정하면서도 자비의 부스러기라도 주시기를 간청했습니다. 이것은 예수님의 선하심과 은혜를 믿는 믿음을 보여 주는 것이었습니다. 그녀는 예수님의 응답을 기대하며 끝까지 포기하지 않았습니다.

해설

핵심 내용 : 예수님은 자신에게 부르짖는 모든 이의 인내하는 기도를 귀하게 여기신다.

귀신들은 예수님과 그분의 백성의 원수란다. 그들은 사탄을 위해 일하는 악한 존재로서 사람의 몸과 영혼을 시험하고 괴롭히며 멸망시키려 해. 심지어 믿지 않는 사람들의 마음속에 거하며 그들에게 큰 해를 끼치기도 하지. 예수님이 오시기 전에는 아무도 사람에게서 귀신을 쫓아낼 능력이 없었단다. 그러나 예수님은 하나님의 아들이시며 참된 메시아이시기 때문에, 말씀으로 귀신을 내쫓아 사람들을 자유롭게 하셨어. 예수님은 마귀의 일을 멸하려고 오셨어(요일 3:8).

예수님께서 두로와 시돈 지방을 지나가실 때 한 이방 여인이 그분께 부르짖었어. 딸로 인해 괴로워하던 그녀는 귀신 들린 딸을 도와 달라고 간청했어. 그러나 예수님은 처음에 그녀의 간청을 거절하셨어. 거절하시는 말씀은 공정하면서도 냉담하게 들렸지. 유대인들이 이방인을 개라고 부르는 일이 흔했는데, 이는 하나님 앞에서 영적으로 부정하다는 뜻의 모욕적인 표현이었단다. 이방인들은 대부분 다른 신들을 섬기는 불신자였어. 이 여인과 딸도 예수님의 복을 받을 자격이 없었단다. 그러나 겉으로는 거절처럼 보이는 이 일 속에서 예수님은 오히려 그녀의 믿음을 자라게 하고 계셨어.

그녀는 구하기를 멈추지 않았어. 이것이 바로 인내란다. 포기하지 않고 계속 기도했어. 자신의 죄인 됨을 고백하며 자신에게는 예수님의 친절을 기대할 아무 이유도 없음을 인정했지. 그러나 개들도 상 아래 떨어지는 부스러기를 먹지 않느냐고 말했단다. 예수님께서 그 선하심의 부스러기라도 베풀어 딸을 마귀에게서 구해 주실 수 있지 않겠느냐는 믿음이었어. 예수님은 그녀의 인내하는 믿음에 응답하셔서 딸을 고쳐 주셨어.

처음에는 "아니라" 하셨지만, 결국 그녀가 인내하며 믿음으로 기도했기 때문에 예수님은 그녀가 구한 것을 주셨어. 딸의 상태는 예수님 없이는 전혀 소망이 없었지. 그 여인은 이것을 깨달았기에 절박하게 매달리며 포기하지 않았어. 이와 같이 모든 사람은 죄 때문에 사탄의 권세 아래 있어 예수님 없이는 절망적이고 무력한 상태야(요일 5:19). 우리가 자신의 절망적인 형편을 깨달을 때, 믿음으로 예수님을 부르며 구원을 구해야 해. 누구든지 주의 이름을 부르는 자는 구원을 얻는단다(롬 10:13).

약속의 성취

1) 우리가 구원을 바라며 주님을 찾았는데 아직 얻지 못했다면 어떻게 해야 합니까?

  —— 기도를 포기하지 말고, 그분을 더욱 간절히 찾으며 인내해야 합니다.

2) 이 여인은 딸을 위해 기도했는데, 이 이야기는 다른 사람을 위해 기도하는 것에 대해 무엇을 가르쳐 줍니까?

  —— 하나님은 다른 사람을 위해 포기하지 않고 기도하는 이들의 간구를 귀하게 여기십니다. 우리는 가족과 친구들을 위해 늘 기도해야 합니다. 이런 기도는 종종 복을 가져옵니다.

3) 하나님께서는 왜 우리가 원하는 응답이 없는 것 같을 때에도 인내하며 기도하기를 원하십니까?

  —— 우리에게 겸손을 가르치시고 우리 믿음이 자라게 하시기 위해서입니다.

기도 

한 번 더, 길 잃은 상태에 있는 가족과 친구들을 위해 기도한다.

복습 

1) 수로보니게 여인은 예수님께서 자신의 부탁을 거절하셨을 때 어떻게 했습니까?

— 겸손히 대답하며 딸을 도와 달라고 계속 간구했습니다. 예수님은 그녀의 믿음을 귀하게 여기시고 마침내 그녀가 구한 것을 주셨습니다.

2) 우리가 즉시 응답을 보지 못할 때에도 기도를 포기하지 말아야 하는 이유는 무엇입니까?

— 하나님께서 우리를 겸손하게 하고 믿음을 강하게 하기 위해 응답을 미루실 수 있기 때문입니다. 우리가 기도로 계속 구할 때, 하나님은 때가 되어 "좋다"라고 응답하시기도 합니다.

본문 읽기

마가복음 8:27-33

1) 예수님은 제자들에게 무엇을 물으셨습니까?

— 사람들이 예수님을 누구라고 하는지 물으신 후, 제자들은 예수님을 누구라고 생각하는지 물으셨습니다. 우리 영혼의 구

원은 이 질문에 대한 우리의 대답에 달려 있습니다.

2) 베드로는 예수님께 어떻게 대답했습니까?

— 예수님을 그리스도, 살아 계신 하나님의 아들이시라고 고백했습니다(마 16:16 참조).

3) 예수님께서 죽임을 당하실 것이라는 말씀을 들었을 때 베드로는 무엇을 했으며, 이에 대해 예수님은 뭐라고 말씀하셨습니까?

— 베드로는 그런 말씀을 하신 예수님께 대들었습니다. 그는 예수님께서 우리의 죄를 속죄하기 위해 십자가에서 죽으셔야 한다는 것을 이해하지 못했습니다. 그러나 예수님은 사탄의 시험을 받아 그분이 십자가에 가지 못하게 하려 한 베드로를 꾸짖으셨습니다.

해설

핵심 내용 : 참된 믿음은 예수님이 정말로 어떤 분이신지를 고백한다.

너는 예수님을 누구라고 말하겠니? 예수님 당시 어떤 사람은 그분을 엘리야라 했고, 또 어떤 사람은 선지자 중 하나라고 말했단다. 오늘날에도 이 질문에 대한 대답은 매우 다양해. 어떤 사람들은 예수님을 단지 좋은 가르침을 주는 훌륭한 선생일 뿐, 하나님의 아들은 아니라고 말하지. 그러나 예수님이 단지 좋은 것을 가르친 한 사람에 불과하다면, 그분의 죽음은 우리를 죄에서 구원할 수 없었을 거야.

우리의 구주가 되기 위해서는 그분이 참 하나님이시며 동시에 참 사람이셔야 했단다. 그래야만 하나님과 사람 사이의 유일한 중보자가 되실 수 있기 때문이야(딤전 2:5). 예수님이 위대한 선지자이지만 육신을 입은 하나님은 아니라고 말하는 것은 불가능해. 왜냐하면 예수님 자신이 육신을 입은 하나님이심을 선언하셨기 때문이야(요 8:58). 참된 선지자는 하나님에 관한 중요한 일에서 결코 거짓말하지 않기 때문이란다(신 13:1-9).

베드로가 "주는 그리스도이십니다"라고 고백한 것은 옳았어. 그리스도는 메시아, 곧 기름 부음 받은 자라는 뜻이야. 이는 인류가 죄에 빠진 이후부터 하나님의 백성이 기다려 온 약속된 선지자요 제사장이며 왕이란다(창 3:15 참조). 구약성경은 그리스도께서 어떤 분이실지를 많이 예언했어. 그분이 육신을 입은 하나님이실 것과(시 45:6-7; 사 7:14; 9:6), 이방에게 빛이 되어 땅 끝까지 구원을 이루실 것과(사 49:6), 자기 백성의 대속자로서 고난받고 죽으실 것을 가르쳤단다(시 22편; 사 53장).

베드로와 제자들이 이것을 이해하기까지는 시간이 필요했어. 그들은 로마의 압제에서 이스라엘을 구해 낼 메시아 왕을 기대하고 있었거든. 그러나 예수님의 사명은 그것보다 훨씬 크고 중요했단다. 그분은 사탄과 죄와 죽음 같은 더 큰 원수에게서 자기 백성을 구원하기 위해 오신 거야. 우리가 예수님께서 정말로 이런 분이시라고 마음으로 믿고 입으로 고백하면 구원을 얻는단다(롬 10:9-10).

　　　　　　　　　　　　　　　　약속의 성취

1) 예수님이 단지 좋은 선생님일 뿐이라는 생각이 왜 잘못되었습니까?

—— 그분이 단지 좋은 것을 가르친 사람이라면 우리를 죄에서 구원할 능력이 없기 때문입니다. 우리의 죄는 너무 심각해서 오직 하나님만이 우리를 구원하실 수 있습니다.

2) 예수님이 그리스도시라는 것은 무엇을 의미합니까?

—— 그리스도는 "기름 부음 받은 자"라는 뜻입니다. 하나님은 구약의 많은 곳에서 자기 백성의 선지자와 제사장과 왕이 되실 구주를 약속하셨는데, 예수님이 바로 그분이십니다.

3) 사탄이 참된 신자를 시험하고 속일 수 있습니까?

—— 네. 이 본문에서 베드로에게 그랬던 것처럼 시험할 수 있습니다. 그러나 참된 신자는 죄에 빠질 때 회개하며, 예수님이 말씀하신 그대로 그분을 믿습니다.

기도 

사람들 앞에서 예수님을 그리스도로 담대히 고백하는 믿음을 주시기를 기도한다.

복습 

1) 베드로는 예수님을 누구라고 고백했습니까?

— 그리스도이시며 하나님의 아들이시라고 고백했습니다.

2) 예수님이 그리스도시라는 것은 무엇을 의미합니까?

— 그분이 구약에 약속된 기름 부음 받은 자, 곧 구주시라는 뜻입니다.

본문 읽기

마가복음 9:1-8

1) 산 위에서 예수님께 어떤 일이 일어났습니까?

— 겉모습이 바뀌어 하나님의 영광의 빛으로 빛나셨습니다.

2) 아버지의 음성은 예수님에 대해 무엇이라고 말씀하셨습니까?

— "이는 내 사랑하는 아들이니 너희는 그의 말을 들으라!"라고 하셨습니다. 하나님의 아들은 아버지와 하나이시므로, 아들은 아버지를 완전하게 보여 주고 아버지의 말씀을 전해주십니다.

3) 아버지의 음성이 들릴 때 모세와 엘리야에게는 어떤 일이 일어났습니까?

—— 그들은 사라지고 예수님만 남으셨습니다. 모세와 엘리야는 위대한 선지자들이지만, 예수님은 하나님의 독생자이시며 하나님께서 우리에게 주신 최종적인 말씀이십니다(히 1:1-2).

해설

가이사랴 빌립보에서 베드로는 예수님이 그리스도이심을 고백했단다(막 8:27-33). 이제 변화산에서 예수님은 하나님으로서의 영광을 드러내셨고, 아버지께서는 그분이 참으로 그리스도, 살아 계신 하나님의 아들이심을 선언하셨어. 모세와 엘리야는 율법과 선지자를 상징해. 그들이 예수님과 함께 말하고 있었는데, 이는 구약의 모든 예언이 예수님을 가리키고 있음을 보여 준단다. 베드로와 야고보와 요한 사도는 이 사건을 직접 봤어. 예수님과 구약의 선지자들과 사도들이 함께한 이 영광스러운 만남은, 예수님이 하나님 백성을 영원한 구원으로 인도하기 위해 오신 유일한 하나님의 아들이심을 나타낸단다(눅 9:31 참조).

하나님의 아들이신 예수님께서 육신을 입고 이 땅에 사시는 동안, 그분은 낮아진 상태로 사셨어. 신적인 영광은 육신에 가려져 있었지. 그분은 사람처럼 보이고, 사람처럼 말씀하시며, 사람처럼 걸으셨어. 이는 그분이 완전한 사람이셨기 때문이란다. 그러나 그분은 여전히 영광스러운 하나님이셨고, 이 땅에서 사역하시던 때에도 영원하고 변하지 않는 하나님의 아들이셨어. 하지만 산 위에서 그분의 신적 영광이 육신을 통해 비쳐 나왔어. 모습이 변하고 얼굴이 해처럼 빛났으며 옷이 빛과 같이 희어졌단다(마 17:2). 이 영광은 밖에서 온 것이 아니라, 예수님이 하나님이시기 때문에 그분 안에서부터 나타나 주변 사람들에게 드러난 거야.

예수님을 믿는 자들도 언젠가 그분처럼 빛나게 될 거야. 바울 사도는 우리가 순식간에 변화될 것이라고 말했어(고전 15:52). 예수님은 우리의 낮은 몸을 변화시켜 자신의 영광스러운 몸과 같게 하실 거야(빌 3:21). 변화산의 영광은 하나님의 나라가 권능으로 임할 때 성도들이 누리게 될 영광을 미리 보여 준 것이란다(막 9:1). 그때 의인들은 아버지의 나라에서 해처럼 빛날 거야(마 13:43).

1) 모세와 엘리야는 무엇을 상징합니까?

— 율법과 선지자를 상징합니다. 구약성경은 신약성경과 함께 그리스도를 증언하며, 하나님께서 아들에 대해 말씀하시는 "두 입술"과 같습니다.

2) 신자들은 언제 그리스도와 함께 변화되어 영화롭게 됩니까?

— 그리스도의 재림 때입니다. 죽은 자들 가운데 의로운 사람들은 살아나고, 살아 있는 성도들은 죽음을 겪지 않고 바로 변화될 것입니다. 신자들은 영원한 생명을 영적으로만 누리지 않고 영화로운 몸을 지닌 온전한 인간으로서 누리며 그리스도처

   약속의 성취

럼 빛나게 될 것입니다.

기도 

날마다 성경을 통해 그리스도의 영광을 바라보게 해주시기를 기도
한다.

복습 

1) 율법과 선지자는 누구를 가리킵니까?

— 예수 그리스도와 그분을 통한 구원을 가리킵니다. 이것이 성경의 중심 메시지입니다.

2) 예수님께서 변화되셨을 때 나타난 영광은 어디에서 나온 것입니까?

— 그분 안에서 나온 것입니다. 하나님의 아들로서 지니신 영광이 인성을 통해 비쳐 나온 것입니다.

본문 읽기

마가복음 10:17-27

1) 이 부자는 예수님께 무엇을 물었습니까?

— 영원한 생명을 얻으려면 무엇을 해야 하는지 물었습니다. 그는 선한 행위로 영생을 얻을 수 있다고 생각했습니다.

2) 예수님은 그의 질문에 어떻게 대답하셨습니까?

— 선한 분은 하나님 한 분뿐이시라고 하며 하나님의 계명들을 상기시키셨습니다. 이것은 이 관원이 율법을 어긴 자신의 죄

를 깨닫고 겸손해지게 하시려는 것이었습니다.

3) 그 사람이 계명을 어려서부터 지켰다고 말했을 때, 예수님은 무엇이라고 하셨습니까?

—— 가진 것을 다 팔아 가난한 사람들에게 주고 자신을 따르라고 하셨습니다. 그러나 그가 그대로 하지 않고 떠나 버려서, 하나님보다 재물을 더 사랑하는 그의 탐심이 드러났습니다. 탐심은 다른 신을 두지 말라는 첫째 계명과, 이웃의 것을 탐내지 말라는 열 번째 계명을 어기는 것이며 우상숭배이기도 합니다(골 3:5).

해설 

핵심 내용 : 예수님은 하나님의 율법의 거룩함을 상기시키셔서 부자 청년이 스스로 의롭다 생각하는 것을 드러내셨다.

하나님과 사람 사이를 가르는 여러 죄 가운데서도 '자기 의(self-righteousness)'는 가장 무서운 죄 가운데 하나란다. 왜냐하면 그것은 우리로 하여금 스스로에게 거짓말을 하게 만들기 때문이야. 자기 의란 하나님께 받아들여지기 위해 자신의 선함이나 순종을 의지하는 것을 말해. 예수님 시대의 많은 유대인들은 율법을 지킴으로 자기 의를 세우려 했고, 예수 그리스도를 통해 주어지는 하나님의 의를 받아들이지 않았단다(롬 10:3). 그들은 하나님께서 자신들을 기뻐하신다고 스스로 속였지만, 실제로는 하나님의 진노 아래 있었어(요 3:36).

부자 청년 관원이 달려와 예수님을 "선하신 선생님"이라 불렀을 때, 예수님은 그의 마음을 아셨어. 그는 자기 의를 의지하고 있었고, 하나님보다 재물을 더 사랑하고 있었단다. 그래서 예수님은 그가 의지하던 하나님의 율법, 곧 십계명을 사용해서 그가 생각하는 것만큼 선하지 않다는 사실을 드러내셨어. 또 모든 재산을 팔아 가난한 자들에게 주라고 하심으로, 그렇게 하기를 원하지 않는 그의 탐욕스러운 마음과 우상숭배를 보여 주셨어. 그는 아담의 타락 이후 태어난 모든 사람처럼 하나님의 심판을 받아 마땅한 죄인이었고, 은혜로 구원 받아야 할 사람이었단다.

하나님의 율법은 완전한 선의 기준을 보여 줘. 그러나 죄 없는 사람은 한 사람도 없으며, 모든 사람이 죄를 범해서 하나님의 영광에 이르지 못했단다(롬 3:10, 23). 율법은 완전한 삶의 규범이지만, 예수 그리스도 외에는 아무도 그것을 온전히 지킨 적이 없어(갈 4:4-5). 그러므로 죄인인 우리에게 율법은 우리를 의롭게 하기보다 우리의 죄를 드러내는 역할을 한단다.

1) 하나님의 율법은 어떤 것입니까? 어떤 사람들은 율법이 나쁘다고 말하는데 사실입니까?

— 하나님의 율법은 완전한 선의 기준입니다. 율법은 거룩하고 의롭고 선합니다(롬 7:12).

2) 우리가 율법의 계명을 지켜 구원 받을 수 있습니까?

약속의 성취

— 죄인에게는 율법을 완전히 지키는 것이 불가능합니다. 율법은 우리의 죄를 보여 줄 뿐, 하나님 앞에서 우리를 바르게 만들지는 못합니다.

3) 그렇다면 우리가 하나님 앞에서 의롭다 함을 받아 영원한 생명을 얻으려면 어떻게 해야 합니까?

— 스스로 구원을 얻을 수 있다는 생각을 버리고 믿음으로 오직 예수 그리스도만 바라봐야 합니다. 그분은 율법을 완전히 순종하셨고, 우리가 받아야 할 저주를 대신 짊어지셨습니다. 그래서 그분의 완전한 의가 그분을 믿는 자들에게 값없이 주어집니다(엡 2:8-9).

기도 

모든 자기 의를 버리고 오직 그리스도만을 나의 의로 신뢰하게 해 주시기를 기도한다.

복습

1) 부자 청년 관원의 문제는 무엇이었습니까?

— 그는 자신의 죄를 보지 못했고 스스로 의롭다고 생각했습니다. 자기 힘으로 하나님과의 관계를 바로잡을 수 있다고 여겼습니다.

2) 예수님은 왜 그에게 모든 소유를 팔라고 하셨습니까?

— 그가 의롭지 않으며 하나님 대신 돈과 재물을 우상으로 섬기고 있음을 깨닫게 하시기 위해서였습니다.

본문 읽기

누가복음 19:1-10

1) 삭개오는 누구입니까?

— 여리고에 있던 매우 높은 지위의 세리장이었습니다. 그는 로마를 위해 일하며 유대인들에게 많은 세금을 거두었습니다.

2) 키가 작은 삭개오가 무리에 둘러싸인 예수님을 보기 위해 무엇을 했습니까?

　　　— 앞으로 달려가 돌무화과나무에 올라갔습니다.

3) 예수님은 삭개오를 보셨을 때 무엇이라고 말씀하셨습니까?

　　　— 내려오라고 하시며 그의 집에 함께 머물겠다고 말씀하셨습니다.

해설 

많은 사람은 부자가 되기를 바라지. 부자는 돈과 물건과 편안함을 많이 가지고 있기 때문이야. 이런 것들 자체는 나쁜 것이 아니라 하나님이 주신 좋은 선물이란다. 그러나 죄로 인해 우리는 그것들을 하나님 대신 섬기는 우상으로 바꾸기 쉬워. 그래서 부자 청년 관원은 예수님을 떠났고, 예수님은 부자가 구원 받기 어렵다고 말씀하셨어(눅 18:23-25). 우리가 재물이라는 우상을 붙잡고 있는 한, 예수님을 붙잡을 수 없단다.

삭개오는 여리고의 세리장이었어. 세금은 정부가 국민에게서 거두는 돈으로, 공무원 월급이나 군대 유지 등에 사용되지. 유대인들은 세리장인 삭개오를 배신자이자 도둑으로 여겼어. 세리들은 로마를 위해 높은 세금을 거두었고, 더 많은 돈을 자신의 주머니에 넣기도 했기 때문이야. 삭개오는 다른 세리들 위에 있는 우두머리였으니, 사람들에게 가장 미움을 받는 사람이었단다.

삭개오는 예수님에 대해 듣고 그분을 직접 보고 싶어 했어. 그러나 그는 키가 작았고, 예수님 주위에는 많은 사람이 있었지. 그래서 나무에 올라갔단다. 예수님이 자신을 그냥 지나가실 줄 알았지만, 큰 놀라움이 기다리고 있었어. 예수님은 그를 올려다보시고 이름을 부르시며 그의 집에 가겠다고 하셨어. 무리도 놀랐지. 예수님이 삭개오가 어떤 사람인지 모르셨을까? 아니야. 바로 그 사실 때문에 그를 부르신 거야. 예수님은 사랑 받지 못하는 죄인을 사랑하시며, 그 마음을 변화시켜 더 이상 재물을 위해 살지 않게 하시는 능력이 있으셔. 삭개오는 예수님께 구원을 받고 회개했으며, 기쁨으로 자기가 가진 것을 예수님께 드렸단다. 부자도 구원 받을 수 있지만, 재물을 내려놓고 자기의 마음과 집을 예수님께 열어 드릴 때만 가능해.

1) 왜 부자가 구원 받기 어렵습니까?

— 많은 돈과 물건을 가진 사람은 그것들을 하나님처럼 섬기며 하나님이나 구원이 필요 없다고 생각하기 쉽습니다.

2) 예수님이 삭개오의 집에 가신 일이 왜 그렇게 놀라운 일이었습니까?

— 삭개오는 세리장으로서 악하고 사람들에게 미움을 받던 사람이었습니다. 그런데 예수님은 가장 큰 죄인도 사랑하시고 구원하러 오셨음을 보여 주셨습니다.

3) 부자는 어떻게 구원 받을 수 있습니까?

── 돈을 섬기는 죄를 회개하고 믿음으로 예수님만 붙들어야
합니다. 부자든 가난하든, 마음과 삶을 예수님께 열어 드릴 때
만 구원 받을 수 있습니다.

기도 

우리 가족 모두가 돈과 재물이 아니라 예수님만 예배하고 섬기게
해주시기를 기도한다.

복습 

1) 삭개오는 누구입니까?

── 여리고에 있는 세리들의 우두머리였습니다.

2) 다른 유대인들처럼 예수님도 삭개오를 미워하셨습니까?

── 아닙니다. 예수님은 그를 사랑하시고 구원하셔서 재물을 섬기던 것에서 건져 주셨습니다.

본문 읽기

마가복음 10:35-45

1) 야고보와 요한은 예수님께 무엇을 구했습니까?

── 예수님의 나라에서 예수님 좌우편에 앉게 해 달라고 했습니다. 가장 높고 좋은 자리를 원했습니다.

2) 예수님은 그분의 나라에서 참으로 큰 사람이 누구라고 말씀하셨습니까?

── 자기 뜻을 높이려 하지 않고 모든 사람의 종이 되는 사람입니다.

3) 모든 사람 가운데 가장 큰 종은 누구입니까?

── 인자입니다. 예수님은 섬김을 받으러 오신 것이 아니라 섬기러 오셨고, 자기 백성의 죗값을 갚기 위해 죽기까지 섬기셨습니다.

해설 

핵심 내용 : 주 예수를 그분의 나라에서 섬기는 것은 모든 사람의 종이 되는 것이다.

너는 친구들과 "언덕의 왕(king of the hill)" 놀이를 해 본 적이 있니? 이 놀이의 목표는 언덕 위에 혼자 서서 다른 친구들보다 높이 서 있는 거야. 친구들이 서로 밀치고 붙잡으며 언덕 위로 올라오면, 너도 그들을 밀어 떨어뜨리려고 애쓰겠지. 이 놀이는 위험할 수도 있어. 떨어지는 사람이 다칠 수 있기 때문이야. 하지만 끝까지 서 있는 사람이 "왕"이라고 불리게 돼.

이 놀이는 재미있을 수 있지만, 예수님의 나라는 이런 모습이 아니란다. 세상 사람들은 위대해지기를 원해. 다른 사람들 위에서 명령할 권세와 힘을 원하지. 자기 뜻을 이루고, 가장 높은 자리에 있기를 바라. 그러나 그렇게 하면서 다른 사람들에게 큰 상처를 주기도 해. 자기의 위대함을 위해 남을 밀어내기 때문이야.

야고보와 요한도 예수님의 나라에서 가장 큰 사람이 되기를 원했어. 아직 하나님의 뜻을 이해하지 못했기 때문이야. 하나님은 그들을 권세와 부와 영광이 아니라 고난과 섬김으로 부르셨어. 그들은 영광의 잔을 마시기 전에 먼저 고난의 잔을 마셔야 했단다. 하나님의 나라에서 참된 위대함은 우리가 원하는 것을 구하는 데 있지 않고, 하나님이 원하시는 것, 곧 다른 사람의 유익을 구하는 데 있어. 예수님의 참된 종은 그분의 발자취를 따라 섬겨야 해.

예수님은 시온이라 불리는 하나님의 언덕의 왕이시며, 모든 사람 가운데 가장 위대하신 분이야. 그러나 동시에 가장 큰 종이기도 하셔. 약속된 메시아 왕으로 이 땅에 오셨을 때, 예수님은 자신을 높이지 않고 겸손히 걸으셨어. 다른 사람을 위해 고난을 선택하셨어. 그 섬김의 가장 큰 모습은 십자가에서의 죽음이야. 예수님은 자기 백성을 위해 죽기까지 섬기셔서 그들을 죽음과 지옥에서 구원하셨어. 예수님은 그분이 '많은 사람을 위해서 자기 목숨을 대속물로 주실 것'(막 10:45)이라고 말씀하셨어.

대속물(ransom)이란 누군가를 자유롭게 하기 위해 치르는 값을 말해. 그 사람은 노예일 수도 있고 사형 선고를 받은 죄인일 수도 있어. 죄인은 죄의 종이며 하나님의 법 아래서 영원한 죽음의 형벌을 받을 존재야. 그리스도는 자기 백성의 죄를 위해 죽으심으로, 그들을 끝없는 형벌과 죄의 속박에서 자유롭게 하셨단다.

1) 예수님을 보면 그분의 나라에서 누가 가장 크다는 것을 알 수 있습니까?

— 예수님의 나라는 세상 나라와 아주 달라서, 거기서 가장 큰

                                        약속의 성취

사람은 자신을 낮추어 다른 사람을 섬기는 사람입니다.

2) 대속물이란 무엇이며, 예수님은 어떻게 대속물이 되셨습니까?

── 대속물은 종을 자유롭게 하기 위해 내는 값입니다. 예수님의 죽음은 자기 백성을 죄의 종 됨과 지옥의 형벌에서 풀어 주는 대가였습니다.

3) 예수님이 자기 생명을 내어 주신 일에 우리는 어떻게 응답해야 합니까?

── 우리 행위로 죗값을 갚으려 하지 말고 예수님만 믿어야 합니다. 그리고 우리가 원하는 것을 내려놓고 다른 사람을 섬기며 예수님을 본받아야 합니다.

기도 

하나님의 은혜로 우리 가족 각 사람에게 섬기는 마음을 주시기를 기도한다.

복습 

1) 예수님은 섬김을 받으러 오셨습니까, 섬기러 오셨습니까?

— 섬기러 오셨습니다.

2) 예수님이 섬기신 가장 큰 방법은 무엇입니까?

— 우리 죗값을 치르기 위해 십자가에서 자기 생명을 내어 주신 것입니다.

본문 읽기

요한복음 11:17-27, 38-44

1) 예수님이 도착하셨을 때 나사로는 무덤에 들어간 지 얼마나 되었습니까?

— 나흘이 되었습니다. 그때는 몸이 썩기 시작해 다시 살아날 희망이 전혀 없었습니다.

2) 예수님은 자신을 무엇이라고 부르셨고, 마리아는 예수님을 무엇이라고 불렀습니까?

— 예수님은 자신을 부활이요 생명이라고 하셨습니다. 마리아는 예수님을 그리스도요 하나님의 아들이라고 불렀습니다.

3) 예수님은 죽은 나사로에게 무엇을 명령하셨습니까?

── 무덤에서 나오라고 명령하셨습니다.

해설

핵심 내용 : 예수님은 죽음을 이기시고 자기 백성을 부활의 생명으로 이끄시기 위해 오셨다.

가까운 가족이나 친구의 장례식에 가는 일은 언제나 매우 슬픈 일이란다. 성경은 죽음이 죄의 결과이며(롬 6:23) 우리의 큰 원수라고 말해(고전 15:26). 나사로가 갑자기 죽었을 때 그의 가족이 울고 있었던 것도 바로 그 때문이었어. 나사로는 예수님의 가까운 친구였지만, 병이 들었을 때 예수님은 그 자리에 계시지 않았단다. 나사로가 죽은 지 나흘이 지난 뒤에야 예수님이 오셨어.

왜 예수님은 친구에게 가기를 늦추셨을까? 나사로와 그의 자매들을 사랑하셨기 때문이야(요 11:5-6). 예수님은 이 비극적인 죽음을 통해 자신이 누구이신지를 더 분명하게 보여주려 하셨어. 때로 예수님은 우리가 큰 슬픔을 지나가도록 허락하시지만, 그분의 백성에게는 언제나 사랑 안에서 선을 이루기 위해 그렇게 하신단다(롬 8:28). 예수님은 자신이 부활이심을 가르치기 원하셨어. 죄가 죽음을 가져왔지만, 예수님은 죄를 이기시고 자기 백성을 새 생명으로 일으키기 위해 오셨어.

장사된 지 나흘째 되는 날은 슬픔이 가장 깊어지는 때였어. 그때는 시신이 썩기 시작하기 때문이야. 나사로는 냄새 나는 시체가 되었단다. 그러나 예수님은 하나님의 아들이시며, 그분의 명령의 말씀은 죽은 나사로에게 새 생명을 불어넣어 건강한 몸으로 무덤에서 나오게 하셨어. 이것은 죄와 죽음에서 구원하시는 그리스도의 사역을 보여 주는 놀라운 장면이야.

이 일은 또한 예수님 자신에게 일어날 일을 미리 보여 주었어. 첫째 아담은 죄로 우리 모두를 죽음에 빠뜨렸지만, 예수님은 그분의 의로 죄와 죽음을 이기고 살아나서 우리가 그분 안에서 새 생명으로 일어나게 하실 분이란다. 우리는 지금도 성령으로 말미암아 영혼의 부활 생명을 경험할 수 있고, 마지막 날에는 예수님의 모든 백성이 몸까지 다시 살아나게 될 거야(롬 8:9-11). 그날에는 더 이상 장례식이 없을 거야. 죄와 죽음이 완전히 사라지기 때문이야. 이 모든 것은 예수님 때문에 이루어지는 일이란다.

1) 예수님은 왜 나사로가 죽은 지 나흘이 지난 뒤에 오셨습니까?
    —— 죽기 전에 고치실 수도 있었지만, 몸이 썩은 뒤에 오셔서 하나님의 아들로서 죽음까지 되돌리는 능력을 나타내시기 위해서입니다.

2) 예수님이 자신을 부활이라고 하신 뜻은 무엇입니까?
    —— 그분의 의로운 삶과 죽음의 희생으로 죄와 무덤을 이기시고 자기 백성들의 영혼과 몸에 새 생명을 주신다는 뜻입니다.

 약속의 성취

이 생명은 끝이 없기 때문에 영원한 생명이라고 불립니다(롬 5:20-21).

3) 오늘날 그리스도인도 여전히 죽습니까?

— 네. 믿는 사람은 지금 새롭게 된 영혼을 얻지만, 몸도 죽음 에서 완전히 벗어나는 것은 그리스도께서 다시 오실 때입니다 (고전 15:22-23).

기도 

우리 가족 모두가 죽음을 이기신 그리스도를 믿고 기뻐하게 해주시 기를 기도한다.

복습

1) 마리아와 마르다는 왜 그렇게 슬퍼했습니까?

— 그들의 오라비 나사로가 죽었기 때문입니다.

2) 그들은 계속 슬퍼했습니까?

— 아닙니다. 예수님께서 죽은 나사로를 살리셨을 때 그들의 슬픔이 기쁨으로 바뀌었습니다.

본문 읽기

마가복음 11:1-10

1) 이 장면은 어디에서 시작됩니까?

— 예루살렘입니다. 예수님은 감람산에서부터 나귀를 타고 성으로 들어오셨습니다. 이 사건은 예수님께서 십자가에 달리시는 것으로 끝나는 고난 주간의 시작을 알리는 일입니다.

2) 예수님은 예루살렘에 들어오실 때 무엇을 타셨습니까?

— 어린 나귀를 타셨습니다. 왕들은 보통 병거나 늠름한 흰말을 타지만, 예루살렘의 왕이신 예수님은 스가랴 9장 9절의 예언을 이루시며 겸손하게 오셨습니다.

3) 무리들은 무엇이라고 외쳤습니까?

— "호산나!"라고 외쳤습니다. 이 말은 "지금 우리를 구원하소서, 주여!"라는 뜻의 아람어로, 메시아에 관한 왕의 노래인 시편 118편 25절에서 온 말입니다.

해설

핵심 내용 : 예수님은 자기 백성을 구원하시기 위해 승리 가운데 오신 약속된 메시아 왕이시다.

예루살렘에서 유월절 주간이 시작되고 있었단다. 각지의 이스라엘 백성은 예루살렘으로 모여 유월절을 지켰어. 그들은 하나님께서 애굽의 종살이에서 이스라엘을 구원하신 일을 기념하고 있었지. 그런데 이제 더 크고 완전한 구원이 이루어지려 하고 있었단다. 다윗의 자손이시며 참된 유월절 어린양이신 분이 자기 백성을 단번에 구원하실 참이었어.

예수님은 승리의 왕으로 예루살렘에 들어오셨어. 그러나 그분의 입성은 사람들이 생각하던 모습이 아니었단다. 아무도 타 보지 않은 빌린 나귀를 타고 낮아진 모습으로 오셨어. 무리들은 약속된 메시아로 그분을 맞이하며 큰 기쁨으로 "지금 우리를 구원하소서, 주여!"라고 외쳤어. 마침내 그들의 원수와 압제자에게서 구원을 받을 것이라고 생각했기 때문이야.

예수님의 사역 대부분의 시간 동안, 그분은 사람들의 눈에 드러나는 일을 피하셨어. 무리가 억지로 왕으로 삼으려 할 때도 거절하셨고(요 6:15), 가장 큰 기적들도 예루살렘 밖에서 행하셨으며(마 4:12-16), 깊은 가르침은 제자들에게 따로 전하셨어(마 13:10-13). 그런데 이제는 공개적으로 예루살렘에 들어오셨어. 모든 사람이 그분을 주목했고, 그날 밤 예루살렘의 모든 집이 아마 예수님 이야기를 했을 거야.

예수님은 십자가의 죽음을 향해 나아가고 계셨단다. 그분은 자신의 죽음을 모든 사람이 보도록 이 사건들을 이루셨는데, 오직 그 죽음만이 죄인을 구원할 수 있기 때문이야.

그분은 분명 자기 백성을 구원하러 오셨지만, 사람들이 예상한 방식은 아니었어. 전사의 칼이 아니라 죄인의 십자가로 구원하시려 했기 때문이야. 죄 없으신 예수님이 죄인을 대신해 죽음으로, 죄인들이 하나님 앞에서 의롭다 함을 받고 예수님의 의를 선물로 받게 하시려는 것이었어. 예수님의 죽음은 패배처럼 보였지만, 실제로는 원수들을 이기신 가장 큰 승리였단다.

1) 예수님은 왜 위풍당당한 말이나 병거 대신 나귀를 타셨습니까?

—— 처음 오실 때 예수님은 종의 모습으로 겸손히 오셨기 때문입니다. 그분은 죽기까지 순종하셨고(빌 2:5-8), 부활과 승천 후에 높임을 받으셨습니다. 다시 오실 때에는 승리와 권능 가운데 흰말을 타고 오실 것입니다(계 19:11).

 약속의 성취

2) 시편 118편 25-27절은 무리가 외친 말씀 다음에 무엇을 말합
니까?

　—— 제물을 제단 뿔에 매라고 말합니다. 이것은 자기 백성의 죄
를 위한 제물이 되신 그리스도의 죽음으로 이루어졌습니다.

기도 

우리 가족이 그리스도께서 다시 오실 때 기쁨으로 맞이할 준비가
되어 있게 해주시기를 기도한다.

복습

1) 예수님은 왜 어린 나귀를 타고 예루살렘에 들어오셨습니까?

— 메시아에 대한 구약의 예언을 이루고 자신의 겸손을 나타내시기 위해서입니다.

2) "호산나"는 무슨 뜻입니까?

— 시편 118편 25절에서 나온 말로, "지금 우리를 구원하소서, 주여!"라는 뜻입니다.

본문 읽기 

마가복음 11:15-19

1) 예수님은 성전에 이르러 무엇을 하셨습니까?

— 성전에서 사고파는 사람들을 내쫓으셨습니다.

2) 예수님은 성전을 깨끗하게 하시며 무엇이라고 말씀하셨습니까?

— 주님의 집은 모든 민족이 기도하는 집이라 불려야 하는데, 그들이 그것을 강도의 소굴로 만들었다고 말씀하셨습니다. 이것은 이사야 56장 7절과 예레미야 7장 11절을 인용하신 말씀입니다.

3) 서기관들과 대제사장들은 이 일을 듣고 무엇을 했습니까?

　── 자기들의 권력과 백성에 대한 지배를 지키기 위해 예수님을 죽일 방법을 찾으려 했습니다.

해설

핵심 내용 : 예수님은 성전을 깨끗하게 하시며, 그곳이 모든 민족을 위한 기도의 집이어야 함을 선포하셨다.

아담과 하와가 죄에 빠진 이후로, 종교적 위선자들은 하나님의 것을 이용해 자신을 섬기려 해 왔단다. 선지자 발람은 악을 행하고 대가를 받는 것을 사랑했고, 발락 왕은 그를 고용해 하나님의 백성을 죄에 빠뜨리려 했어(민 22-24; 벧후 2:15-16). 베드로는 교회를 이용해 돈을 얻으려는 거짓 선지자들을 경고했고(벧후 2:3), 바울도 하나님을 섬기는 일을 부자가 되는 수단으로 삼는 거짓 교사들을 경고했지(딤전 6:5). 오늘날에도 하나님보다 돈을 더 사랑해서 말로 사람들의 돈을 얻어 내려는 설교자들이 있단다. 이것은 탐심이야. 탐심은 우상숭배이고, 하나님의 집에 있어서는 안 되는 것이란다.

예수님 당시의 돈을 바꿔 주는 환전상들도 하나님의 집에서 하나님을 공경하려는 마음이 없었어. 그들은 돈을 벌기 위해 그곳에 있었고, 예배에 필요한 물건들을 비싸게 팔아서 백성을 속였단다. 이는 하나님을 예배하도록 돕는 일이 아니라 오히려 해치는 일이었어. 곧 강도질이었지. 그들의 마음이 더러웠기 때문에, 겉으로 드리는 예배도 하나님 보시기에는 악한 것이었단다(암 5:21-24).

우리 하나님은 거룩하시기에, 그분의 집에는 마땅히 하나님을 높이고 경외하는 것이 있어야 한단다(시 99:1, 9). 이제 그리스도 안에서 하나님의 집은 건물이 아니라 그분의 백성이야. 하나님의 백성이 함께 모여 예배할 때에는 하나님께 영광을 돌리고 거룩한 아름다움으로 하나님께 예배하는 데 마음을 두어야 해(시 29:2). 우리는 교회의 예배를 가볍게 여기거나 자신을 위한 수단으로 삼아서는 안 된단다. 하나님께 가까이 나아가 예배하는 일은 매우 엄숙하면서도 영광스러운 특권이기 때문이야. 그러므로 그리스도의 은혜로 마음이 깨끗하게 되어, 바른 영으로 기도하고 예배해야 해.

1) 예수님은 성전에서 일어난 일에 대해 왜 그렇게 분노하셨습니까?

— 성전은 아버지의 집으로서 기도와 예배가 드려져야 하는 곳인데, 유대인들이 그것을 돈 버는 시장으로 만들었기 때문입니다. 사람들은 종종 하나님과 예배를 자기 자신을 위해 이용합니다.

2) 우리는 왜 하나님을 예배해야 합니까?

— 하나님은 예배 받으시기에 합당하시고, 참된 신자는 하나님을 진심으로 사랑해서 하나님께 영광을 돌리기를 바라기 때문입니다. 돈이나 어떤 것을 얻기 위해 예배해서는 안 됩니다.

 약속의 성취

3) 우리 마음에 우상이 있을 때, 우리를 깨끗하게 하실 분은 누구십니까?

— 예루살렘 성전을 깨끗하게 하신 주 예수 그리스도께서, 그 은혜로 우리 마음도 깨끗하게 하셔서 성령 안에서 하나님의 거하실 처소가 되게 하실 수 있습니다(엡 2:21-22).

기도 

우리 가족이 매 주일마다 거룩한 마음으로 하나님의 집을 귀하게 여기며 예배하게 해주시기를 기도한다.

41

예수님께 향유를 부은 여인, 그리고 배반당하심

복습

1) 예수님은 성전에서 돈 바꾸는 사람들에게 무엇을 하셨습니까?

— 그들의 상을 엎고 그들을 내쫓으셨습니다.

2) 예수님은 하나님의 집이 무엇이라 불릴 것이라고 말씀하셨습니까?

— 모든 민족이 기도하는 집입니다.

본문 읽기

마가복음 14:3-11

1) 그 여인은 예수님의 머리에 무엇을 부었습니까?

— 나드 향유로 만든 매우 값비싼 향유를 담은 옥합을 깨뜨려 부었습니다. 이 여인은 마르다와 나사로의 자매 마리아입니다 (요 12:3).

2) 예수님은 왜 이 여인의 헌신이 옳은 일이라고 말씀하셨습니까?

— 예수님께서 곧 십자가에서 죽으실 것이기 때문입니다. 그 시대에는 죽은 몸에 향품과 향유를 바르는 것이 일반적인 관습이었습니다.

 약속의 성취

3) 가룟 유다는 대제사장들에게 가서 무엇을 했습니까?

— 돈을 받는 대가로 예수님을 넘겨주겠다고 약속했습니다.

해설

예수님의 종들이 주님을 향한 열심과 헌신으로 섬길 때, 하나님을 알지 못하는 사람들은 그들을 광신자라고 부르기도 한단다. 광신자란 강한 믿음을 가지고 극단적인 행동을 하는 사람을 가리키는 말이야. 불신자들이 그렇게 말하는 이유는 그들이 예수님보다 다른 것들을 더 귀하게 여기기 때문이란다. 그러나 믿는 자들에게 주 예수 그리스도는 가장 귀한 보물이 되셔. 그들은 가장 큰 사랑을 주님께 드리고, 힘을 다해 그분을 섬기지.

마리아는 주님을 사랑하고 귀하게 여긴 참된 신자였어. 어느 날 그녀는 하나님의 은혜에 감사해서, 큰 희생으로 자신의 헌신을 나타내기로 결심했단다. 그녀에게는 매우 값비싼 순전한 나드 향유 한 옥합이 있었는데, 그 값은 삼백 데나리온쯤 되었어. 이것은 보통 노동자가 일 년 동안 모은 품삯에 해당하는 큰 금액이란다(요 12:5). 그녀는 이 향유를 예수님의 머리에 부어, 장차 당하실 죽음을 준비해 드렸어.

가룟 유다는 마리아의 헌신을 비난하며 그 향유를 팔아 가난한 자들에게 주었어야 한다고 말했어. 그러나 그는 실제로 가난한 자들을 사랑한 것이 아니었단다. 그는 그 돈을 훔치고 싶어 했어(요 12:5-6). 불신자들은 그리스도의 영광을 보지 못하기 때문에 세상의 것들을 더 귀하게 여기는 법이야(고후 4:4).

우리가 그리스도를 참되게 알게 되면, 그분께 드리기에 아까운 것은 아무것도 없게 된단다. 하나님의 은혜를 정말로 감사히 여기는 심정은 필요하다면 모든 것을 버리더라도 그리스도를 얻고 예수님의 삶과 죽음을 영화롭게 하도록 우리를 이끌어. 주 예수 그리스도께서 너의 가장 큰 보물이시니? 너는 이 세상의 어떤 것보다도 그분의 기쁨을 더 소중하게 여기고 있니?

1) 마리아의 희생적인 헌신은 어떻게 예수님의 죽음을 준비했습니까?
— 고대에는 죽은 몸의 냄새를 줄이기 위해 값비싼 향품을 발랐습니다. 보통 처형당한 죄수들은 이런 대우를 받지 못했지만, 마리아는 값비싼 향유를 부어 예수님의 죽음을 미리 준비했습니다.

2) 예수님을 위해 포기하기에 너무 아까운 것이 있습니까?
— 없습니다. 우리 주 예수님은 끝없는 영광을 지니신 분이므로, 어떤 참된 헌신도 그분께는 지나치지 않습니다.

3) 하나님의 사랑이 우리 마음에 넘치면 우리는 우리의 소유를 어

떻게 대하게 됩니까?

— 관대하게 나누게 됩니다. 이 땅의 소유는 그리스도 안에서 얻은 큰 보물과 비교할 수 없기 때문입니다.

기도 

우리의 삶이 그리스도를 향한 이러한 헌신으로 가득해서, 그리스도의 향기가 언제나 우리를 통해 모든 사람에게 퍼지게 해주시기를 기도한다.

42

왕께서 더러운 발을 씻기심

복습 

1)　마리아는 예수님께 무엇을 부었습니까?

　　— 값비싼 나드 향유 한 옥합을 부었습니다.

2)　유다는 어떻게 반응했습니까?

　　— 그는 믿는 사람이 아니었기 때문에, 마리아가 향유를 낭비했다고 비난했습니다.

본문 읽기

요한복음 13:1-11

1)　어떤 유대 절기가 다가오고 있었습니까?

　　— 유월절이었습니다. 이 절기는 하나님께서 어린양의 피로 이스라엘을 애굽에서 구원하신 일을 기억하게 해 줍니다 (출 12장).

2)　예수님은 다락방에서 제자들과 함께 식사하시며 어떻게 사랑을 나타내셨습니까?

　　— 수건을 두르시고 대야에 물을 담아 무릎을 꿇으신 뒤, 제자들의 더러운 발을 씻기기 시작하셨습니다.

3)　베드로는 예수님이 그의 발을 씻기실 때 어떻게 반응했습니까?

— 처음에는 "절대로 안 됩니다!"라고 말했고, 이어서 "발뿐 아니라 온몸도 씻겨 주십시오!"라고 말했습니다. 그러나 결국 예수님께서 이렇게 섬기시는 것을 받아들였습니다.

해설

핵심 내용 : 왕이신 예수님은 죄인을 그 피로 깨끗하게 씻기기 위해 종으로 오셨다.

위대한 나라의 왕이 자기 백성을 위해 요리를 하거나 청소를 하는 모습은 매우 이상하게 보일 거야. 왕의 높은 지위 때문에 그는 보통 자기 자신을 위해서조차 그런 일을 하지 않지. 성경 시대에는 오늘날처럼 자동차나 발을 완전히 덮는 신발이 없었고, 거리를 깨끗하게 청소하는 사람들도 없었어. 사람들은 대부분 샌들을 신고 먼지와 짐승의 배설물과 쓰레기로 가득한 길을 걸어 다녔단다. 밖에서 놀다 들어와 발이 새까맣게 더러워져 본 적이 있니? 예수님 시대에는 그런 일이 흔했어. 그래서 발을 씻기는 일은 가장 낮은 종이 맡는 가장 힘들고 더러운 일이었단다.

그런데 왕이신 예수님께서 허리에 수건을 두르시고 물을 대야에 담으신 뒤, 몸을 낮추어 제자들의 냄새 나는 발을 씻기기 시작하셨으니 얼마나 놀라운 일이었겠니? 예수님은 이 땅의 왕들 같은 분이 아니셔. 영원하신 하나님의 아들로서 모든 왕 위에 계신 왕이시지만, 우리를 위해 하늘 보좌를 떠나 종이 되어 자기 생명을 내어 주셨단다. 그것은 우리를 죄에서 깨끗하게 씻기시기 위함이었어.

제자들이 예수님께서 발을 씻겨 주시는 모습을 보고 놀랐다면, 예수님께서 십자가에서 가장 낮은 죽음을 죽으시는 모습을 보고는 더욱 놀랐을 거야. 이렇게 발을 씻겨 주신 것은 바로 그 십자가를 가리키는 표였단다. 우리는 죄로 인해 더럽고 악취 나는 존재이며, 스스로를 깨끗하게 할 수 있는 능력이 전혀 없어. 그러나 완전히 깨끗하신 하나님의 아들이신 예수님께서 우리 영혼의 죄책과 더러움을 씻기 위해 자기 생명을 내어 주셨어. 그분의 피로 우리 영혼이 씻김을 받을 수 있단다. 그러므로 복음을 통해 우리를 씻기러 오시는 주님을 거절해서는 안 돼.

1) 제자들은 왜 예수님께서 발을 씻기시는 일을 놀랍게 여기고 반대했습니까?

— 발을 씻기는 일은 가장 낮은 종이 하는 일이었기 때문입니다. 예수님은 그들의 주님이자 왕이셨으므로 그런 일을 하시는 것은 생각할 수 없는 일이었습니다.

2) 예수님께서 더러운 발을 씻기신 것은 무엇을 보여 주는 표였습니까?

— 우리가 죄의 더러움에서 깨끗하게 씻김 받아야 한다는 것을 보여 주는 표였습니다. 예수님은 십자가에서 생명을 내어 주심으로 죄를 그 피로 씻어 주시기 위해 오셨습니다 (마 20:28).

3) 우리의 죄를 깨끗하게 씻을 다른 길이 있습니까?

　— 없습니다. 오직 예수님만이 죽음과 부활로 우리의 죄책과 더러움을 씻어 주실 수 있습니다. 우리는 회개하는 믿음으로 그렇게 해 주시기를 구해야 합니다(시 51:7).

기도 

우리 자녀들이 그리스도의 피로 깨끗하게 씻김 받는 기쁨을 알게 해주시기를 기도한다.

복습

1) 예수님은 왜 허리에 수건을 두르시고 대야에 물을 담으셨습니까?

— 제자들의 더러운 발을 씻기며 그들을 섬기시기 위해서였습니다.

2) 발 씻김은 무엇을 보여 주는 표였습니까?

— 우리와 제자들이 죄의 더러움에서 예수님께 씻김 받아야 한다는 것입니다.

본문 읽기

마가복음 14:12-25

1) 예수님과 제자들은 이스라엘의 어떤 절기를 지키고 있었습니까?

— 유월절이었습니다. 이 절기는 어린양의 피로 하나님께서 이스라엘을 애굽에서 구원하신 일을 기념합니다(출 12장).

2) 유다가 예수님을 배신한 것은 예수님께서 막을 수 없었던 실수였습니까?

― 아닙니다. 예수님은 그것을 미리 알고 계셨고 막지 않으셨습니다. 또한 자신이 배신당할 것이 성경에 예언되어 있다고 말씀하셨습니다(행 1:20). 그분은 크신 사랑으로 자기 백성의 죄를 위해 자원해서 자신을 희생하셨습니다(요 15:13).

3) 예수님은 떡과 잔에 대해서 무엇이라고 말씀하셨습니까?

― "이것은 내 몸이다", "이것은 내 피다"라고 말씀하셨습니다. 성찬에서 떡과 잔은 자기 백성의 죄를 위한 예수님의 고난과 죽음을 나타내는 표입니다.

해설

> **핵심 내용 :** 예수님은 죽으시기 전날 밤 유월절을 지키시며 성찬을 제정하셨다.

온 이스라엘은 예수님이 과연 하나님의 백성을 해방할 약속된 메시아인지에 대해 크게 술렁이고 있었어. 이제 유월절이 되었고, 유대 지도자들은 예수님을 죽일 방법을 꾸미고 있었단다. 그들은 그렇게 하면 예수님을 끝장내고 백성 가운데서 그분의 영향력을 멈출 수 있다고 생각했어. 그러나 그들은 하나님의 계획에 맞서 싸우는 가운데 오히려 그 계획을 이루는 도구로 사용되고 있다는 사실을 알지 못했단다(행 4:27-28). 예수님이 죄를 위한 희생 제물이 되시는 것은 하나님의 계획이었고, 예수님도 그것을 알고 계셨어. 이것만이 하나님의 백성이 모든 죄를 용서받을 수 있는 속죄의 길이었기 때문이야.

죽으시기 전날 밤, 예수님은 제자들과 함께 유월절을 지키셨어. 그들과 따뜻하고 가까운 교제를 나누는 가운데, 예수님은 자신이 세상에 오신 목적을 더욱 분명히 설명해 주셨단다(요 16:29-30). 예수님은 성경의 예언대로 유다에게 배신당할 것을 말씀하셨어. 유다의 배신은 끔찍한 죄였고, 그는 예수님을 거부한 대가로 영원한 형벌을 받게 될 것이었어. 그러나 악조차도 하나님께서 자신을 영화롭게 하시고 자기 백성을 구속하시려는 선한 목적을 무너뜨릴 수는 없단다. 유다가 악을 의도했지만 하나님은 그것을 선으로 사용하셔서 많은 사람의 구원을 이루셨단다(창 50:20).

예수님은 제자들에게 자신의 죽음을 기억하도록 성찬을 지키라고 명하셨어. 예수님의 죽음은 처음에는 큰 슬픔을 가져왔지만, 동시에 기쁨의 이유가 되기도 해. 하나님의 백성은 옛날에 유월절을 기념했던 것처럼 성찬을 기념해. 어린양의 피로 하나님께서 자기 백성에게 구원을 가져다주신 일을 기억하기 위해서야. 예수님의 피는 영원한 속량을 이루었고, 죄의 종살이에서 영원한 출애굽을 가져다주었단다(히 9:12).

1) 예수님의 죽음이 죄의 문제를 다루시는 하나님에 대해 무엇을 가르쳐줍니까?

— 하나님은 가장 큰 악(자신의 아들을 배반하고 죽인 일)을 사용하

 약속의 성취

셔서 가장 큰 선(하나님의 택하신 백성의 구원)을 이루셨습니다.

2) 성찬은 과거와 미래를 어떻게 가리킵니까?

── 과거로서 죄를 위해 죽으시고 그 나라를 세우신 그리스도의 완성된 사역을 기억하게 하고, 미래로서 하나님의 나라를 영광 가운데 이루시기 위해 다시 오실 그리스도를 바라보게 합니다.

3) 왜 우리는 설교와 성례(세례와 성찬)를 통해 그리스도의 죽음을 자주 묵상해야 합니까?

── 그리스도의 죽음이 우리의 생명과 구원이기 때문입니다. 우리를 위해 행하신 일을 생각할수록 감사와 사랑으로 그분과 십자가의 능력을 더 알기를 원하게 됩니다.

기도 

십자가를 믿는 믿음을 통해 그리스도와 친밀하고 따뜻한 교제를 누리게 해주시기를 기도한다.

복습 

1) 유월절은 유대인들에게 무엇을 기억하게 했습니까?

— 어린양의 피로 하나님께서 그들을 애굽에서 구원하신 일입
니다.

2) 성찬은 그리스도인들에게 무엇을 기억하게 합니까?

— 그리스도의 피로 하나님께서 그들을 죄에서 구원하신 일입
니다.

본문 읽기

요한복음 14:1-7

1) 십자가의 죽음이 가까워졌을 때, 예수님은 제자들에게 무엇을
하지 말라고 하셨습니까?

— 두려움과 큰 슬픔으로 근심하지 말라고 하셨습니다.

2) 예수님은 십자가에 달리신 이후에 어디로 가신다고 말씀하셨
습니까?

— 자기를 신실하게 따르는 자들을 위해 영원한 집을 준비하
려고 하늘로 가신다고 말씀하셨습니다.

3) 도마가 갈 길을 알지 못한다고 말했을 때, 예수님은 무엇을 말씀하셨습니까?

—— 예수님은 자신이 길이요 진리요 생명이며, 자신을 통하지 않고는 아무도 아버지께 올 수 없다고 말씀하셨습니다.

해설 

> **핵심 내용 :** 예수님은 죄인이 아버지와 함께 살게 하시기 위해 죽으셨고, 부활하셔서 그들을 위한 하늘의 집을 준비하신다.

손님을 초대해서 맞이하려면 준비가 필요하단다. 손님방을 깨끗이 치우고, 침대를 정리하고, 먹을 음식도 더 준비해야 해. 만약 준비하지 않아서 손님이 배고픈 채로 바닥에서 자야 한다면 어떻겠니? 준비하는 일은 힘들 수 있지만, 그것은 손님을 사랑한다는 아름다운 표현이야.

하나님은 하늘에 있는 사랑의 집에 손님을 맞아들이기를 기뻐하셔. 그것도 잠시가 아니라 영원히 함께 살기를 원하신단다. 그러나 우리의 죄는 우리가 하나님의 집에 살기에 합당하지 못하게 만들었어. 그러므로 하나님이 우리를 하늘에 초대하시려면 먼저 우리의 죄를 없애셔야 했어. 바로 이것을 이루시기 위해 예수님이 십자가에 달리신 거야.

십자가는 우연한 사건이 아니라, 죄인을 하나님께로 다시 데려오기 위한 하나님의 완벽한 계획이었어. 우리는 죄 때문에 영원히 지옥에서 죽든지, 아니면 예수님이 우리의 유월절 어린양으로 대신 죽으시든지 둘 중 하나야. 다른 길은 없단다. 피 흘려 죽으신 그리스도만이 죽어 마땅한 죄인을 아버지께로 다시 데려갈 수 있는 유일한 길이야.

예수님이 배신당하고 죽임 당하실 때, 제자들의 삶은 상상할 수 없을 만큼 어두워지려 했어. 그러나 십자가에서 죗값을 다 치르신 후, 예수님은 죽은 자 가운데서 살아나 하늘로 돌아가셨어. 그곳에서 무엇을 하실까? 죄인들이 영원히 하늘의 영광 가운데 하나님과 함께 살 수 있도록 아버지의 집을 준비하시는 거야.

우리의 믿음이 예수님께 있다면, 이 땅의 삶이 아무리 어둡고 혼란스럽고 힘들어 보여도 우리를 하늘 본향으로 데려가시려는 하나님의 목적은 결코 실패하지 않아. 예수님은 우리를 위해 처소를 준비하러 가셨고, 우리를 그곳으로 데려가기 위해 반드시 다시 오실 거야.

1) 예수님은 왜 자기 백성을 위한 처소를 준비하시기 전에 반드시 죽으셔야 했습니까?

— 죄 때문입니다. 우리는 모두 죄를 지었고 그 죄 때문에 하나님과 함께 살 수 없습니다. 예수님이 우리의 죄를 대신 지시고 그 죄가 받아야 할 죽음과 지옥의 형벌을 대신 당하지 않으시면 우리는 결코 하늘에 들어갈 수 없습니다.

약속의 성취

2) 예수님은 부활하신 후 어디로 가셨으며, 왜 그곳에 가셨습니까?

   — 하늘에 계신 아버지의 집으로 올라가셨습니다. 그곳에서 온 세상 죄인들이 은혜로 와서 함께 살 수 있도록 준비하고 계십니다.

3) 우리 같은 죄인이 하나님께로 돌아갈 다른 길이 있습니까?

   — 많은 종교가 구원을 약속하지만 참된 길은 아닙니다. 십자가에 못 박히시고 다시 살아나신 예수님만이 참된 구원과 하나님 안에서의 영원한 소망을 주실 수 있습니다. 그분만이 유일한 길입니다.

기도 

우리 가족 모든 사람이 하늘 아버지의 집으로 가는 유일한 길이신 예수님을 믿게 해주시기를 기도한다.

복습 

1) 그리스도의 제자들은 왜 그리스도께서 십자가에서 죽으신 것 때문에 근심하지 말아야 했습니까?

— 그리스도께서 그 죽음을 통해 그들을 하나님과 함께 하늘에서 살 수 있게 만들고 계셨기 때문입니다.

2) 그리스도는 죽으신 후 어디로 가십니까?

— 살아나셔서 하늘로 돌아가, 자기를 따르는 사람들을 위한 처소를 준비하실 것입니다.

본문 읽기

요한복음 15:1-6

1) 이 비유에서 포도나무와 가지는 무엇을 가리킵니까?

— 그리스도는 포도나무이시고, 제자들은 가지입니다.

2) 열매 맺는 가지에 대해 농부는 무엇을 합니까?

— 더 많은 열매를 맺게 하려고 불필요한 부분을 잘라 내는 전정을 합니다. 전정은 하나님이 때때로 주시는 고통스러운 시련을 보여 주는 것입니다.

3) 열매 없는 가지에 대해 농부는 무엇을 합니까?

— 그것을 잘라서 불에 던집니다. 이것은 예수님을 안다고 말하지만 경건한 삶을 살지 않는 자들에게 임하는 멸망을 보여 주는 그림입니다.

해설

> **핵심 내용 :** 오직 그리스도께서 성령으로만 열매 맺는 그리스도인을 만드신다.

옛날에 한 사람이 포도원을 가지고 있었단다. 그런데 수확할 때가 되었을 때 포도 한 송이도 보이지 않았어. 그래서 그는 트럭을 몰고 근처 가게에 가서 갓 딴 포도와 끈끈한 풀을 한가득 사 왔단다. 그리고 일주일 동안 포도원에 있는 죽은 가지마다 포도를 붙이고 또 붙였어. 그러고는 스스로 말했지. "이제야 내 포도원이 열매 맺었구나!"

이 이야기가 이상하게 들리겠지만, 많은 사람이 경건의 열매를 맺는 일에서 실제로 이렇게 행동해. 마음속 문제는 그대로 둔 채 겉으로 보이는 순종의 행동만 붙여 놓는 거야. 조금만 노력하면 하나님께 순종할 수 있다고 생각하지만, 결국 남는 것은 끈적거리는 혼란뿐이야. 구약 시대의 이스라엘도 그랬어(사 5:1-7). 하나님의 백성은 열매 맺는 포도원이 되어야 했지만, 죄라는 썩은 열매를 맺었어. 우리도 자기 자신을 의지하면 똑같이 행동하는 거야. 참된 열매를 맺게 하실 수 있는 분은 오직 예수님이시고, 그것도 그분의 성령으로만 가능해. 그래서 예수님은 가지가 포도나무에 붙어 있듯이 우리도 그분 안에 거하라고 명하신 거야.

거한다는 것은 무엇을 뜻할까? 거한다는 것은 그 안에 머물며 단단히 붙어 있는 것을 의미해. 가지가 열매를 맺으려면 포도나무에 생명을 주는 수액을 받아야 해. 그러려면 반드시 포도나무에 붙어 있어야 하지. 죄인인 우리가 경건의 열매를 맺으려면 그리스도께 붙어 있어야 하고, 그분의 성령께서 생명을 주시는 능력이 우리 안에서 움직여야 해. 그분을 떠나서는 우리는 말라 죽은 가지와 같아서 하나님의 심판의 불에 던져질 뿐이야.

1) 열매 없는 가지에 포도를 붙인 사람의 문제는 무엇입니까?

— 실제 문제를 해결하지 않았다는 것입니다. 겉모습은 나아 보일지 몰라도 가지는 여전히 죽어 있고, 붙여 놓은 열매도 곧 썩어 버립니다. 이것은 죄인이 하나님의 도움 없이 율법을 지키려 하는 모습을 보여 줍니다.

2) 가지가 좋은 열매를 맺으려면 무엇을 해야 합니까?

— 좋은 포도나무에 붙어 있어야 합니다. 포도나무의 수액이 가지로 흘러 들어갈 때에만 열매를 맺을 수 있습니다.

3) 우리가 경건의 열매를 맺으려면 무엇을 해야 합니까?

— 참 포도나무이신 예수 그리스도 안에 거해야 합니다. 그분의 성령의 능력이 우리 삶에 흐를 때에만 하나님께 영광이 되고

 약속의 성취

우리의 기쁨이 되는 열매를 맺을 수 있습니다.

기도 

자녀들이 그리스도 안에 거해서 많은 열매를 맺게 해주시기를 기도
한다.

복습 

1) 나뭇가지처럼 우리 스스로 좋은 열매(경건)를 맺을 수 있습니까?

　— 아닙니다. 우리는 참 포도나무이신 예수 그리스도를 의지해야 합니다.

2) 우리가 예수님을 의지하지 않으면 어떻게 됩니까?

　— 좋은 열매를 맺지 못하고 그래서 하나님의 심판의 불에 던져질 수밖에 없습니다.

본문 읽기

요한복음 16:5-15

1) 제자들의 마음이 슬픔으로 가득했던 이유는 무엇입니까?

　— 예수님께서 그들을 떠나시기 때문입니다.

2) 예수님께서 그들과 함께 머무시는 것보다 떠나시는 것이 왜 더 유익했습니까?

　— 언제 어디서나 그들과 함께하실 성령님을 보내시기 때문입니다.

3) 성령께서는 사람들에게 어떤 세 가지 진리를 깨닫게 하십니까?

—— 하나님에 대한 그들의 죄와, 그들에게 하나님과 올바른 관계가 필요하다는 것과, 심판이 분명히 다가오고 있음을 깨닫게 하십니다.

해설

핵심 내용 : 성령께서는 사도들에게 능력과 지식을 주셔서 그리스도와 그분의 구원을 전하게 하신다.

사랑하는 사람과 작별 인사를 해야 했던 적이 있니? 그 사람이 잠시 떠나는 것이라 해도, 사랑하는 사람과 떨어지는 일은 마음을 아프게 하지. 이제 예수님께서 사도들을 떠나시려고 해. 그것도 잠깐의 여행이 아니야. 이 생각만으로도 사도들의 마음은 깊이 슬펐단다. 예수님 없이 어떻게 살아갈 수 있을까? 더 나아가, 예수님 없이 어떻게 하나님의 구원을 계속 전할 수 있을까? 마치 감독 없이 세계 선수권 대회에 나가야 하는 팀과 같았어. 예수님께서 설교하시고 기적을 행하시지 않는다면 하나님의 사역은 실패할 것처럼 보였지.

그러나 그들의 슬픔과 혼란 속에서 예수님은 자신이 몸으로 함께 계시는 것보다 더 좋은 약속을 주셨어. 육신으로 함께하시는 예수님보다 더 좋은 것이 무엇일까? 예수님은 우리 마음을 채우시는 성령님을 모시는 것이 더 좋다고 하셨어. 성령께서는 사도들에게 능력을 주셔서 그들이 예수님의 말씀을 전할 때 사람들이 그것이 참되다는 사실을 깨닫게 하실 거야. 성령은 우리로 하여금 하나님의 의로운 율법과 심판 앞에서 우리의 죄를 깨닫게 하셔. 이것이 좋은 소식처럼 들리지 않을 수도 있지만, 사실은 은혜로운 일이란다. 우리가 자신의 불의를 깨달을 때에만 복음 안에 나타난 예수님의 의가 필요함을 보게 되기 때문이야. 죄를 깨닫는 일은 고통스럽지만, 결국 가장 큰 선물인 예수님과 그분의 은혜를 찾게 만드는 선물이란다.

성령께서는 사도들의 설교에 능력을 주실 뿐 아니라 그들의 마음을 밝히셔서 예수님에 관한 진리를 더 온전히 이해하게 하실 거야. 성령은 죄를 깨닫게 하시지만, 그분의 가장 큰 사역은 죄인을 구원하시는 구주 예수님을 영화롭게 하는 일이야. 결국 성령께서는 사도들이 신약의 스물일곱 권을 기록하도록 인도하셔서 오늘 우리가 예수님과 그분의 구원을 알 수 있게 하셨어. 얼마나 큰 선물인지 모른단다. 그리고 이 모든 일은 예수님께서 십자가에서 죽으심으로 떠나지 않으셨다면 우리에게 주어지지 않았을 거야.

1) 예수님께서 떠나신 후 누구를 보내십니까?

—— 하나님이신 성령님을 보내십니다. 성령님은 사도들을 충만하게 하셔서 그들이 그리스도의 구원을 온 세상에 전하도록 능력과 빛을 주십니다.

2) 고통스럽더라도 성령께서 죄를 깨닫게 하시는 이유는 무엇입니까?

── 죄와 그에 따른 심판을 깨닫지 못하면 구원이 필요하다는 사실을 보지 못하기 때문입니다. 치명적인 병에 걸렸다는 사실을 알아야 의사를 찾듯이, 죄 가운데 우리의 무력함을 깨달아야 그리스도의 십자가를 바라보게 됩니다.

3) 신약 성경의 책들은 특별한 책입니까, 아니면 다른 책들과 같습니까?

── 특별한 책입니다. 성령의 영감으로 기록된 하나님의 말씀이기 때문입니다(벧후 1:21).

기도 

성령께서 길을 잃은 가족과 친구들이 자신의 죄와 그리스도의 필요를 깨닫게 해주시기를 기도한다.

복습 

1) 예수님께서 사도들을 떠나시는 것이 왜 유익했습니까?

— 자기 백성의 죄를 위해서 십자가에서 죽으시고, 하늘로부터 성령을 보내시기 때문입니다.

2) 예수님의 성령께서는 사람들에게 무엇을 깨닫게 하십니까?

— 죄와 의와 심판을 깨닫게 하십니다.

본문 읽기

요한복음 17:1-11

1) 예수님은 누구에게 기도하셨습니까?

— 하나님 아버지께 기도하셨습니다. 하나님의 아들이신 예수님은 아버지와 구별되시는 분입니다.

2) 예수님은 영생을 어떻게 설명하셨습니까?

— 아버지와 아들을 아는 것이라고 설명하셨습니다. 이 앎은 성령을 통해 주어집니다(요 16:13-15).

3) 예수님은 제자들을 위해서 무엇을 기도하셨습니까?

— 그들이 이 악한 세상에 있는 동안 아버지께서 그들을 보호

하시고 하나 되게 해주시기를 기도하셨습니다.

핵심 내용 : 예수님은 십자가를 통해서 하늘에 계신 아버지와 땅에 있는 예수님의 교회와 함께 영광을 받으시기를 기도하셨다.

우리 행성에서 가장 가까운 별들도 수조 킬로미터나 떨어져 있어. 그 별들은 지구보다 훨씬 크지만, 우리 눈에는 작은 불빛처럼 보이지. 왜 그럴까? 너무 멀리 있기 때문이야. 별의 아름다움과 찬란함을 제대로 보려면 망원경이 필요해. 이 놀라운 도구의 렌즈를 통해 보면 멀리 있던 별이 가까이 보이게 되지. 망원경이 별을 더 크게 만들거나 더 밝게 만드는 것은 아니야. 단지 그 별을 있는 그대로 보게 해 줄 뿐이야. 이런 의미에서 망원경이 별을 영화롭게 한다고 말할 수 있어.

성경에서 영광을 받기에 합당하신 분은 오직 하나님 한 분뿐이야. 하나님이 영화롭게 되신다고 해서 그분의 영광이 더해지는 것은 아니야. 하나님께는 이미 완전한 영광이 있기 때문이야. 다만 그분의 크심과 밝으심이 우리 앞에 드러나 우리가 그것을 보고 기뻐하게 되는 거야. 예수님께서 십자가의 고난을 앞두고 자신이 영화롭게 되기를 기도하신 것도 바로 이런 뜻이야. 아버지께서 자신을 죽은 자 가운데서 살리시고 하늘의 영광 가운데서 다스리게 해주시기를 구하신 거야. 이것은 우리를 구원하기 위해 사람이 되시면서 기꺼이 내려놓으셨던 영광이란다.

참된 구원은 성부와 성자와 성령이신 하나님을 영원히 아는 것이야. 우리의 죄는 하나님과 우리를 갈라놓아 하나님을 영화롭게도, 그분을 기뻐할 수도 없게 만들었어. 그러나 예수님께서 죄를 위해서 죽으심으로 우리가 하나님과 영원한 사랑의 관계로 다시 연결되게 하셨어. 그리스도만을 믿어 구원을 얻는 사람들은 장차 하늘의 영광 가운데서 하나님을 완전하게 알게 될 거야. 그러나 지금도 아버지께서는 복음의 선포를 통해 이 땅에서 자기 아들을 계속 영화롭게 하고 계셔. 성경은 우리가 하나님의 크심과 밝으심을 알고 기뻐하도록 돕는 망원경과 같아. 이것이 바로 참된 생명이란다.

1) 하나님이 영화롭게 되실 때 하나님께 무슨 변화가 생깁니까?
   ─ 아무 변화도 일어나지 않습니다. 하나님은 끝없는 영광을 가지신 분이어서 더 영광스러워질 수 없습니다. 망원경이 별에 아무것도 더하지 않는 것처럼, 하나님의 영화로움도 하나님께 무엇을 더하지 않습니다. 다만 그분의 크심과 밝으심을 우리에게 드러낼 뿐입니다.

2) 하나님만 영광을 받으실 수 있다면, 왜 예수님도 영화롭게 되기를 기도하십니까?
   ─ 예수님도 하나님이시기 때문입니다. 성경은 어디에서나 예수님이 영원하신 하나님의 아들이시며 우리의 믿음과 예배와

                                                    약속의 성취

순종을 받으시기에 합당하신 분임을 보여 줍니다.

3) 우리가 이 땅에서 하나님의 크심과 밝으심을 어떻게 볼 수 있습니까?

— 성경에 계시된 예수님을 통해 볼 수 있습니다. 성경의 위대한 메시지는 하나님께서 예수님의 십자가의 죽음과 부활로 죄인을 구원하신 이야기이며, 그로 인해 우리가 하나님을 영원히 영화롭게 하고 기뻐하게 되는 것입니다.

기도 

예수님께서 지역 교회의 모든 성도의 마음 가운데서 영화롭게 되게 해주시기를 기도한다.

복습

1) 예수님은 십자가를 향해서 가시면서 무엇을 위해 기도하셨습니까?

— 아버지께서 하늘과 땅에서 자신을 영화롭게 해주시기를 기도하셨습니다.

2) 그러나 영광을 받으실 분은 하나님 한 분뿐이시지 않습니까?

— 그렇습니다. 예수님은 육신으로 오신 하나님이십니다.

본문 읽기 

마가복음 14:32-42

1) 예수님은 제자들과 함께 어디로 가셨습니까?

— 겟세마네로 가셨습니다. 이곳은 예루살렘 성전 동쪽, 감람산 근처에 있는 동산입니다. 겟세마네라는 이름은 "올리브(감람)를 짜는 틀"이라는 뜻입니다.

2) 예수님은 제자들에게 무엇을 하라고 하셨고, 제자들은 무엇을 했습니까?

— 시험에 들지 않도록 깨어 기도하라고 하셨습니다. 그러나

약속의 성취

제자들은 잠들어 버렸습니다.

3) 예수님은 아버지께 무엇을 기도하셨습니까?

── 하나님은 무엇이든 하실 수 있음을 믿음으로 고백하시며, 이 잔을 자신에게서 지나가게 해주시기를 구하셨습니다. 그러나 자신의 뜻이 아니라 하나님의 뜻이 이루어지기를 기도하셨습니다.

해설

핵심 내용 : 예수님은 우리의 죄를 대신해서 하나님의 진노의 잔을 마실 것을 생각하며 큰 슬픔을 겪으셨다.

유월절 밤이 깊어 가고 있었어. 가룟 유다는 이미 예수님을 팔아넘기러 떠났고, 곧 군인들을 데리고 와 예수님을 붙잡을 참이었지. 그때 예수님은 겟세마네 동산에서 기도하시며 몹시 괴로워하고 근심하셨어.

왜 그렇게 괴로워하셨을까? 군인들이나 사람들이 자신에게 할 일을 두려워하셨던 걸까? 아니야. 예수님은 사람을 두려워하지 않으셨어(시 56:4; 마 10:28). 그분이 괴로워하신 이유는 사람이 아니라, 자기 백성의 죄에 대한 하나님의 진노를 감당하셔야 했기 때문이야.

예수님은 고통 가운데 "이 잔을 내게서 지나가게 하옵소서"라고 기도하셨어. 구약의 선지자들은 인류의 죄에 대한 하나님의 진노를

"잔"으로 표현했어(시 75:8; 사 51:22; 렘 25:15). 하나님의 진노는 죄를 향한 거룩한 분노이며 심판으로 나타나지. 죄 가운데 있는 하나님의 백성은 심판 날에 쏟아질 진노를 쌓아 왔어(롬 2:5). 그러나 중보자이신 예수님께서 그들의 자리를 대신해서 그들이 받아야 할 형벌을 기꺼이 담당하셨어(롬 3:25).

예수님은 완전한 하나님이시며 동시에 완전한 사람이셔. 하나님으로서 그분의 뜻은 언제나 아버지의 뜻과 완전히 하나였어. 그러나 사람으로서 그분은 생애 가장 큰 시험 앞에 서 계셨어. 그래서 가능하다면 이 진노의 잔이 지나가게 해 달라고 간구하셨지. 그러나 우리의 죄를 위한 속죄가 이루어지려면 그 길밖에 없었어. 예수님의 고통이 얼마나 컸는지, 땀이 핏방울처럼 땅에 떨어질 정도였단다(눅 22:44). 올리브가 틀에 눌려 기름이 흘러나오듯, 예수님은 우리의 죄 아래에서 눌리셨고 피를 흘리셨어. 그리고 아버지의 뜻에 순종하셨어. 십자가에서 그 잔을 마지막 한 방울까지 다 마시셨지. 이제 그분을 믿는 사람들에게는 더 이상 남은 진노가 한 방울도 없단다.

1) 예수님이 벗어나고자 하신 잔은 무엇입니까?

　— 십자가에서 온전히 담당하실 죄에 대한 하나님의 진노의 잔입니다. 예수님이 대신 그 진노를 받지 않으시면 우리가 지옥에서 그 진노를 받아야 합니다.

2) 하나님의 진노 아래 들어가는 것이 왜 그렇게 두려운 일입니까?

　　　　　　　　　　　　　　　　　　　약속의 성취

── 하나님은 전능하시며 그분의 진노도 무한한 형벌을 가져오기 때문입니다(욥 21:20; 계 19:15).

3) 예수님은 어떻게 하나님의 무한한 진노를 감당하실 수 있었습니까?

── 완전한 사람이시기 때문에 고난을 받고 죽으실 수 있었고, 완전한 하나님이시기 때문에 무한한 진노를 끝까지 견디실 수 있었습니다. 신성이 인성을 붙드셔서 하나님의 진노를 완전히 담당할 때까지 무너지지 않게 하셨습니다.

기도 

기도로 그리스도 예수 안에 있는 자에게는 결코 정죄함이 없음을 감사드린다.

복습

1) 예수님이 성부께 자신에게서 지나가게 해 달라고 구하신 잔에 는 무엇이 담겨 있었습니까?

— 자기 백성의 죄에 대한 하나님의 진노가 담겨 있었습니다.

2) 예수님은 어떻게 죄인인 자기 백성을 대신해서 하나님의 진노 를 받으실 수 있었습니까?

— 완전한 하나님이시며 동시에 완전한 사람이신 중보자이기 때문입니다.

본문 읽기

마가복음 14:43-50

1) 유다는 어떤 신호로 예수님을 팔아넘겼습니까?

— 입맞춤이었습니다. 가까운 친구들은 뺨에 입맞춤으로 인사 하곤 했습니다 (출 18:7). 유다는 예수님의 친구인 척했지만, 실제 로는 그분을 배신한 위선자였습니다.

2) 예수님의 제자 가운데 한 사람은 대제사장의 종에게 무엇을 했 습니까?

— 칼을 빼서 그 종의 귀를 잘랐습니다. 요한복음은 그 사람이 베드로라고 말하며, 예수님은 그에게 칼을 도로 집어넣으라고 하셨습니다(요 18:10-11). 누가복음은 예수님이 그 종의 귀를 고쳐 주셨다고 말합니다(눅 22:51).

3) 예수님은 자신을 잡으러 온 사람들을 꾸짖으시며 무엇을 지적하셨습니까?

— 자신은 늘 공개적으로 행동했기 때문에 밤에 범죄자처럼 잡을 이유가 없다고 하셨습니다. 그러나 그들은 율법을 어기며 밤에 몰래 체포했습니다. 예수님은 무죄하셨고 그들은 죄가 있었습니다. 하지만 이 모든 일은 성경을 이루기 위해 일어났습니다.

해설

> **핵심 내용** : 예수님은 우리가 하나님과 화목하게 되도록 죄인처럼 취급받으셨다.

유다는 칼과 몽둥이를 든 많은 사람을 이끌고 왔어. 그들은 대제사장들과 서기관들과 장로들에게서 보냄을 받은 사람들이었지. 이 어리석은 사람들은 예수님을 붙잡아 죽이면 그분의 나라를 막을 수 있다고 생각했어. 그러나 예수님은 자기 나라가 이 세상에 속한 것이 아니라고 이미 말씀하셨어(요 18:36). 그래서 제자들이 싸움으로 그 나라를 세우는 것을 원하지 않으셨어. 그분의 나라는 죽음과 부활로 세워지고, 복음 선포를 통해 퍼져 나갈 영적인 나라였어. 예수님은 죄인을 멸망시키기보다 은혜로 다스려 구원하시기 위해 왕으로 통치하실 거야(요 3:17).

예수님은 열두 군단이 넘는 천사를 부르셔서 자신을 구하실 수도 있었어(마 26:53). 그러나 그렇게 하셨다면 아무도 죄에서 구원받을 수 없었을 거야. 그래서 예수님은 기꺼이 범죄자로 여김을 받으셨어. 그분은 자기 백성의 죄를 담당하시는 어린양이셨기 때문이야(사 53:12). 우리 죄를 대신 지기 위해 무리에게 자신을 내어 주셨고(롬 4:25), 죄 없으신 분이 죄인인 우리 대신 고난을 받아 우리를 하나님께로 인도하셨어(벧전 3:18).

모든 제자들은 그분을 버리고 도망갔어. 그러나 예수님은 그들을 위해 기꺼이 죽음에 자신을 내어 주셨어. 그들은 신실하지 못했지만, 예수님은 언제나 신실하시며 기꺼이 그리고 능히 구원하시는 분이시란다.

1) 예수님이 기꺼이 죽음을 당하신 것은 우리를 구원하시려는 마음을 어떻게 보여 줍니까?

—— 그렇게 큰 고난까지도 우리를 위해 감당하셨다면, 우리가 그분께 피할 때 우리를 기꺼이 받아 주신다는 것을 보여 줍니다.

2) 제자들이 예수님을 버린 일은 예수님의 고통을 어떻게 더 크게 했습니까?

—— 예수님께서는 의지할 친구도, 기대어 울 어깨도, 고통을 덜

  약속의 성취

어 줄 세상의 도움도 없이 홀로 어둠을 마주하셔야 했습니다. 그리고 마침내 우리 죄를 지실 때에는 아버지께도 버림받으셨습니다(막 15:34).

3) 예수님은 믿는 자들을 떠나시거나 버리시겠습니까?

— 절대 그렇지 않습니다. 그분은 결코 우리를 떠나지도 버리지도 않겠다고 약속하셨습니다(히 13:5). 예수님이 버림받으셨기 때문에, 그리스도만 의지하는 모든 사람은 하나님께 받아들여집니다.

기도 

당신이 참된 신자라면, 결코 그리스도를 버리지 않고 그분이 우리를 붙드시는 것처럼 끝까지 그분을 굳게 붙들 수 있게 해주시기를 기도한다.

복습 

1) 예수님은 왜 자신이 범죄자처럼 대우받도록 허락하셨습니까?

　── 우리의 대속자로서 하나님 앞에서 죄인처럼 취급 받으심으로 우리가 의로운 자로 여김을 받게 하시기 위해서입니다. 또한 성경을 이루기 위해서였습니다.

2) 예수님은 왜 우리를 대신해서 버림받으셨습니까?

　── 우리가 그분을 믿을 때 우리가 하나님께 결코 버림받지 않게 하시기 위해서입니다.

본문 읽기

마가복음 14:53-65

1) 무리는 예수님을 재판정에 세우기 위해 누구 앞으로 끌고 갔습니까?

　── 가야바라 하는 대제사장 앞으로 끌고 갔습니다(마 26:57). 그 주위에는 대제사장들과 서기관들과 이스라엘의 장로들이 모여 있었습니다. 이 공회는 산헤드린이라 불렸고, 보통은 성전 근처 시장에서 모였지만 이 재판은 가야바의 집에서 이루어졌습니다.

2) 공회는 무엇을 하려고 했으며, 어떻게 했습니까?

　— 예수님을 죽이기 위해 그분이 잘못된 일을 했다고 말할 사람들을 찾으려 했습니다. 그러나 실제로 잘못한 일을 찾지 못하자 예수님에 대해 거짓말을 했습니다.

3) 예수님은 자신이 누구라고 말씀하셨습니까?

　— 자신이 그리스도요 찬송받으실 하나님의 아들이라고 말씀하셨습니다. 또 다니엘 선지자가 말한 것처럼 하나님의 우편에 앉아 계신 인자라고 하셨습니다(단 7:13-14).

해설

핵심 내용 : 죄 없으신 하나님의 아들이 재판을 받아 이스라엘 법정에서 유죄 판결을 받으셨다.

참으로 놀라운 장면이야. 우주의 창조주께서 피조물 앞에서 재판을 받고 계셔. 율법을 주신 분이며 심판자이신 분이 율법을 어긴 사람들에게 거짓 고발을 당하셨어. 하늘 법정의 왕께서 사람의 법정에서 심판 받도록 자신을 내어 주셨어. 거룩하신 분이 아무 죄도 없으신데 범죄자처럼 취급받으셨고, 실제 범죄자는 재판관들이었어. 이 모든 일은 한밤중 어둠 속에서 불법적으로 이루어졌어.

　산헤드린은 사탄의 도구처럼 행동했어. 마귀는 참소하는 자야(계 12:10). 참소란 거짓을 퍼뜨리고 죄 없는 사람을 잘못했다고 고발하

는 것이야. 유대 지도자들은 예수님이 성전을 헐겠다고 말했다고
고발했지만, 예수님은 그런 말씀을 하신 적이 없었어(요 2:18-21). 거
짓 증인들의 말도 서로 맞지 않았어. 모세의 율법에 따르면 공정한
처벌을 위해서는 두세 증인의 일치된 증언이 필요했어(신 19:15-21).
거짓 증인은 무고한 사람에게 내리려던 벌을 자신이 받아야 했어
(18-19절). 죄 없으신 분은 예수님이셨고, 죽어야 할 사람들은 오히
려 그들이었어. 그런데 왜 하나님은 이 일을 허락하셨을까? 거짓말
하고 살인하는 죄인들을 대신해서 죽으심으로 그들을 구원하시기
위해서였어.

대제사장은 예수님께 그가 그리스도요 찬송 받으실 하나님의 아
들인지 밝히 말하라고 요구했어. 그 전까지 예수님은 이것을 공개
적으로 선언하지 않으셨지만, 이제 분명히 말씀하셨어. 바로 그분
이시라고. 그리고 다니엘서 7장을 인용해 그 증언을 확증하셨어.
그곳에서 인자는 하늘 구름을 타고 옛적부터 항상 계신 이, 곧 하
나님 아버지께 나아가 영원히 사라지지 않을 나라를 받게 돼. 죽음
은 예수님의 끝이 아니었어. 그분은 다시 살아나 하늘에 오르셔서
영원한 나라를 받으실 거야.

1) 하나님은 왜 예수님이 부당하게 정죄 받도록 허락하셨습니까?
   —— 정죄 받아 마땅한 죄인들의 형벌을 대신 받기 위해서였습
   니다. 우리 모두는 죄로 인해 하나님 앞에서 정죄되어 죽어 마
   땅합니다.

    약속의 성취

2) 우리는 왜 다른 사람에 대해 거짓말하는 것을 피해야 합니까?

    —— 다른 사람을 거짓으로 헐뜯는 것은 사탄을 따르는 일이기 때문입니다. 이것은 큰 죄이고 다른 사람에게 큰 해를 끼칠 수 있습니다.

3) 그리스도는 언제 아버지께 나아가 나라를 받으셨습니까?

    —— 죽으시고 부활하신 뒤 하늘에 오르셨을 때입니다. 그리고 마지막 날 구름을 타고 다시 오셔서 그 나라를 완전히 이루실 것이며, 모든 눈이 그분을 보게 될 것입니다(계 1:7).

기도 

그리스도의 능력으로 사탄의 거짓이 우리 가정 가운데서 힘쓰지 못하게 해주시기를 기도한다.

복습 

1) 산헤드린이 예수님을 거짓으로 고발할 때 누구의 영향 아래 있었습니까?

— 참소자이며 거짓의 아비인 사탄의 영향 아래 있었습니다.

2) 예수님은 공회 앞에서 자신이 누구라고 말씀하셨습니까?

— 그리스도요 하나님의 아들이며 인자라고 말씀하셨습니다.

본문 읽기 

마가복음 14:66-72

1) 베드로는 예수님을 몇 번 부인했습니까?

— 세 번 부인했습니다. 같은 죄를 반복한 것은 그 죄가 얼마나 심각한지를 보여줍니다.

2) 닭이 두 번째 울었을 때 베드로는 무엇을 기억했습니까?

— 닭이 두 번 울기 전에 베드로가 예수님을 부인할 것이라고 예수님께서 미리 말씀하신 것을 기억했습니다 (막 14:30).

3) 베드로는 자신의 죄를 생각한 후 어떻게 했습니까?

— 울었습니다. 이것은 주님을 아프게 한 것에 대한 진실한 슬

품의 눈물이었습니다. 베드로는 곧 자신의 큰 죄를 회개했습니다. 우리가 죄를 지을 때에도 마찬가지로 죄에서 돌이켜 하나님께 나아가야 합니다.

해설 

우리는 결코 자신의 힘으로 죄를 이길 수 없어. 오직 하나님의 은혜로만 이길 수 있어. 베드로는 자신이 강하고 담대해서 다른 사람들이 모두 예수님을 버려도 끝까지 충성할 수 있다고 생각했어(막 14:26-29). 그러나 주님이 붙잡히셨을 때 그는 도망쳤을 뿐 아니라, 같은 밤에 세 번이나 예수님을 모른다고 부인했어.

주님은 우리 자신보다 우리를 더 잘 아신단다. 우리의 연약함과 죄까지 모두 아셔. 우리는 결코 스스로 무엇을 할 수 있다고 자랑해서는 안 돼. 교만은 우리가 실제보다 더 영적으로 강하다고 착각하게 만들기 때문에 항상 경계해야 해. 대신 우리는 언제나 스스로 연약하고 무력하다는 사실을 알아야 해. 우리는 오직 하나님의 은혜로만 시험을 이길 수 있어. 이것을 깨달으면 자신을 의지하지 않고 하나님을 신뢰하게 돼. 주님께서는 우리가 주님을 의지하면, 어떤 시험이 와도 능히 이길 수 있도록 성령의 능력을 주시겠다고 약속하셨어(고전 10:13).

하나님은 우리가 죄짓기를 원하지 않으시지만, 자비로우셔서 우리가 용서 받을 수 있도록 하나님 아버지 앞에서 우리를 변호하시는 예수님을 주셨어(요일 2:1-2). 예수님은 베드로가 죄를 지을 것을 이미 알고 계셨어. 그래서 미리 경고하셨고, 베드로가 회개하도록 그를 위해 기도했다고도 말씀하셨어(눅 22:32). 우리가 죄를 지을 때에는 하늘에 계신 자비로운 대제사장 예수님을 기억해야 해. 그분은 우리의 연약함을 이해하신단다(히 4:15). 베드로가 죄를 지었지만 예수님은 여전히 그를 사랑하셨어. 베드로는 자신의 죄를 생각하고 깊이 슬퍼하며 회개로 이끌렸어. 그의 죄는 매우 컸지만, 그리스도의 자비 안에서 용서받았어. 우리가 참으로 회개한다면 용서 받지 못할 만큼 큰 죄는 없단다.

1) 예수님은 베드로가 자신을 부인할 것을 어떻게 미리 아셨습니까?

　　── 예수님은 하나님의 아들이시므로 모든 것을 아시기 때문입니다. 예수님은 베드로 자신보다 그를 더 잘 아셨습니다. 우리 마음과 생각도 모두 다 아십니다.

2) 요한복음 21:15-17을 읽어 봅시다. 예수님은 베드로에게 몇 번이나 자신을 사랑하느냐고 물으셨습니까?

　　── 세 번 물으셨습니다. 이것은 베드로의 죄를 드러내기 위한 것이었습니다. 그러나 동시에 세 번이나 주님의 양을 돌보라고 맡기심으로, 그의 죄가 용서되었고 그를 사도로 크게 사용하시

　　　　　　　　　　　　　　　　　　　약속의 성취

겠다는 뜻을 보여 주신 것입니다.

3) 베드로를 용서하신 그리스도의 모습은 우리에게 어떤 격려를 줍니까?

―― 우리가 주님께 크게 죄를 지었더라도, 경건한 슬픔으로 죄에서 돌이켜 그리스도께 나아가면 주님은 기꺼이 자비로 용서하시고 회복시켜 주신다는 것을 보여 줍니다.

기도 

하나님의 은혜로 우리 가족이 시험과 죄에서 건짐을 받게 해주시기를 기도한다.

복습 

1) 베드로는 주님께 어떤 죄를 지었습니까?

   ― 주님을 세 번 부인했습니다.

2) 베드로는 자신의 죄를 생각한 뒤 무엇을 했습니까?

   ― 참된 회개 가운데 울었습니다.

본문 읽기 

마가복음 15:6-15

1) 빌라도는 해마다 유월절이 되면 보통 무엇을 했습니까?

   ― 유대인들이 원하는 죄수 한 사람을 풀어 주었습니다.

2) 유대인들은 누구를 풀어 주기를 원했습니까?

   ― 예수님이 아니라 바라바입니다. 바라바는 살인을 저지른 아주 악한 범죄자였습니다.

3) 유대인들은 빌라도에게 예수님을 어떻게 하라고 요구했습니까?

   ― 십자가에 못 박으라고 요구했습니다.

핵심 내용 : 죄 없으신 예수님은 범죄자로 정죄되셨고, 진짜 범죄자는 풀려났다.

유대 지도자들은 예수님을 미워했고, 신성 모독(자신을 하나님이라 한 것)이라는 거짓 죄목으로 고발해서 죽이기로 결정했어. 그러나 그들에게는 사형을 집행할 권한이 없었고, 그 권한은 로마 정부에 있었어. 그래서 그들은 예수님을 빌라도에게 끌고 갔어. 대제사장들이 빌라도 앞에서 예수님을 고발했을 때, 예수님은 자신을 변호하지 않으셨고 이것이 빌라도를 놀라게 했어. 그러나 이는 성경을 이루기 위함이었어. 예수님은 이사야 53장에 예언된, 도수장으로 끌려 가면서도 입을 열지 않는 어린양이셨어(7절). 다만 자신이 유대인의 왕이심을 고백하셨는데, 그것이 진리였기 때문이야.

빌라도는 관례적으로 유월절마다 죄수 한 사람을 풀어 주었어. 그는 예수님이 무죄임을 알았기 때문에 그분을 풀어 주려고 했어. 그래서 무리에게 바라바와 예수님 중 누구를 풀어 주기를 원하는지 선택하게 했어. 어려운 선택이 아니라고 생각했던 거야. 바라바는 반란을 일으키고 살인을 저지른 범죄자였기 때문이야. 하나님의 법은 살인자에게 사형을 명해(창 9:5-6). 예수님은 아무런 죄도 없으셨지만, 유대인들은 오히려 바라바를 풀어 달라고 외쳤어.

대제사장들은 예수님에 대한 미움을 부추겼고, 유대인들은 "그를 십자가에 못 박으라!" 하고 외쳤어. 그들은 예수님을 가장 끔찍한 방식으로 죽이기를 원했어. 그러나 이 죄 많은 사람들의 행동조차 하나님의 뜻을 이루었어. 예수님은 죄의 모든 결과와 저주를 담당하셔서 죄인들이 죄책에서 자유롭게 되도록 하셨어. 예수님은 바라바 대신 죽으셨어.

우리는 이 사건 속에서 우리 자신을 보아야 해. 예수님의 죽음을 요구했던 무리처럼, 하나님의 아들을 죽게 한 것은 우리의 죄야. 그러나 죄인이면서도 풀려난 바라바처럼, 우리가 하나님의 아들의 피를 믿는다면 죄와 정죄에서 자유롭게 될 수 있어.

1) 우리는 어떻게 예수님과 다르고 바라바와 같습니까?

   —— 우리는 죄인이지만 예수님은 죄가 없으십니다. 예수님은 죽으실 이유가 없었습니다. 그러나 바라바처럼 우리는 육체의 죽음뿐 아니라 영원한 죽음을 받아 마땅한 존재입니다 (롬 6:23).

2) 바라바가 풀려나고 예수님이 정죄 되신 것은 복음을 어떻게 보여 줍니까?

   —— 예수님이 죽으시고 바라바는 살았습니다. 예수님이 정죄되셔서, 바라바 같은 죄인들이 영생을 받게 되었습니다.

3) 고린도후서 5:21은 예수님의 죽음에 대해 무엇을 가르칩니까?

   —— 하나님의 백성의 죄가 그리스도에게 전가되었고, 그분의 의가 그들에게 전가되었다는 것을 가르칩니다. 전가된다는 것은 어떤 것이 한 사람이 책임져야 하는 일이 되어 그의 것으로

                                            약속의 성취

여겨진다는 뜻입니다. 복음은 우리의 죄와 죽음이 그리스도께로, 그분의 무죄함과 생명이 우리에게로 옮겨지는 영광스러운 교환입니다.

기도 

우리 가족이 그리스도의 의를 붙들어 죄와 죄책에서 자유롭게 되게 해주시기를 기도한다.

53

복습 

1) 예수님 대신 풀려난 죄수는 누구입니까?

— 바라바입니다. 그는 살인을 저지른 죽어 마땅한 사람이었습니다.

2) 예수님께서 바라바와 교환되신 것은 복음을 어떻게 보여 줍니까?

— 바라바처럼 우리는 죽어 마땅한 죄인이지만, 예수님이 우리 대신 정죄 되셨기 때문에 사형의 형벌에서 풀려날 수 있습니다.

본문 읽기

마가복음 15:16-30

1) 예수님은 어디에서 십자가에 못 박히셨습니까?

— 골고다입니다. 골고다는 "해골의 곳"이라는 뜻이고 예루살렘 밖에 있는 언덕이었습니다.

2) 예수님 위에 붙은 죄패에는 무엇이라고 쓰여 있었습니까?

— "유대인의 왕"입니다. 이것은 죄목이 아니라 예수님이 참으로 누구이신지를 드러내는 말이었습니다. 그분을 고발하는 말

이 오히려 그분이 무죄하심을 보여 주었습니다.

3) 예수님과 함께 십자가에 못 박힌 사람들은 누구입니까?

— 두 강도였습니다. 하나는 오른편에, 다른 하나는 왼편에 있었습니다. 그들 가운데 한 사람은 예수님의 십자가를 보고 회개했습니다(눅 23:39-43).

해설 

> **핵심 내용 :** 예수 그리스도께서는 우리의 죄를 위해 채찍질을 당하시고 십자가에 못 박히셨다.

본디오 빌라도는 예수님을 로마 군인들에게 넘겨 채찍질하고 십자가에 못 박게 했어. 로마 사람들은 십자가형을 집행하기 전에 채찍으로 죄수를 때렸어. 그 채찍에는 여러 가닥의 가죽 끈이 달려 있었고, 그 끝에는 뼛조각과 쇳조각이 붙어 있었어. 그래서 채찍질은 극심한 고통을 줄 뿐 아니라 피부를 찢어 온몸을 피로 물들게 했어. 예수님께서 우리를 위해 이런 끔찍한 고통을 기꺼이 겪으셨다는 사실은 죄인들을 향한 그분의 무한한 사랑을 보여 주는 증거야. 그분의 피는 우리를 속량하신 값이야. 그분은 우리를 사랑해서 우리가 그분께 용서를 구하러 나아오는 것보다도 더 기꺼이 고통을 받으셨어. 참으로 놀라운 사랑이야.

그리스도의 모든 고난은 우리 같은 죄인들을 대신한 것이었어.

많은 군인들이 예수님을 둘러싸서 때렸고, 자색 옷을 입히고 가시
관을 씌워 조롱했어. 갈대로 때리고 침을 뱉어 수치를 주었어. 그러
나 그분이 이 땅에서 우리의 수치를 대신 지셨기 때문에 우리는 영
원한 나라에서 영광을 얻을 수 있어. 그분이 가시관의 저주를 지셨
기 때문에 우리는 영광의 면류관을 받을 수 있어. 그들이 그분을 벗
기고 수치를 주었기 때문에 우리는 그분의 왕 같은 의로 옷 입게
돼. 누구든지 그분을 믿는 사람은 하나님의 보좌 앞에서 결코 수치
를 당하지 않을 거야(롬 10:11).

우리가 아직 죄인이었을 때 그리스도께서 우리를 위해 죽으심으
로 하나님께서 우리에 대한 자기 사랑을 나타내셨다는 사실을 경외
함으로 바라보자(롬 5:8). 그분의 죽으심 때문에 우리가 살 수 있단다!

1) 십자가형이란 무엇입니까?
　　── 로마 사람들이 사용하던 매우 잔혹한 형벌로, 사람의 손과
발을 나무 십자가에 못 박아 공중에 매다는 것이었습니다. 죽음
은 매우 느리고 고통스럽게 찾아왔고, 보통 숨쉬기가 점점 어려
워져 질식으로 죽었습니다.
2) 사람들이 예수님을 대했던 모습을 통해 우리는 무엇을 알 수 있
습니까?
　　── 사람은 하나님을 대적하는 존재라는 것을 알 수 있습니다.
그들은 하나님의 아들을 미워했습니다. 하나님께서 새 마음을
주시지 않으면 우리도 그분을 미워하게 됩니다. 또한 사람은 서

로에게도 매우 잔인해질 수 있습니다.

3) 예수님의 매 맞으심과 십자가 죽음은 그분의 사랑을 어떻게 보여 줍니까?

— 사랑은 다른 사람의 유익을 위해 자신을 내어 주게 합니다. 예수님은 저주를 받아 마땅한 사람들의 영원한 복을 위해 죽으셔서 지극히 큰 사랑을 나타내셨습니다. 우리가 예수님의 사랑을 의심하게 될 때마다 십자가 이야기를 읽고 묵상해야 합니다. 이것이 예수님이 우리를 구원하시기 위해 모든 것을 내어 주고 가장 끔찍한 고통까지 감당하셨다는 것을 보여 주기 때문입니다.

기도 

십자가에 달리신 그리스도를 통해 그리스도의 사랑의 깊이를 깨닫게 해주시기를 기도한다.

복습 

1) 예수님은 어디로 끌려가 십자가에 못 박히셨습니까?

— 골고다, 곧 해골의 곳입니다. 그곳은 거룩한 성 밖에 있는 언덕이었습니다.

2) 예수님은 왜 그렇게 끔찍한 고난을 당하셨습니까?

— 아버지의 뜻에 따라 우리의 죄 값을 치르기 위해서였습니다. 예수님은 사랑으로 자원해서 이 고난을 받으셨습니다.

본문 읽기

마가복음 15:33-39

1) 제육시부터 제구시까지 온 땅에 무엇이 임했습니까?

— 어둠이 임했습니다. 이것은 저주와 하나님의 심판, 곧 인간의 죄에 대한 심판의 표지였습니다.

2) 예수님은 큰 소리로 무엇이라고 외치셨습니까?

— 시편 22편 1절의 말씀을 외치셨습니다. 이 말씀은 예수님께서 하나님께 버림받을 것을 미리 보여 주었습니다. 이 외침은 곁에 있던 사람들이 그 시편의 내용을 떠올리게 해서, 예수님이

그 시편에서 예언된 메시아이심을 깨닫게 했습니다.

3) 예수님이 죽으실 때 성전 휘장은 어떻게 되었습니까?

—— 위에서 아래까지 둘로 찢어졌습니다.

해설 

주 예수님은 제삼시부터 제구시까지 십자가에 달려 계셨어. 붙잡히고, 고발당하고, 채찍질을 당하고, 조롱을 받으신 뒤 여섯 시간 동안 극심한 고통을 겪으셨어. 우리 주님처럼 고난을 당한 사람은 아무도 없었어. 그러나 가장 큰 고통은 채찍이나 못이 아니라 하나님의 진노를 담당하신 것이었어.

우리는 하나님의 율법을 어겨 저주를 불러왔어. 그러나 십자가에서 예수님께서는 우리를 대신해서 저주가 되셨단다(갈 3:13). 그분의 백성의 죄가 그분 위에 놓였어. 전능하신 하나님의 말할 수 없이 큰 진노가 예수님을 벌레처럼 짓눌렀어(시 22:6). 예수님은 우리의 악함 때문에 상처를 입으셨어(사 53:5). 사람으로서 우리 주님은 아버지께 버림받아 하나님의 모든 진노와 거룩한 저주를 홀로 담당하셨지. 그분의 죽으심은 우리의 용서를 위한 속죄가 되었어. 그분이 버림받으셨기에 우리는 그분 안에서 받아들여지게 된 거야(엡 1:6).

예수님께서 숨을 거두셨을 때 예루살렘 성전의 휘장이 위에서 아래까지 둘로 찢어졌어. 하나님께서는 지성소, 곧 자신이 임재하시는 곳에 사람들이 들어오지 못하도록 두꺼운 휘장을 두셨어. 오직 대제사장만이 일 년에 한 번 들어갈 수 있었고, 피 없이는 들어갈 수 없었어. 그러나 휘장이 찢어진 것은 예수님의 피로 하나님과 죄인 사이에 화평이 이루어졌음을 보여 주는 거야. 이제 죄인들도 거룩하신 하나님께 나아가도 죽임을 당하지 않게 되었어(롬 5:11). 죄가 우리를 하나님에게서 갈라놓았지만, 이제 예수님의 죽으심으로 우리는 은혜의 보좌 앞에 담대히 나아갈 수 있어(히 4:16). 참으로 놀라운 특권이야.

한 백부장은 예수님이 죽으시는 모습을 보고 그분이 참으로 하나님의 아들이심을 고백했어. 우리도 예수님이 하나님의 아들이시며 우리를 대신해서 하나님의 공의를 만족시키기 위해 십자가에 못 박히셨음을 고백하면 하나님과 화평을 누리며 하나님의 임재 가운데 살게 돼.

1) 찢어진 성전 휘장은 예수님의 죽음이 우리가 하나님과 화목하게 했음을 어떻게 보증합니까?

── 아무 사람도 휘장을 찢지 않았습니다. 이 일은 하나님께서 직접 행하신 기적으로, 예수님의 희생이 죗값을 완전히 치러 죄인들이 거룩하신 하나님께 가까이 나아갈 수 있게 되었음을 보여 주시는 일입니다.

  약속의 성취

2) 예수님의 죽음만으로 우리가 구원을 얻기에 충분합니까, 아니면 거기 우리의 행위를 더해야 합니까?

—— 예수님의 죽음은 우리의 죗값을 완전히 만족시킵니다. 그래서 주님은 죽으시기 직전에 "다 이루었다"라고 말씀하셨습니다(요 19:30).

3) 예수님의 피로 사신 용서를 받기 위해 우리는 무엇을 해야 합니까?

—— 예수님을 믿고 그분이 하나님의 아들이심을 고백해야 합니다. 오직 믿음으로 하나님과 화평을 누릴 수 있습니다(롬 5:1).

기도 

예수님의 고난을 묵상하며 참된 믿음으로 그분이 하나님의 아들이심을 고백하게 해주시기를 기도한다.

복습 

1) 예수님은 왜 하나님께서 자신을 버리셨다고 외치셨습니까?

—— 이것은 시편 22편을 인용하신 것입니다. 예수님은 우리의 죄 때문에 하나님의 저주와 진노를 친히 담당하셨고, 의로운 심판을 대신 받고 아버지께 버림받으셨습니다.

2) 성전 휘장이 왜 찢어졌습니까?

—— 예수님의 죽음이 죄인들을 거룩하신 하나님과 화목하게 하였음을 보여 주기 위해서였습니다.

본문 읽기 

마가복음 15:42-47

1) 예수님의 시신을 장사하기 위해 허락을 구한 사람은 누구입니까?

—— 아리마대 사람 요셉입니다. 그는 부자였고, 예수님의 시신을 달라고 요청함으로 박해를 받을 위험을 감수했습니다.

2) 아리마대 사람 요셉이 예수님의 시신을 가져가기를 요청한 날은 무슨 날이었습니까?

── 준비일, 곧 안식일 전날이었습니다.

3) 요셉은 예수님의 시신을 어디에 두었습니까?

── 바위를 깎아 만든 무덤에 두었습니다. 그리고 무덤 문에 큰 돌을 굴려 막았습니다.

해설

주 예수께서 참으로 완전한 죽음을 경험하셨어. 기독교에서 이 진리보다 더 중요한 것은 없어. 예수님께서 죽으셨기 때문에 죄에 대한 만족이 이루어진 거야. 사도 바울은 예수 그리스도와 그가 십자가에 못 박히신 것 외에는 아무것도 알지 않기로 작정했다고 말했어(고전 2:2). 이는 그리스도의 죽음이 없이는 죄인에게 구원이 없기 때문이야.

예수님의 죽음에는 많은 증인이 있었어. 처형을 감독하던 로마 백부장은 자신의 눈으로 그분이 죽으신 것을 보았다고 증언했어. 갈릴리에서부터 예루살렘까지 예수님을 따르던 여자들도 그분의 죽음을 보았어. 예수님의 어머니 마리아와 사도 요한도 목격자였어(요 19:26-27). 또 예수님의 축 늘어진 몸을 직접 가져다가 무덤에 둔 아리마대 사람 요셉도 있었어.

로마 군인들이 예수님께서 이미 죽으신 것을 보고 다른 십자가형을 당한 자들처럼 그분의 다리를 꺾지 않았어. 대신 창으로 옆구리를 찔렀고, 피와 물이 흘러나왔어. 이것은 그분이 확실하고도 고통스러운 죽음을 당하셨음을 보여 줘(요 19:31-34).

어떤 불신자들은 예수님이 실제로 죽지 않고 기절했다가 깨어났다고 주장해. 그러나 그것은 사실과 맞지 않아. 로마 백부장은 죽음을 잘 아는 사람이었고 많은 처형을 감독했어. 그는 예수님이 참으로 죽으셨음을 확신했어. 성경도 예수님께서 죄인들을 대신해서 죽으시고 무덤에 내려가셨다고 증언한단다(고전 15:3-4).

1) 예수님께서 고난을 받으셨을 뿐 아니라 실제로 죽으셔야 했던 이유는 무엇입니까?

— 죄의 삯은 사망입니다(롬 6:23). 첫 사람 아담의 죄로 죽음이 인류에게 들어왔기 때문에, 둘째 아담이신 예수 그리스도께서 죽으심으로 저주의 결과를 되돌리고 우리를 죽음에서 구속하셔야 했습니다(롬 5:17).

2) 히브리서 2:14-15을 읽어 봅시다. 예수님의 죽음은 무엇을 이루었습니까?

— 마귀의 세력을 멸하시고 믿는 자들을 죽음의 두려움과 종노릇 하는 데에서 해방하셨습니다. 우리가 예수님을 믿는다면 죽음을 두려워할 필요가 없습니다. 참된 신자에게 죽음은 끝이 아니라 하늘 영광으로 들어가는 문입니다.

3) 아리마대 사람 요셉의 용기에서 무엇을 배울 수 있습니까?

── 그는 예수님이 죽으신 후에도 그분과 자신을 동일시함으로 참된 믿음을 나타냈습니다. 많은 사람이 예수님이 살아 계실 때 따랐지만, 요셉은 그분이 죽으신 모습을 보고도 여전히 믿었습니다. 그의 믿음은 성경에서 칭찬을 받는 믿음입니다.

기도 

우리 가족이 그리스도의 죽으심이 자신의 생명이 된다는 것을 지금, 그리고 영원히 붙들게 해주시기를 기도한다.

복습 

1) 예수님의 시신을 장사하기 위해 빌라도에게 허락을 구한 사람은 누구입니까?

　— 아리마대 사람 요셉입니다. 그는 하나님의 나라를 기다리던 참된 믿는 사람이었습니다.

2) 예수님은 왜 죽으셔야 했습니까?

　— 우리의 죗값을 치르고, 죽음과 마귀를 이기고, 믿는 자들에게 영원한 생명을 보증하시기 위해서였습니다.

본문 읽기

마가복음 16:1-8

1) 세 여인은 언제 예수님의 무덤을 찾아갔습니까?

　— 한 주의 첫날, 곧 주일 이른 아침에 갔습니다.

2) 여인들이 무덤에 이르렀을 때 무엇을 보았습니까?

　— 돌이 굴려 옮겨져 있었습니다. 그리고 천사가 나타나 예수님께서 죽은 자 가운데서 살아나셨다고 전해 주었습니다.

3) 여인들은 어떻게 반응했습니까?

—— 두려움과 떨림으로 무덤에서 도망했습니다. 처음에는 너무 놀라고 무서워서 아무에게도 말하지 못했습니다. 이것은 그들이 예수님의 부활을 전혀 예상하지 않았음을 보여 줍니다.

해설

핵심 내용 : 예수 그리스도께서 죽은 자 가운데서 다시 살아나셨다.

주 예수 그리스도는 버림받고, 배신당하고, 거짓 고발을 당하고, 채찍질을 받고, 십자가에 못 박히셨어. 옆구리는 창에 찔렸고, 많은 증인들이 그분이 죽으셨다고 말했어. 하나님의 백성은 아직 이 일들의 의미를 온전히 이해하지 못했어. 메시아가 죽었다면 이스라엘의 소망은 어떻게 되는 걸까? 선지자들이 말한 하나님의 나라는 어떻게 되는 걸까?

막달라 마리아와 야고보의 어머니 마리아와 살로메의 믿음은 흔들렸지만 완전히 무너지지는 않았어. 그들은 안식일이 지난 뒤 매우 일찍 일어나 예수님의 시신에 향품을 바르기 위해 무덤으로 갔어. 그러나 주일 아침 무덤에 도착했을 때, 무덤을 막는 돌이 굴려 옮겨져 있고 시신이 없는 것을 보고 큰 충격을 받았어.

더 놀라운 일은 천사가 예수님이 살아나셨다고 전한 것이었어. 예수님은 갈릴리에서 제자들에게 자신을 나타내실 거야. 제자들은 그분을 눈으로 보고, 손으로 만지고, 함께 떡과 물고기를 먹게 될 거야(눅 24:36-43; 요 21:10-14). 예수님은 죽으실 때의 바로 그 몸으로 다시 살아나셨고, 다시는 죽지 않으셔.

예수님의 부활은 그분이 하신 모든 말씀이 참되다는 것을 증명하는 거야(마 12:39-40). 또한 그분이 능력으로 하나님의 아들이심이 선포되었음을 보여 줘(롬 1:4). 그리고 그분의 희생이 죄에 대한 완전하고 영원한 속죄를 이루었음을 증명해. 예수님은 우리의 죄 때문에 죽으셨고 우리를 의롭다 하시기 위해 살아나셨어(롬 4:25). 빈 무덤은 새 창조의 시작이야. 그분 안에서 새 창조가 시작되었어. 그분을 믿는 자들은 죄에 대해서 죽고 그분과 함께 새 생명 가운데 살아나지(롬 6:4). 누구든지 그리스도 안에 있으면 새로운 피조물이란다 (고후 5:17).

1) 그리스도의 부활은 기독교 신앙에 반드시 필요한 진리입니까?

— 네. 그리스도께서 살아나지 않으셨다면 우리는 여전히 죄 가운데 있을 것입니다(고전 15:17).

2) 신명기 19:15은 증인에 대해 무엇이라고 말합니까?

— 어떤 일이 확증되려면 두세 증인이 필요합니다. 이 본문에는 빈 무덤의 증인이 세 명 있었습니다. 이후에는 훨씬 더 많은 사람들이 부활하신 예수님을 보았습니다(고전 15:4-8).

3) 예수님은 무슨 요일에 죽은 자 가운데서 살아나셨습니까?

— 한 주의 첫날, 곧 주일입니다. 교회는 매 주일 모여 예배드리며 그리스도의 부활을 기념합니다. 주일은 부활로 예수님이

하나님의 새 창조의 주인이심이 드러났기 때문에 "주의 날"(계 1:10)이라고 불립니다.

기도 

우리 가족 모두가 새로 거듭남 안에서 그리스도의 부활의 능력을 알게 해주시기를 기도한다.

복습 

1) 예수님은 무슨 요일에 죽은 자 가운데서 살아나셨습니까?

— 주일, 곧 주님의 날입니다.

2) 예수님이 살아나셨다는 소식을 여인들에게 전해 준 이는 누구입니까?

— 하늘에서 온 천사입니다.

본문 읽기 

누가복음 24:13-27

1) 예수님은 엠마오로 가는 길에서 누구를 만나셨습니까?

— 자신의 십자가와 빈 무덤에 대해 이야기하고 있던 제자 두 사람을 만나셨습니다.

2) 예수님이 살아나셨다는 소식을 들었지만 그들은 믿었습니까?

— 아닙니다. 예수님께서 사흘 만에 살아나실 것이라고 분명히 가르쳐 주셨는데도(눅 9:22; 18:33), 그런 일이 가능하다는 것을 의심했습니다.

3) 예수님은 그들의 의심에 어떻게 응답하셨습니까?

약속의 성취

── 그들을 책망하시며, 자신의 죽음과 부활이 구약 성경 전체
에 나타나 있음을 보여 주셨습니다.

해설

누군가 "성경은 무엇에 관한 책이야?" 하고 묻는다면, 우리는 하나
님이나 구원이나 율법에 관한 책이라고 대답할 수 있어. 그런 대답
도 틀린 것은 아니야. 우리는 성경을 통해 하나님이 누구신지, 우리
를 죄에서 어떻게 구원하시는지, 또 우리가 어떻게 살아야 하는지
를 알게 되기 때문이야. 그러나 가장 좋은 대답은 "예수님"이야. 하
나님과, 하나님의 구원과 율법을 참으로 알게 되는 길은 오직 예수
님을 통해서만 가능하기 때문이야.

예수님께서 부활하신 바로 그날, 예루살렘 밖 작은 마을로 가던
두 제자를 만나셨어. 그들은 예수님이 죽으신 일 때문에 슬퍼했고,
빈 무덤 소식 때문에 마음이 혼란스러웠어. 누군가가 예수님의 시
신을 훔쳐 간 것은 아닐까 생각했지. 부활하신 예수님은 이 슬퍼하
는 제자들에게 가까이 다가가셔서, 모세와 모든 선지자를 통해 자
신을 가리켜 말한 구약 성경을 자세히 풀어 설명해 주셨단다.

많은 사람은 구약 성경을 여러 이야기와 시편과 잠언과 예언이
뒤섞인 책으로 생각해. 그러나 이 서른아홉 권의 영감된 책에는 아

무런 우연도 없어. 한 목소리로 죄를 위해 죽으실 하나님의 메시아를 증언하며, 그분이 뱀의 머리를 깨뜨리고 저주를 무너뜨리실 것을 말해(창 3:15; 사 52:14-53:12). 그러므로 유대인들은 예수님의 죽음에 놀랄 이유도, 그분의 부활을 의심할 이유도 없었어. 하나님께서 예수님이 죄와 죽음을 이기고 영원히 하늘 보좌에서 다스리실 것이라고 이미 말씀하셨기 때문이야(시 16:10-11; 사 52:13). 십자가와 빈 무덤은 하나님이 오래전부터 약속하신 일을 이루신 것이었단다.

이 슬픈 제자들은 성경을 설명해 주시는 분이 바로 주님이신 줄 알지 못했어. 그들의 눈이 가려져 있었기 때문이야. 그러나 성령의 은혜로 그들은 예수님과 그분의 죽음과 부활이 구약 성경의 중심 메시지라는 것을 깨닫기 시작했고, 슬픔에 잠긴 불신앙은 기쁨의 믿음으로 바뀌었단다.

1) 성경 전체가 말하는 것은 무엇입니까?

— 거룩하신 하나님께서 십자가에 못 박히고 부활한 자신의 아들을 통해 죄인들을 구원하시고, 그들이 영원히 하나님과 함께 살며 섬기게 하시는 이야기입니다.

2) 요한복음 5:39-40을 읽어 봅시다. 구약이 모두 예수님에 대해 말한다면, 왜 많은 유대인이 예수님을 거절했습니까?

— 그들은 영적인 눈이 멀어 있었고 불신앙 가운데서 생명과 구원을 얻기 위해 예수님께 나아오기를 거부했기 때문입니다. 우리는 그들과 같아지지 않도록 조심해야 합니다.

 약속의 성취

3) 엠마오로 가는 길에서 하신 예수님의 말씀은 우리가 성경의 이 야기와 시편과 예언을 어떻게 읽어야 함을 가르쳐 줍니까?

—— 성경의 모든 부분이 예수님을 가리킨다는 것을 가르쳐 줍 니다. 우리는 구약 각각의 이야기와 시편과 예언이 어떻게 십자 가에 달리고 부활하신 구주를 보여 주는지 이해하려고 힘써야 합니다. 성경을 읽는데 예수님을 보지 못한다면 바르게 읽은 것 이 아닙니다.

기도 

우리 자녀들의 눈이 열려 성경의 모든 페이지에서 예수님을 보게 해주시기를 기도한다.

복습 

1) 예수님은 엠마오로 가는 길에서 누구를 만나셨습니까?

— 슬퍼하며 의심하던 제자 두 사람을 만나셨습니다.

2) 예수님은 그들의 믿음을 어떻게 격려하셨습니까?

— 구약 성경을 가르쳐 주서서, 성경이 자신의 죽음과 부활을 미리 말하고 있음을 보여 주셨습니다.

본문 읽기 

요한복음 20:19-29

1) 살아나신 예수님은 무슨 요일에 제자들에게 나타나셨습니까?

— 한 주의 첫날인 주일입니다. 곧 예수님이 죽은 자 가운데서 살아나신 날입니다.

2) 예수님은 제자들에게 숨을 내쉬며 누구를 받으라고 하셨습니까?

— 성령을 받으라고 하셨습니다.

3) 도마는 제자들에게 예수님이 나타나셨다는 말을 듣고 어떻게 반응했습니까?

— 자기가 직접 보고 만져 보지 않으면 믿지 않겠다고 하며 의

심했습니다.

핵심 내용 : 예수님은 제자들에게 실제로 만질 수 있는 몸을 지닌 사람으로 나타나셔서 자신이 참으로 부활하셨음을 보여 주셨다.

가장 강한 믿음을 가진 신자라도 때로는 의심과 싸울 수 있어. 하나님이 우리의 기도에 응답하지 않으시는 것처럼 보이거나 삶이 어려움으로 가득할 때, 하나님이 어디 계신지, 정말 우리를 돌보시는지 흔들릴 수 있어. 예수님의 가장 가까운 제자들도 주님이 십자가에 못 박히신 후 두려움과 의심에 빠졌어. 정죄 받아 십자가에 달린 범죄자가 어떻게 세상의 구주일 수 있을까? 하나님의 왕이 죽었는데 하나님의 나라가 어떻게 올 수 있을까?

제자들은 두 가지 중요한 진리를 이해하지 못했어. 첫째, 죄인인 우리가 마땅히 받아야 할 형벌 때문에 그리스도는 반드시 죽으셔야 했어. 그분은 불의한 자기 백성을 대신해서 형벌을 받으셨어. 둘째, 그리스도는 의로우시기 때문에 죽음에 머물러 계실 수 없었어. 그분은 살아나셔야 했어.

부활하신 날, 예수님이 두려움과 의심에 빠진 제자들에게 나타나셨어. 그 일은 너무도 충격적이어서 그들은 유령을 보는 줄로 생각했어(눅 24:37). 그러나 예수님은 못 자국 난 손과 창에 찔린 옆구리를 보여 주셨어. 예수님은 자신이 정말 죽음을 이기셨다는 것을 증명하셔서 그들의 슬픔을 기쁨으로 바꾸셨어. 그러나 도마는 그 소식을 듣고도 믿을 수 없었어. 그래서 다음 주일에 예수님은 은혜롭게 다시 나타나셔서, 의심하던 도마가 자신의 손과 옆구리를 만져 보도록 허락하셨어. 도마는 보고 듣고 만지며 부활하신 그리스도의 참된 인성을 확인했고, 결국 예수님을 경배할 수밖에 없었어. 하나님 자신이 아니고서야 누가 죄의 무한한 빚을 갚고 그것을 이기고 살아날 수 있겠니?

이것이 우리가 매주 첫날에 모이는 이유란다. 우리는 주일마다 말씀과 성령으로 우리 가운데 임하시는 그리스도를 기대하며 모여. 그분은 우리의 의심을 몰아내고 믿음을 굳게 하셔서 우리가 세상 속에서 신실하게 그분을 섬기도록 하시지. 사도들과 달리 우리는 육신의 눈으로 부활하신 예수님을 보지는 못해(벧전 1:8). 그러나 예수님께서는 보지 못하고도 믿는 자가 복이 있다고 말씀하셨단다.

1) 제자들이 두려움과 의심으로 가득했던 이유는 무엇입니까?

— 유대인들이 예수님을 죽였다면 제자들도 죽이려 할 것이라고 두려워했습니다. 또한 예수님의 죽음은 자신이 세상의 구주요 왕이라고 하신 말씀에 의문을 갖게 했기 때문입니다.

2) 제자들에게 나타난 것은 죽은 예수님의 영이나 유령이었습니까?

— 아닙니다. 예수님은 실제 몸으로 나타나셔서 그들이 보고 만질 수 있게 하셨습니다.

　약속의 성취

3) 오늘날에도 그리스도는 우리에게 육체로 나타나십니까?

— 아닙니다. 그리스도는 부활하신 몸으로 하늘에서 다스리고 계십니다. 그러나 매 주일 말씀의 선포를 통해 자신을 우리에게 나타내시며, 보지 못해도 믿도록 부르십니다. 주님의 날마다 하나님의 백성은 그리스도께서 살아나셨음을 기억하며 의심과 두려움에서 벗어나게 됩니다.

기도 

우리 가족 모두가 눈에 보이는 것이 아니라 부활하신 그리스도를 믿는 믿음으로 살게 해주시기를 기도한다.

복습 

1) 예수님은 사도들에게 자신의 부활을 어떻게 증명하셨습니까?

　　── 한 주의 첫날에 실제 살과 뼈를 지닌 몸으로 그들에게 나타나셨습니다.

2) 그들은 어떻게 반응했습니까?

　　── 기쁨으로 예수님께 경배했습니다.

본문 읽기 

마태복음 28:16-20

1) 제자들은 산에서 예수님을 보고 무엇을 했습니까?

　　── 경배했습니다. 그러나 어떤 이들은 의심하기도 했습니다. 예수님이 그들의 경배를 받으신 것은 그분이 하나님이시라는 것을 보여 줍니다.

2) 예수님은 제자들에게 무엇을 명령하셨습니까?

　　── 복음을 전파하고, 세례를 베풀고, 모든 민족을 제자로 삼아 그들이 주님의 모든 명령을 지키도록 가르치라고 하셨습니다.

3) 제자들이 세상으로 나아갈 때 예수님은 어떤 약속을 주셨습

니까?

— 세상 끝날까지 항상 그들과 함께 계시겠다고 하셨습니다. 하늘에서 보내신 성령으로 그분의 임재가 그 백성과 함께합니다.

해설

이 세상에는 많은 권위가 있어. 가정에서는 부모에게 권위가 있고, 학교에서는 교사에게 권위가 있으며, 사회에서는 정부가 권위를 가져. 그러나 이런 모든 권위는 각 영역 안에서만 제한적으로 주어져 있어. 오직 주 예수 그리스도만이 하늘과 땅의 모든 권위를 가지셨어.

예수님은 하늘로 올라가시기 전에 교회에 자신의 권위를 맡기셔서, 온 세상에 나아가 그분 안에 있는 구원의 기쁜 소식을 전하게 하셨어. 그래서 더 많은 사람이 그분의 제자, 곧 참되게 따르는 자가 되게 하셨어. 그러나 예수님은 단지 복음을 전하는 것만 명령하신 것이 아니야. 이 구원의 메시지를 믿는 사람들은 세례를 통해 교회 안으로 들어와야 하고, 하나님의 말씀의 가르침과 선포 아래에서, 그리고 다른 신자들과의 교제 속에서 계속 자라 가야 해. 1세기부터 지금까지 교회는 우리 대륙을 포함한 전 세계 모든 대륙에서 제자를 삼으며 이 사명을 이루어 왔어.

그러나 아직 해야 할 일은 매우 많고, 예수님에 대해 한 번도 들어 보지 못한 사람들도 여전히 많아. 사람의 힘만으로는 그리스도의 백성은 반드시 실패할 거야. 우리는 약하고 자주 두려워하기 때문이야. 하지만 예수님은 이 사명이 완성될 때까지 교회와 함께하시겠다고 약속하셨어. 그날이 오면 주님은 하늘에서 다시 오셔서 사방에서 자기 백성을 모으시고, 죽음이 더 이상 없는 새 땅에서 그들과 함께 영원히 다스리실 거야(마 24:14; 막 13:27).

1) 교회는 어떻게 모든 민족 가운데서 제자를 삼아야 합니까?

   ── 복음을 전파하고, 세례를 베풀며, 하나님이 성경에서 주신 모든 말씀을 가르쳐야 합니다. 제자는 스스로 만들어지는 것이 아니라 교회 안에서 만들어 집니다.

2) 우리는 어떻게 제자를 삼을 준비를 할 수 있습니까?

   ── 먼저 우리 자신이 참된 예수님의 제자인지 확인해야 합니다. 그리고 기독교 신앙의 가르침을 공부해서 그것을 바르게 이해하고, 다른 사람에게 전할 기회를 달라고 기도해야 합니다. 불신자들이 기독교에 반대하기 위해 하는 말들을 살펴보는 것도 도움이 됩니다(벧전 3:15).

3) 불신자에게 복음을 전하는 것이 두려우면 어떻게 해야 합니까?

   ── 그리스도인도 두려워할 수 있습니다. 그럴 때에는 항상 함께하시겠다는 예수님의 약속을 기억하고, 그분의 능력 있는 말씀을 의지하며, 두려움을 이길 용기를 달라고 기도해야 합니다.

약속의 성취

기도

성령께서 우리에게 담대함을 주셔서 불신자들에게 예수 그리스도의 복된 소식을 알리게 해주시기를 기도한다.

2부
교회 안에서 성취하심

사도행전

복습 

1) 그리스도의 사도들은 어떻게 민족들 가운데 제자를 삼았습니까?

　　— 세례를 베풀고 그리스도의 말씀을 가르쳤습니다.

2) 그리스도께서는 제자를 삼으러 나아가는 사도들에게 무엇을 약속하셨습니까?

　　— 언제나 모든 곳에서 그들과 함께하겠다고 약속하셨습니다.

본문 읽기 

사도행전 1:1-11

1) 사도행전은 누가 누구에게 쓴 책입니까?

　　— 누가가 자신의 복음서를 썼을 때와 같이 데오빌로에게 썼습니다(눅 1:3). 사도행전은 예수님에 대해 말해 주는 누가의 두 번째 책입니다.

2) 부활하신 후 예수님은 제자들에게 무엇을 가르치셨습니까?

　　— 하나님의 나라와 성령의 오심에 대해 가르치셨습니다.

3) 제자들과 사십 일을 함께하신 뒤 예수님은 어디로 가셨습니까?

　　— 만왕의 왕으로서 하나님의 하늘 보좌에 앉으시기 위해 하

늘로 올라가셨습니다.

핵심 내용 : 그리스도는 교회를 통해 땅끝까지 자기 나라를 확장하고 계신다.

아버지가 아침에 일하러 나가기 전 딸의 이마에 입 맞추며 "사랑한다"라고 말하고, 밤에 잠자리에 들게 하면서 다시 "사랑한다"라고 말한다면, 그 딸은 하루의 처음과 끝에서 사랑을 확인받으며 그 사이의 모든 시간을 살아가게 돼. 누가는 자신의 책을 하나님 나라의 이야기로 시작하고 하나님 나라의 이야기로 마치면서, 그 사이의 모든 내용이 그리스도의 나라의 역사라는 것을 알 수 있게 해(행 1:3, 6; 28:23, 31). 그는 우리에게 그리스도께서 왕이심을 알게 하려는 거야.

그러나 어떤 땅을 일정 기간만 다스리는 세상의 왕들과 달리, 예수님은 자신의 삶과 죽음과 부활을 통해 만물을 영원히 다스리는 왕이 되셨단다. 그래서 예수님은 땅에 머무르지 않고 하늘로 올라가신 거야. 이것을 예수님의 승천이라고 불러. 승천은 위로 올라가신다는 뜻이야. 예수님이 하늘에 올라가신 이유는 만물 위에 계신 왕으로서 하나님의 보좌에 앉으시기 위해서야.

하늘 보좌에 앉으신 예수님은 자기 백성에게 성령을 부어 주겠다고 약속하셨지. 그래서 교회는 예루살렘에서 기다려야 했어. 그들은 이것을 기다리고 있었어. 예수님이 비록 육체로는 함께 계시지 않지만, 성령으로 계속 자기 백성과 함께하시기 때문이야. 성령을 통해 그리스도는 자기 백성을 강하게 하셔서 온 세상에 그분이 누구시며 무엇을 이루셨는지 전하게 하신단다. 교회가 성령의 능력으로 그리스도의 말씀을 전할 때, 그리스도의 나라는 점점 자라고 퍼져 나가지. 사도행전은 바로 이 이야기를 보여 줘. 예루살렘에서 시작해서(1-7장), 사마리아를 지나(8-12장), 알려진 세상 끝까지 이르게 돼(13-28장). 예수님께서는 다시 세상에 오실 때까지, 성령으로 충만한 교회를 통해 계속 자기 나라를 확장하실 거야.

1) 누가는 왜 책의 서론과 결론에서 하나님의 나라를 두 번씩 언급합니까?

— 사도행전은 그리스도의 나라의 역사이기 때문입니다. 예수님이 구원의 통치를 온 세상에 펼치시는 이야기입니다.

2) 예수님이 하늘에 계시다면, 어떻게 땅에서 자기 나라를 확장하고 계십니까?

— 성령을 통해 계속 일하고 계십니다. 성령으로 그리스도는 자기 백성과 함께하시며 그들이 세상에 예수님을 전하도록 힘을 주십니다. 또 성령으로 죄인들이 믿음과 회개로 복음에 응답하게 하십니다.

3) 왕이신 예수님은 다시 이 땅에 오십니까?

— 네, 언제인지는 알 수 없지만 반드시 다시 오시겠다고 약속하셨습니다. 우리는 지금 그분을 왕으로 받아들이고 그분의 통

 약속의 성취

치 아래 살아가며 그날을 준비해야 합니다. 또 다른 사람들도 그렇게 하도록 예수님을 전해야 합니다.

기도 

우리 지역 교회가 성령으로 강건해져서 복음을 통해 그리스도의 나라를 확장시킬 수 있게 해주시기를 기도한다.

복습 

1) 사도행전은 무엇에 대한 책입니까?

── 예수님께서 교회를 통해 이 땅에 자신의 나라가 퍼져 나가게 하시는 이야기입니다.

2) 예수님은 하늘에 계신데 어떻게 그렇게 하실 수 있습니까?

── 예수님은 성령을 통해 계속 이 땅에서 일하고 계십니다.

본문 읽기

사도행전 1:12-16, 20-26

1) 예수님이 하늘로 올라가신 후 사도들은 어디로 갔습니까?

── 예수님께서 약속하신 대로 성령을 보내 주시기를 기다리기 위해 예루살렘 성으로 돌아갔습니다.

2) 예루살렘에서 기다리는 동안 사도들은 시간을 어떻게 보냈습니까?

── 기도했습니다. 자기 힘을 의지하지 않고 예수님께서 능력을 주시기를 기다렸습니다.

3) 사도들은 유다를 대신할 새 사도를 어떻게 세웠습니까?

 약속의 성취

── 예수님께 기도하고 제비를 뽑았습니다. 자기 지혜를 의지하지 않고 예수님께서 열두 번째 사도를 세워 주시기를 구했습니다.

해설 

핵심 내용 : 교회는 영적인 능력과 영적인 지도자를 위해 반드시 예수님을 바라보아야 한다.

사도들은 온 세상에 예수님과 그분의 나라를 전하도록 부름받았어. 그러나 예수님이 하늘로 올라가신 뒤, 사도들은 밖에 나가지 않고 안으로 들어가 기다렸어. 그것은 마치 생일에 선물을 기다리는 것과 비슷해. 부모님이 저녁을 먹기 전까지는 선물을 열지 말라고 하시면, 하루 종일 기다리면서도 계속 "지금 열어 보면 안 되나요?" 하고 묻게 되지. 사도들은 가장 큰 선물인 성령을 기다리고 있었어. 그리고 기다리는 동안 끊임없이 예수님께 그 선물을 지금 주시기를 구했어. 성령이 없이는 나라를 조금도 확장할 수 없다는 것을 알았기 때문이야. 그들이 아무리 똑똑하거나 아름답거나 부유해도 소용 없어. 죄인을 사탄의 나라에서 건져 하나님의 나라로 옮기시는 능력은 오직 예수님께만 있어. 그래서 그들은 성령의 능력 있는 임재로 채워 달라고 하나님께 부르짖으며 기다렸어. 예수님은 우리가 성령을 구하며 기도할 때 기뻐하신단다.

또한 예수님은 경건하고 지혜로운 지도자를 세워 달라고 구할 때
도 기뻐하셔. 교회가 하나님의 약속 안에서 새로운 이스라엘이 되
려면, 옛 이스라엘에 열두 지파가 있었던 것처럼 열두 기초가 되는
사도가 필요했어. 그러나 예수님이 택하신 열두 명 가운데 하나였
던 유다는 예수님의 다스림에 굴복하지 않고 예수님을 배반한 뒤
죽고 말았어. 그래서 사도들은 예수님께 기도하고 제비를 뽑았어.
오늘날 우리가 동전을 던지는 것과 비슷해. 지금 우리는 하나님의
뜻을 보여 주는 온전한 성경을 가지고 있기 때문에 제비를 뽑지는
않지만, 교회 안에서 목사와 장로로 섬길 경건하고 은사 있는 사람
들을 세워 달라고 예수님께 구해야 해.

교회가 영적인 능력과 영적인 지도자를 위해 예수님을 바라볼
때, 하나님의 나라가 전진한단다. 예수님은 자신을 바라보는 연약한
백성의 기도에 기꺼이 응답하기를 기뻐하시지. 교회는 하늘의 왕을
바라보는 만큼 살아나고 자라나게 되는 거야.

1) 예수님이 하늘로 올라가신 뒤 사도들은 왜 밖에 나가 전하지 않
고 안에서 기다렸습니까?

— 약속하신 대로 예수님께서 성령을 부어 주시기를 기도하기
위해서였습니다. 예수님의 나라는 성령의 능력 안에서 이루어
지는 설교를 통해서만 확장됩니다.

2) 이때 사도들은 또 무엇을 위해 기도했습니까?

— 교회를 이끌 올바른 사람을 사도로 세울 수 있도록 예수님

　　　　　　　　　　　　　　　　약속의 성취

께서 인도해 주시기를 기도했습니다. 사도들은 부활하신 예수님을 직접 보았고 성령의 감동으로 그분의 말씀을 전한 특별한 설교자들이었습니다.

3) 이 이야기를 통해 우리는 기도에 대해 무엇을 배웁니까?

— 모든 것을 위해, 특별히 성령의 임재와 성령으로 충만해서 우리에게 성경을 전할 사람들을 받기 위해 예수님을 바라보아야 한다는 것입니다.

기도 

예수님께서 우리 지역 교회를 성령으로 충만하게 하시고, 말씀을 전하고 가르칠 성령 충만한 지도자들을 더 많이 일으켜 주시기를 기도한다.

복습 

1) 예수님이 승천하신 뒤 사도들은 어디로 갔습니까?

— 다락방 안으로 들어갔습니다.

2) 그들이 안으로 들어간 이유는 무엇이었습니까?

— 성령의 부어 주심과 새로운 영적 지도자를 위해 기도하기 위해서였습니다.

본문 읽기

사도행전 2:1-11

1) 그리스도께서 성령을 부어 주셨을 때 사도들은 무엇을 듣고 보았습니까?

— 회오리바람 같은 강한 바람 소리를 들었고, 머리 위에 혀 모양의 불을 보았습니다.

2) 성령으로 충만해졌을 때 사도들은 어떻게 말했습니까?

— 배운 적 없는 여러 언어로 말했습니다. 어떤 사람들은 이것을 하늘의 언어라고 생각하지만, 실제로는 예루살렘에 있던 외국인들이 알아들을 수 있는 사람의 언어였습니다.

3) 사도들은 이 새로운 언어들로 무엇을 말했습니까?

　── 하나님께서 그들의 왕이신 예수 그리스도 안에서 행하신 큰 일들을 전했습니다.

해설

그날은 오순절이었어. 오순절은 유대인들이 해마다 예루살렘에 모여 지키던 세 절기 가운데 하나였어. 도시는 사람들로 가득했어. 오순절은 한 해의 첫 수확을 하나님께 감사로 드리는 날이었고(레 23:15-21), 유대 전통에서는 하나님께서 시내산에서 율법을 주신 날로도 여겨졌어. 시내산이 기억나니? 하나님은 불과 연기 가운데 산에 임하셨고, 모세는 산에 올라갔어. 그는 아래에서 기다리던 백성에게 내려와 돌판에 기록된 하나님의 율법을 전해 주었지. 이제 하나님이 다시 불과 바람 가운데 임하셨어. 예수님은 하늘로 올라가시며 사도들을 기다리게 하셨지만, 약속하신 대로 내려오셨어. 이번에는 돌판에 새긴 율법이 아니라 사람의 마음에 율법을 새기시는 하나님의 성령으로 오신 거야.

　놀랍게도 사도들이 밖에 나가 예수님을 전하려 입을 열었을 때, 그들이 한 번도 배운 적 없는 여러 나라 말로 말하기 시작했어. 이

것은 바벨탑에서 일어난 혼란을 하나님께서 은혜로 되돌리기 시작
하신 사건이었어(창 11:1-9). 사람들은 원래 한 언어를 사용했지만 하
나님을 높이기보다 자신을 높이기 위해 함께 모여 하늘에 닿는 탑
을 쌓으려 했어. 하나님은 그들의 언어를 혼잡하게 하셔서 서로 알
아듣지 못하게 하셨고, 결국 사람들은 흩어지고 나뉘게 되었어. 그
러나 오순절에 예수님은 바벨의 저주를 거두기 시작하셨어. 복음이
모든 언어로 들리게 하시고, 사람들이 더 이상 자신을 위해 살지 않
고 주님을 위해 살도록 새 마음을 주신 거야.

1) 예수님은 어느 날 성령을 부어 주셨습니까?

　── 온 세상에서 모인 유대인들이 예루살렘에 와 있던 오순절
날에 성령을 부어 주셨습니다.

2) 사도들이 입을 열어 예수님을 전할 때 어떤 일이 일어났습니까?

　── 사도들이 외국어로 말하게 되었습니다. 마치 갑자기 중국
어나 독일어를 말할 수 있게 된 것과 같습니다. 하나님께서 인
류를 뿔뿔이 흩어지게 하셨던 바벨탑의 저주를 되돌리기 시작
하셨습니다. 성령께서는 서로 다른 언어와 문화를 가진 사람들
을 예수님 안에서 하나로 묶으십니다(고전 12:13).

3) 우리도 사도들처럼 성령이 부어지기를 기다려야 합니까?

　── 아닙니다. 오순절은 한 번 일어난 특별한 사건입니다. 오늘
날 우리는 불과 바람과 같은 표적을 기다리지 않습니다. 그러나
그때 부어 주신 동일한 성령께서 모든 믿는 사람 안에 거하시며

　　　　　　　　　　　　　　　　　　　약속의 성취

마음을 변화시키고 예수님을 전할 힘을 주십니다.

기도 

성령께서 성경 말씀을 통해 우리 가족 모두에게 새 마음을 주시기
를 기도한다.

63

복습

1) 예수님은 언제 사도들에게 성령을 부어 주셨습니까?

— 오순절 날에 부어 주셨습니다.

2) 사도들이 성령을 받았을 때 어떤 일이 일어났습니까?

— 한 번도 배우지 않은 여러 언어로 복음을 전할 힘을 얻었습니다.

본문 읽기

사도행전 2:22-24, 33-41

1) 베드로에 따르면 예수님의 죽음은 우연한 사고였습니까?

— 아닙니다. 예수님께서 십자가에서 죽으신 것은 언제나 하나님의 계획이었습니다. 이것이 아니면 우리의 죄를 해결할 다른 길이 없습니다. 그러나 그것이 하나님의 계획이었더라도, 예루살렘의 유대인들은 여전히 예수님을 죽인 죄가 있습니다.

2) 베드로에 따르면 예수님은 죽은 채로 머물러 계셨습니까?

— 아닙니다. 하나님의 능력으로 죽은 자 가운데서 살아나셔서 하늘로 올라가셨습니다.

약속의 성취

3) 유대인들은 베드로의 메시지에 어떻게 반응했습니까?

　　—— 회개와 믿음으로 응답했고, 세례를 받아 교회에 들어오게 되었습니다.

해설

핵심 내용 : 예수님은 성령을 부어 주심으로 우리를 죄에서 회개하게 하시고 왕이신 자신을 영접하게 하신다.

예루살렘 거리에서 갑자기 여러 나라 말로 말하는 이 이상한 사람들을 보려고 큰 무리가 모였어. 많은 사람은 그 뜻을 알고 싶어 했고, 어떤 사람들은 사도들이 술에 취해 정신을 잃었다며 비웃었어. 그래서 베드로가 일어나 성령 강림 이후 최초의 기독교 설교를 전했어.

　베드로는 구약 성경 세 곳을 인용해서 하나님께서 오순절을 오래전부터 약속하셨음을 보여 주었어. 메시아는 자기 백성의 죄를 위해 죽지만 무덤에 버려지지 않고 다시 살아나 하늘에서 하나님의 오른편에 앉아 다스리실 거라는 말씀이 이미 기록되어 있었단다. 베드로는 하나님이 말씀하신 그대로 이루어졌음을 유대인들이 보게 하려 했어. 예루살렘의 유대인들은 예수님을 죽였지만, 이제 그분은 살아나 하늘 보좌에 오르셨어. 그 증거가 바로 사도들에게 부어 주신 성령이야. 오순절 사건은 우리가 죄를 회개하고 왕이신 그

리스도를 영접해서 그분의 구원을 알도록 부르는 하나님의 외침이
란다.

베드로가 그리스도를 전할 때 사람들의 마음은 찔렸어. 하나님의
말씀은 성령께서 사용하시는 날카로운 칼과 같아서 우리의 죄를 깨
닫게 해. 죄를 보는 일은 즐겁지 않지만 반드시 필요한 일이란다. 우
리가 얼마나 악한지 깨달을 때에야 비로소 그리스도의 구원이 얼마
나 필요한지 알게 되거든. 이 유대인들은 하나님의 아들을 죽이는
가장 큰 죄를 범했지만, 하나님은 그들의 손으로 이루어진 그 죽음
을 통해서도 구원의 길을 여셨어.

그러나 그들은 죄에서 돌이켜 왕이신 그리스도를 받아들여야 했
어. 회개와 믿음 없이는 아무도 구원받을 수 없어. 베드로는 또한 그
들이 세례를 통해 교회의 지체가 되라고 권했어. 참된 교회는 예수
님의 구원의 다스림 아래 사는 백성들이기 때문이야. 그리고 그곳
이 이 땅에서 하나님의 나라가 드러나는 곳이란다.

1) 베드로는 오순절이 하나님의 계획이었음을 무엇을 인용해 증
   명했습니까?
   —— 구약 성경을 세 번 인용했습니다(요엘 2장, 시편 16편, 시편 110
   편). 하나님은 하나님의 백성들이 예수님의 오심을 준비하도록
   구약 전체를 주셨습니다.

2) 베드로가 설교한 유대인들은 하나님의 왕을 죽였는데도 용서
   받을 수 있었습니까?

── 네, 그들의 죄를 범한 일도 하나님의 손 안에 있었습니다. 하나님께서는 그리스도의 죽음이 가장 큰 죄인들까지도 구원하는 길이 되게 하셨습니다. 그리스도께서 자기 백성의 죄를 지고 대신 죽으심으로 그들이 용서받고 살 수 있게 된 것입니다.

3) 우리 같은 죄인들은 어떻게 구원을 얻을 수 있습니까?

── 죄를 회개하고 예수님을 우리의 왕으로 영접해서 예수님 나라의 백성이 되어야 합니다. 이 땅에서는 그 나라가 교회 안에서 나타납니다.

기도 

성령께서 우리 목회자들에게 담대히 그리스도를 전할 능력을 주셔서 그리스도의 나라가 널리 퍼지게 하시기를 기도한다.

복습

1) 오순절은 우리에게 무엇을 하라고 부릅니까?

— 구원을 얻기 위해 예수님을 우리의 왕으로 영접하라고 부릅니다.

2) 그렇게 하려면 왜 회개해야 합니까?

— 우리가 예수님을 바라보기 위해서는 반드시 우리 죄에서 돌이켜야 하기 때문입니다.

본문 읽기

사도행전 2:42-47

1) 예루살렘 교회는 누구의 가르침에 마음을 기울였습니까?

— 사도들의 가르침입니다. 이 사람들은 하나님의 감동으로 된 말씀을 전하도록 특별한 사명을 받은 사람들이었습니다.

2) 예루살렘 교회가 놀란 이유는 무엇이었습니까?

— 사도들이 행한 기적들 때문입니다. 이 특별한 표적들은 사도들의 말이 곧 그리스도의 말씀이며 우리가 그 말씀에 귀 기울여야 함을 보여 주는 것이었습니다(히 2:3-4).

3) 예루살렘 교회 안의 가난하고 궁핍한 사람들은 어떻게 되었습니까?

　　— 다른 성도들이 자기들이 가진 것을 나누어 주어 그들의 모든 필요가 채워졌습니다.

해설

핵심 내용 : 성령은 우리를 예수님께로 이끄실 뿐 아니라 교회로도 이끄신다.

교회 없는 그리스도인은 군대 없이 혼자 있는 병사와 같아. 그 병사가 아무리 강하고 용감해도 혼자서는 적을 이길 수 없어. 함께 싸워 줄 동료가 필요하고, 인도하고 격려해 줄 지휘관도 필요해. 신자들도 마찬가지야. 영적 싸움에서 승리하려면 서로 격려하고 바로잡아 주는 믿음의 동료들과, 그들을 이끄는 목회자와 장로가 필요해.

바로 이런 영적 군대를 성령께서 오순절 날 예루살렘에서 세우기 시작하셨어. 베드로의 설교를 통해 수천 명이 예수님의 구원을 알게 되었고, 세례를 통해 최초의 기독교 교회로 세워졌어. 우리는 종종 교회를 예배드리는 건물로 생각하지만, 참된 교회는 하나님께서 세상에서 불러내신 백성들을 가리키는 거야.

성령께서 교회를 충만하게 하실 때 나타나는 결과는 예수님과 그분의 백성에 대한 놀라운 사랑이야. 예루살렘 교회는 예수님을 사랑했기 때문에 사도들의 말씀을 듣는 일을 무엇보다 귀하게 여겼어. 표적과 기사로 확증된 사도들의 말씀은 곧 예수님의 말씀이었고, 성도들은 그 말씀 위에 그들의 삶을 세웠어. 또한 예수님을 향한 그들의 사랑은 기도로도 나타났지. 예수님을 사랑하는 것은 언제나 그분의 말씀과 임재를 기뻐하는 것으로 이어진단다. 그런데 동시에 그분께 속한 사람들도 사랑하게 돼. 그래서 이 새 신자들은 각자의 집을 형제들에게 활짝 열고 그 소유를 서로 나누었어.

우리가 그리스도와 서로를 사랑하려면 성령께서 우리의 마음과 교회를 충만하게 채우시는 것이 필요해. 하나님의 백성이 사랑 안에서 진리를 말하고, 기도로 주님의 얼굴을 구하며, 거룩한 교제 속에 서로 자신을 내어 줄 때 그리스도의 나라는 확장된단다.

1) 그리스도인에게 교회가 필요합니까?

— 네. 예수님은 신자들이 혼자서 그분을 따르기를 원하지 않으십니다. 오순절 때처럼 모든 곳의 성도들을 지역 교회로 모이게 하셔서 말씀을 듣고 기도하며 서로 돕게 하십니다.

2) 교회에 성령이 필요합니까?

— 네. 단지 함께 모이는 것만으로는 충분하지 않고, 성령께서 우리 마음 가운데 역사하셔서 그리스도와 형제들과 잃어버린 세상을 향한 사랑이 자라나게 해주셔야 합니다.

3) 초대교회와 같은 기적들이 오늘날에도 일어납니까?

— 오늘도 성령께서는 말씀을 통해 죄인의 마음과 삶을 변화시키십니다. 그러나 이제는 사도들이 새로운 계시를 전하지 않

기 때문에 그런 기적들은 필요하지 않습니다.

기도 

성령께서 우리 지역 교회가 그리스도와 서로를 향한 사랑 안에서 더욱 자라게 해주시기를 기도한다.

복습 

1) 오순절 날에 무슨 일이 일어났습니까?

── 예수님께서 하늘로부터 성령을 부어 주셔서 예루살렘에 첫 번째 그리스도의 교회를 세우셨습니다.

2) 성령께서 교회 가운데 역사하시면 어떤 일이 일어납니까?

── 성도들이 그리스도와 서로를 향한 사랑 안에서 자라갑니다.

본문 읽기

사도행전 3:1-10

1) 베드로와 요한은 어디로 가고 있었습니까?

── 기도하러 예루살렘 성전으로 가고 있었습니다.

2) 베드로와 요한은 성전 밖에서 누구를 만났습니까?

── 날 때부터 걷지 못해 길거리에서 구걸하던 한 사람을 만났습니다. 걷지 못한다는 것은 다리를 움직일 수 없다는 뜻입니다.

3) 베드로와 요한은 그 사람에게 돈을 주었습니까?

── 아닙니다. 그보다 더 좋은 것을 주었습니다. 그가 고침을 받아 걷게 되었습니다.

핵심 내용 : 하나님께서 이제 옛 성전이 아닌 교회 가운데서 그 백성들을 구원하신다.

이 거지는 약 사십 년 동안 한 번도 걷지 못했단다(행 4:22). 그의 다리는 전혀 움직이지 않았어. 한 번도 걷거나 달리거나 높이 뛰어 본 적이 없었지. 정상적인 일을 할 수도 없어서 날마다 구걸하며 살 수밖에 없었단다. 또 유대인들은 다리를 쓰지 못하는 사람은 부정하다고 여겼기 때문에 성전 안에도 들어갈 수 없어서, 그는 늘 성전 문 밖에 앉아 있었어.

옛 언약 아래에서 하나님은 성전에 자기 이름을 두시고 그곳에서 자기 백성을 구원하시겠다고 약속하셨어(왕상 8장). 그러나 백성의 죄로 말미암아 하나님은 그들을 심판하시고 성전을 떠나셨단다. 겉모습은 아름다웠지만, 하나님이 계시지 않으니 그 안은 죽음으로 가득한 무덤과 같았어. 그래서 이 사람이 여러 해 동안 그 문 앞에 앉아 있었어도 아무런 도움을 얻지 못했던 거야.

옛 성전과 그 제사는 우리를 구원할 힘이 없단다. 이 성전 문 밖의 걸인처럼 우리도 죄 가운데서 스스로를 구원할 능력이 없어. 그러나 구원하실 수 있는 분이 계셔. 베드로는 예수님의 이름으로 그 사람에게 일어나 걸으라고 명했어. 그러자 즉시 그의 다리가 기적적으로 나았단다.

이 일은 하나님이 죄 가운데 무력한 우리에게 어떻게 찾아오시는지를 보여 주는 장면이야. 복음은 우리가 스스로 할 수 없는 일을 하라고, 곧 죄를 버리고 예수님께 나오라고 우리를 부른단다(행 3:19). 우리는 이 사람이 스스로 걸을 수 없었던 것처럼, 스스로 회개하고 믿을 능력이 없어. 그러나 예수님의 이름에는 능력이 있단다. 하나님의 이름은 더 이상 옛 성전에 머물지 않고, 예수 그리스도 안에서 모인 새 백성 위에 놓였어. 하나님은 오늘도 교회 가운데 임재하셔서 부활의 능력으로 죄인을 구원하고 계신단다.

1) 이 사람은 성전에 그렇게 가까이 있었는데도 왜 아무 도움을 얻지 못했습니까?

    ―― 하나님이 한때 성전에 계셨지만 심판 가운데 떠나셨기 때문입니다. 사도행전 3장부터 하나님이 옛 성전을 버리시고 이제는 예수님 안에서 모인 교회 가운데 구원으로 임재하심을 보여 줍니다.

2) 베드로는 그 사람에게 무엇을 하라고 명했습니까?

    ―― 일어나 걸으라고 명했습니다. 이것은 우리의 죄에서의 구원이 부활과 같다는 사실을 보여 주는 모습입니다(엡 2:1-6). 예수님은 죄로 들어온 저주를 깨뜨리고 새 창조를 이루고 계십니다.

3) 베드로는 누구의 이름으로 그 사람을 고쳤습니까?

    ―― 예수 그리스도의 이름입니다. 하나님의 이름은 한때 옛 성

   약속의 성취

전에 있었지만, 이제는 교회의 지도자들의 입술 위에 있었습니다. 오직 예수님만이 죄와 그 저주에서 구원하시며, 예수님의 백성이 세상에 그분을 전할 때 구원이 이루어집니다.

기도 

우리 자녀들이 그리스도의 부활의 능력을 경험해서 새 생명으로 일으켜지게 해주시기를 기도한다.

복습

1) 베드로와 요한은 성전 밖에서 누구를 만났습니까?

— 돈을 구걸하던 걷지 못하는 한 사람을 만났습니다.

2) 그들은 그에게 돈을 주었습니까?

— 아닙니다. 대신 예수님의 능력으로 걸을 수 있는 다리를 주었습니다.

본문 읽기 

사도행전 4:1-13

1) 예루살렘 성전의 지도자들은 왜 베드로와 요한에게 화가 났습니까?

— 예수님과 그분의 부활을 전하고 있었기 때문입니다.

2) 이 지도자들은 베드로와 요한을 어떻게 잠잠하게 하려고 했습니까?

— 그들을 붙잡아 감옥에 가두었습니다.

3) 베드로와 요한은 붙잡힌 뒤에 예수님에 대해 말하기를 멈추었습니까?

── 아닙니다. 하나님의 성령께서 그들을 담대하게 하셔서 전
파하는 일을 계속했습니다.

해설

걷지 못하던 사람이 고침을 받은 일로 성전 뜰에 큰 무리가 모였단
다. 사람들은 그가 전에는 친구들에게 들려 다니던 모습을 보았었
는데, 그는 이제 자기 다리로 걷고 있었어. 참으로 놀라운 기적이었
지. 무리가 놀라고 있을 때 베드로가 설교하기 시작했어. 이 사람
이 걷게 된 것은 예수님의 능력 있는 이름 때문이라고 전했단다(행
3:12-26).

그 예수님은 바로 예루살렘 성전 지도자들이 대적하고 죽인 분이
셨어. 그들이 예수님을 미워했으니, 사도들에게도 분노와 미움과 시
기를 품는 것이 이상한 일이 아니었어. 성전과 교회 사이의 뚜렷한
대비는 갈등을 낳았고, 결국 사도들은 붙잡혀 감옥에 갇히게 되었
단다. 오순절에 사람들에게 조롱을 받았던 것과 달리, 이것은 실제
박해를 당한 첫 사건이었어. 박해란 예수님을 따르는 사람들이 세
상의 미움을 받아 위협을 당하고, 감옥에 갇히고, 매를 맞고, 심지어
죽임까지 당하는 일들을 말한단다. 지금 이 순간에도 전 세계 곳곳

에서 많은 그리스도인들이 베드로와 요한 사도처럼 예수님을 따르기 때문에 갇혀 있단다.

그러나 세상과 마귀가 교회를 대적할수록 예수님은 자신의 능력을 더욱 나타내시고 그 나라를 넓혀 가신단다. 베드로와 요한의 몸은 묶여 있었지만 복음은 결코 묶일 수 없어. 성령의 능력으로, 걷지 못하던 사람이 뛰는 것을 보고 베드로의 설교를 들은 수천 명이 예수님을 주로 영접하고 구원의 능력을 경험하며 교회에 더해졌어. 그들은 오직 구원하시는 한 이름, 곧 앉은뱅이를 일으키며 우리 영혼도 고치시는 이름, 예수님의 이름으로 구원을 받았단다.

부활하신 우리 주 예수님은 예루살렘 성전의 분노한 지도자들까지도 구원하실 만큼 능력이 크셔. 그래서 베드로는 그들에게도 담대히 전하며 그들도 구원받기를 원했어. 하지만 안타깝게도 그들은 듣지 않았단다. 그들은 계속해서 예수님과 교회를 대적했지만 결국 이길 수 없었어. 오늘날에도 세상은 여전히 예수님과 교회를 대적하지만 그들은 결코 이길 수 없단다.

1) 우리를 구원할 수 있는 유일한 이름은 무엇입니까?

　　—— 예수님의 이름입니다. 베드로는 예수님의 이름으로 앉은뱅이에게 걸으라고 명했고(행 3:6), 유대 지도자들에게도 다른 이름으로는 구원을 얻을 수 없다고 선포했습니다(행 4:12). 죄와 그 저주에서 우리를 건지실 분은 오직 예수님뿐입니다.

2) 요한복음 15:20을 읽어 봅시다. 우리가 예수님을 따르면 박해

　　　　　　　　　　　　　　　　　약속의 성취

를 예상해야 합니까?

―― 그렇습니다. 세상이 예수님을 미워한 것처럼 그분을 따르는 사람들도 미워할 것이라고 예수님이 말씀하셨습니다. 우리가 예수님을 위해 살고 그분을 전하면 세상의 분노와 미움을 겪을 수 있습니다.

3) 박해가 교회의 성장을 막았습니까?

―― 아닙니다. 사도들이 붙잡힌 가운데서도 교회에 수천 명이 더해졌습니다. 교회가 그리스도의 이름 때문에 고난을 받을 때, 예수님은 놀라운 방법으로 교회를 자라게 하십니다. 오늘날도 그렇습니다.

기도 

세상 곳곳에서 박해받는 그리스도인들이 성령으로 힘을 얻어서 계속해서 복음을 믿고, 담대히 그것을 전하게 해주시기를 기도한다.

복습 

1) 성전 지도자들은 중풍병자가 고침 받은 일에 어떻게 반응했습니까?

  — 화를 내며 베드로와 요한을 붙잡아 가두었습니다.

2) 세상이 이렇게 분노해서 교회를 대적하는 것을 무엇이라고 합니까?

  — 박해라고 합니다.

본문 읽기 

사도행전 4:21-31

1) 베드로와 요한은 계속 감옥에 있었습니까?

  — 아닙니다. 유대 지도자들이 다시는 예수님에 대해 말하지 말라고 명령한 뒤 풀어 주었습니다.

2) 풀려난 뒤 베드로와 요한은 어디로 갔습니까?

  — 교회로 가서 하나님의 백성과 함께 모여 기도했습니다.

3) 교회는 무엇을 위해 기도했습니까?

  — 박해 가운데서도 계속 예수님을 전파할 담대함을 달라고

기도했습니다.

핵심 내용 : 교회는 박해를 당할 때 예수님처럼 하나님께 기도드린다.

유대 지도자들은 베드로와 요한을 잠잠하게 하려고 온 힘을 다했단다. 그러나 사도들은 살기 위해 예수님을 전하지 않는 것보다, 전하다가 죽는 편을 더 기쁘게 여겼어. 그들이 이 유대 지도자들을 두려워하지 않은 이유는 예수님이 하늘 보좌에 앉아 계시며, 자기들을 보내어 그 이름을 전하게 하셨다는 사실을 알았기 때문이란다. 그래서 위협하는 것이 더 이상 소용없게 되자 지도자들은 결국 그들을 풀어 주었어.

너라면 예수님 때문에 감옥에서 풀려난 뒤 무엇을 하겠니? 방송국에 가서 이야기를 알리겠니? 변호사를 찾아 소송을 제기하겠니? 대통령이나 지도자에게 탄원서를 쓰겠니? 이런 일들이 반드시 나쁜 것은 아니지만, 우리의 첫 번째 반응이 되어서는 안 된단다. 왜냐하면 그것들은 모두 사람을 바라보게 하기 때문이야. 베드로와 요한은 더 나은 길을 보여 주었어. 그들은 하늘 보좌에서 다스리시는 하나님이신 예수님을 바라보았단다. 이것은 배신당하고 붙잡히고 거짓 고발을 받아 죽음에까지 이르셨을 때 사람의 도움을 구하지 않고 온 마음으로 하늘 아버지께 기도하셨던 예수님의 길을 따르는 것이었어.

풀려난 뒤 사도들은 교회와 함께 모여 기도했단다. 그들은 만물의 왕이신 하나님을 부르며 하나님의 말씀으로 다시 하나님께 아뢰었어. 그들의 기도 전체는 시편 2편에 기초하고 있었는데, 그 시편에서 다윗은 하나님의 왕을 무너뜨리려는 분노한 열방들을 하나님이 다스리신다는 것을 찬양해. 유대인들은 로마 사람들의 도움을 받아 예수님을 죽였지. 그러나 그들은 예수님을 십자가에 못 박음으로써 오히려 하나님의 계획을 이루고 말았어. 교회는 믿지 않는 유대인들이 예수님을 박해한 것처럼, 그분을 따르는 자들도 박해할 것을 깨달았단다. 그래서 교회는 그들의 위협과 감옥에 갇히는 일을 막아달라고 기도하지 않았어. 물론 그런 기도도 잘못은 아니지만, 그보다 더 좋은 기도를 드렸단다. 그들은 박해 속에서도 계속 복음을 말할 담대함을 달라고 예수님께 구했어.

하나님은 이런 기도를 기뻐하신단다. 하나님은 교회의 기도에 응답하셔서 성령으로 그들을 충만하게 하시고, 그들이 모인 곳이 흔들리게 하셔서 그들에게 흔들리지 않는 담대한 마음을 주셨어. 그들은 예수님처럼 계속 박해를 겪었지만, 그 박해는 계속해서 그들을 기도로 이끌었단다.

1) 우리 위에 있는 권세자들이 예수님께 불순종하라고 말하면 우리는 들어야 합니까?

　　—— 아닙니다. 예수님께서 우리의 가장 높은 권위이시기 때문에,

　　　　　　　　　　　　　　　　　약속의 성취

베드로와 요한처럼 사람의 명령보다 주님께 순종해야 합니다.

2) 이 이야기에서 기도에 대해 무엇을 배웁니까?

— 그리스도인들은 함께 기도해야 하고, 하나님의 말씀을 붙들고 기도해야 한다는 것을 배웁니다.

3) 기도는 어떻게 우리를 예수님을 위해 담대하게 만듭니까?

— 우리가 진정으로 기도할 때 우리는 하나님을 만나고 성령으로 충만해집니다. 하나님이 우리 마음에 계심을 알면 사람들이 위협하거나 해치려 해도 두려워하지 않게 됩니다.

기도 

성령께서 우리 가족을 담대하게 하셔서 그리스도를 알지 못하는 이웃과 친구들에게 복음을 전하게 해주시기를 기도한다.

복습 

1) 베드로와 요한은 감옥에서 풀려난 뒤 무엇을 했습니까?

— 교회로 모여 함께 기도했습니다.

2) 하나님은 그들의 기도에 어떻게 응답하셨습니까?

— 그들을 성령으로 충만하게 하셨습니다.

본문 읽기

사도행전 4:32-5:5

1) 예루살렘 교회에서 가난한 사람들의 필요는 어떻게 채워졌습니까?

— 부유한 성도들이 기쁘게 자신의 돈을 나누어 주었습니다.

2) 바나바는 가난한 사람들을 돕기 위해 무엇을 팔았습니까?

— 자기가 가진 밭을 팔았습니다.

3) 아나니아와 삽비라도 밭을 팔아 가난한 사람들에게 주려고 했습니다. 그런데 그들의 헌금은 바나바와 무엇이 달랐습니까?

— 그들은 거짓말을 해서 판 돈의 일부만 내고 전부를 낸 것처럼 꾸몄습니다.

핵심 내용 : 성령께서는 교회를 하나 되게 하시고 거룩하게 하신다.

사람의 몸에는 두 개의 폐와 두 개의 콩팥이 있지만 심장은 하나뿐이란다. 심장은 온몸에 피를 보내서 말하자면 몸의 생명의 근원이 되지. 그런데 만약 가슴 속에 심장이 두 개 있어서 서로 다투며 피를 자기 맘대로 보내려고 한다면 큰일이겠지. 그리스도의 몸인 교회도 이와 같단다. 교회가 건강하고 강하려면 한 마음을 가져야 해. 마귀는 언제나 그리스도인들을 나누려 하지만, 복음을 믿는 믿음을 통해 성령께서는 서로 다른 사람들을 한 몸과 한 마음으로 묶어 주신단다. 예루살렘 교회가 하나였다는 사실은 성도들이 서로에게 자기 소유를 나누어 준 모습에서 분명히 드러났어.

어떤 사람들은 집이나 자동차나 장난감 같은 자기 물건을 갖는 것이 나쁘다고 말한단다. 그러나 교회 사람들이 자기 물건을 판 것은 무엇을 갖는 것 자체가 나쁘기 때문이 아니었어. 그들이 한 것은 도움이 필요한 이들의 필요를 채워 주려는 것이었단다. 성령께서 그들의 마음에 서로를 향한 사랑을 일으키셔서, 이기적으로 자기 재산을 붙들지 않고 기꺼이 나누게 하신 거야.

하지만 안타깝게도 예루살렘 교회 안에는 성령이 마음에 계시지 않은 아나니아와 삽비라가 있었단다. 교회 안에 있다고 해서 모두 구원받은 것은 아니야. 그들도 다른 사람들처럼 밭을 팔았는데, 남들이 자기들을 이기적이라고 생각하지 않기를 바랐기 때문일 거야. 그러나 그들은 밭을 판 돈을 가져오면서 전부를 드리는 것처럼 하면서 실제로는 일부를 숨겼어. 그들은 하나님께 거짓말을 했고, 하나님께서는 그들을 쳐서 죽게 하셨어. 교회를 하나 되게 하시는 성령께서는 동시에 교회를 거룩하게 하셔서 죄를 제거하신단다. 그래서 그리스도의 몸이 하나의 마음으로 하나님의 영광을 향해 뛰게 하시는 거야.

1) 서로 다른 사람들이 교회 안에서 어떻게 하나가 될 수 있습니까?
    —— 오직 성령의 능력으로만 가능합니다. 성령께서 우리를 그리스도를 믿는 한 믿음 안에서 하나 되게 하시고, 사랑으로 서로 나누게 하십니다.

2) 우리가 재산과 소유를 가지는 것은 잘못입니까?
    —— 아닙니다. 개인의 재산과 소유는 하나님이 주신 좋은 선물입니다. 사도들은 소유를 버리라고 명령하지 않았고, 사랑의 마음으로 자원해서 나누도록 했습니다.

3) 아나니아와 삽비라는 왜 죽었습니까?
    —— 하나님께 거짓말을 했기 때문입니다. 밭을 판 돈 전부를 드린 것처럼 속였습니다. 문제는 헌금의 양이 아니라 그들이 진실하지 않았다는 데 있었습니다. 그들은 사탄처럼 거짓말을 한 것입니다.

기도

성령께서 우리 교회를 하나 되게 하시고 거룩하게 하셔서 하나님께 영광을 돌리는 공동체가 되게 해주시기를 기도한다.

복습

1) 아나니아와 삽비라에게 무슨 일이 일어났습니까?

— 하나님께 맞아 죽었습니다.

2) 아나니아와 삽비라는 왜 죽임을 당했습니까?

— 밭을 판 돈에 대해 하나님께 거짓말을 했기 때문입니다.

본문 읽기

사도행전 5:17-21, 26-32

1) 성전 지도자들은 왜 사도들을 감옥에 가두었습니까?

— 사도들이 큰 인기를 얻는 것을 시기했기 때문입니다.

2) 사도들은 어떻게 감옥에서 나오게 되었습니까?

— 천사가 감옥 문을 열어 구해 주었습니다. 그리고 계속해서 예수님을 전하라고 했습니다.

3) 성전 지도자들이 전하지 말라고 명령했는데도 사도들은 왜 계속 전했습니까?

— 하나님께서 계속 전하라고 하셨기 때문입니다. 그리고 사도들은 성전 지도자들보다 하나님을 더 두려워했습니다.

핵심 내용 : 사도들은 성전 지도자들과 달리 예수님을 알고 예수님의 성령으로 충만했다.

예수님께서 사도들을 통해 자신의 능력을 더 많이 나타내실수록, 성전 지도자들은 사도들을 더욱 강하게 대적했단다. 그러나 그들이 대적하면 할수록 예수님은 교회를 더욱 자라게 하셨지. 사람들은 더 이상 대제사장과 그가 매일 드리는 제사를 바라보지 않고, 단번에 드려진 예수님의 제사를 바라보기 시작했어. 이것이 성전 지도자들을 질투로 가득 차게 만들었단다.

혹시 너보다 더 똑똑하거나 더 강하거나 더 예쁘거나 더 부유하거나 더 인기가 많은 사람을 미워해 본 적이 있니? 그것을 질투라고 한단다. 질투는 다른 사람이 나보다 더 낫거나 내가 원하는 것을 가졌다는 이유로 그 사람을 싫어하는 마음이야. 이것은 하나님이 나를 지으신 모습과 내게 주신 것에 만족하지 못하고, 내가 가장 잘나고 가장 많이 가지기를 바라는 이기적인 욕심에서 나오지. 성전 지도자들은 사람들이 자기들의 가르침을 듣고 따르기를 원했지만, 무리는 사도들의 가르침을 듣고 예수님을 따르고 있었어. 그래서 대제사장과 사두개인들은 질투심에 사로잡혀 사도들을 붙잡아 감옥에 가두었단다.

그들은 이것으로 문제가 해결될 것이라고 생각했지만, 예수님은 천사를 보내 감옥 문을 여시고 사도들을 다시 성전 뜰로 보내 계속 복음을 전하게 하셨어. 질투에 사로잡힌 성전 지도자들과 달리, 사도들은 예수님을 향한 열심으로 불타고 있었단다. 그들은 예수님을 알리고자 하는 간절한 마음으로 가득 차 있었어.

성전 지도자들은 사도들이 감옥에서 나와 다시 복음을 전하는 것을 알고 크게 분노했어. 그들은 사도들을 죽이고 싶어 했단다. 그런데 왜 죽이지 못했을까? 무리가 어떻게 생각할지 두려웠기 때문이야. 그들은 사람을 기쁘게 하려는 자들이었어. 그래서 폭력을 쓰지 못하고 사도들을 다시 공회로 데려와 다시는 예수님의 이름으로 말하지 말라고 명령했단다. 그러나 사도들은 사람을 기쁘게 하는 자들이 아니라 그리스도를 기쁘시게 하는 자들이었어. 사람을 두려워한 성전 지도자들과 달리, 사도들은 예수님을 두려워했단다. 그들은 "하나님께 불순종하고 사느니 하나님께 순종하고 죽겠다!"고 말했지.

이처럼 사도들은 성전 지도자들과 참으로 달랐단다. 그들은 예수님을 알고 있었고, 예수님의 성령으로 충만했기 때문이야. 바로 이것이 모든 차이를 만들어 내는 것이야.

1) 질투란 무엇이며, 이 이야기에서 누가 누구를 질투했습니까?

—— 질투는 다른 사람이 나보다 더 낫거나 내가 원하는 것을 가졌다는 이유로 미워하는 것입니다. 성전 지도자들이 사도들을 질투했습니다. 사도들의 가르침을 듣고 사람들이 더 이상 성전과 제사가 아니라 예수님을 바라보았기 때문입니다.

     약속의 성취

2) 사도들은 그들을 질투한 성전 지도자들과 어떻게 달랐습니까?

— 사도들은 예수님을 향한 열심으로 가득 차 있었습니다. 성전 지도자들은 자신에게 집중했지만, 사도들은 예수님께 집중하며 사람들이 그분을 알고 따르기를 원했습니다.

3) 사도들은 왜 성전 지도자들의 위협과 매를 두려워하지 않았습니까?

— 성령으로 인해 예수님을 더 두려워했기 때문입니다. 예수님이 우리에게 크게 보이면, 온 세상이 맞선다 해도 두려워하지 않게 됩니다.

기도 

성령께서 우리 가족 모두에게 그리스도를 향한 열심과 그리스도를 경외하는 마음을 자라게 해주시기를 기도한다.

복습

1) 성전 지도자들은 왜 사도들을 질투했습니까?

— 사람들이 자기들이 아니라 사도들의 말을 듣고 있었기 때문입니다.

2) 그들은 질투심으로 무엇을 했습니까?

— 사도들을 붙잡아 가두고, 때리고, 위협했습니다.

본문 읽기 

사도행전 6:1-7

1) 예루살렘 교회 안에서 사람들이 왜 불평했습니까?

— 어떤 과부들이 제대로 돌봄을 받지 못했기 때문입니다. 과부는 남편이 죽은 여자를 말합니다.

2) 사도들은 이 불평에 어떻게 대응했습니까?

— 교회를 불러 모아 일곱 사람을 세워 첫 집사로 섬기게 했습니다.

3) 사도들 자신이 왜 과부들을 돌보지 않았습니까?

— 그들은 기도와 말씀 전하는 일에 시간과 힘을 쓰도록 부르

심을 받았기 때문입니다.

해설

아무도 아픈 것을 좋아하지는 않지만, 아이들은 자랄 때 성장통을 겪곤 한단다. 이런 아픔은 자라는 과정에 꼭 필요한 부분이야. 예루살렘 교회도 아주 빠르게 자라났어. 짧은 시간에 수천 명이 그리스도를 믿고 세례를 받아 교회에 더해지면서, 이 공동체는 키가 50센티미터가 겨우 넘던 아이가 2미터 가까이 자란 것과 같았단다. 이것은 기뻐 외칠 일이었지만 이 과정에 눈물도 없지 않았어. 성장통은 아픈 법이란다.

교회에 사람이 많아질수록 육체적인 필요도 함께 늘어났어. 남편을 잃은 과부들이 많았고, 교회는 그들을 돌보아야 했지. 옛 언약 아래에서 하나님은 과부를 사랑하셨고, 이스라엘이 그들을 돌보지 않으면 저주를 받을 것이라고 경고하셨어(신 10:18; 27:19). 하나님은 자신의 백성이 가난하고 어려운 이들을 섬기며 하나님의 사랑을 나타내기 원하신단다. 그래서 성령의 역사로 성도들은 자기 소유를 팔아 그 돈을 교회에 가져와 과부들과 궁핍한 이들에게 나누어 주었어.

문제는 이 모든 일을 사도들이 맡고 있었다는 거야. 그러나 그리스도께서는 그들을 가난한 이들에게 돈과 음식을 나누어 주는 일, 곧 구제 사역으로 부르신 것이 아니었단다. 그들은 성령으로 충만한 증인으로서 기도로 하나님의 은혜를 구하고, 말씀을 전하고 가르치며 기록하는 복음 사역에 힘을 써야 했어.

그래서 과부들의 필요를 채우면서도 사도들이 복음 사역에서 방해받지 않도록, 첫 집사들이 세워진 거야. 성령으로 충만한 일곱 사람이 구별되어 가난한 이들을 돌보고 그들의 육체적·경제적 필요를 사랑으로 살피며 섬기게 되었어. 우리는 이것을 구제 사역이라고 불러. 이 섬김은 고통 가운데 있는 이들에게 예수님의 긍휼을 보여 준단다.

집사는 매우 중요한 직분이야. 하나님은 우리의 영혼뿐 아니라 몸도 돌보시기 때문이야. 목사와 장로는 사도들처럼 혼자 모든 일을 다 할 수는 없어. 그래서 그리스도께서는 집사들을 교회에 선물로 주셔서 구제 사역을 맡기시고, 목사들이 계속해서 기도와 말씀 전하는 복음 사역에 전념하도록 하신단다. 이렇게 해서 성령의 능력 가운데 복음이 계속 전파되고 교회가 자라가게 되는 거야.

1) 초대 교회는 어떤 성장통을 겪었습니까?

— 교회에 사람이 많아지면서 성도들의 육체적·경제적 필요도 함께 늘어났지만, 그 많은 필요를 돌볼 지도자가 부족했습니다.

2) 사도들은 이 문제를 어떻게 해결했습니까?

— 훗날 집사라 불리게 될 새로운 교회 직분을 세웠습니다(딤

     약속의 성취

전 3:8-13; 빌 1:1). 집사는 성령으로 충만해서 구제 사역으로 교회의 가난하고 어려운 이들을 돌보는 사람입니다.

3) 집사들은 어떻게 복음 사역을 보호합니까?

―― 집사들이 성도들의 몸을 돌보는 일을 맡아서 목사들은 기도와 말씀 전함으로 성도들의 영혼을 돌보는 일에 집중할 수 있게 합니다. 그래서 성령의 능력으로 복음이 계속 전파되고 교회가 자라갑니다.

기도 

성령께서 우리 교회의 목사와 장로와 집사들이 맡은 사역을 충실히 감당할 수 있도록 능력을 주시기를 기도한다.

71　　　　　　　　　　　　　　　　　　　　　**첫 순교자**

복습 

1)　집사는 어떤 사람들입니까?

　　── 예수님께서 교회 안에서 가난하고 어려운 이들을 돌보도록 세우신 사람들입니다.

2)　예수님께서 교회에 집사를 주신 이유는 무엇입니까?

　　── 우리 영혼뿐 아니라 몸도 돌보시기 때문입니다.

본문 읽기 

사도행전 6:8-14; 7:54-60

1)　어떤 유대인들은 스데반이 모세와 성전을 거슬러 말한다고 고발했습니다. 그 말은 사실이었습니까?

　　── 아닙니다. 그들은 스데반에 대해서 거짓말을 했습니다.

2)　유대인들은 어떻게 스데반을 죽이려 했습니까?

　　── 그를 거룩한 성 밖으로 끌어내어 돌로 쳤습니다. 스데반은 예수님을 따르다가 죽임을 당한 첫 그리스도인 순교자였습니다.

3)　스데반은 돌에 맞아 죽기 전에 무엇을 기도했습니까?

　　── 예수님께 자기 영혼을 받아 주시기를, 또 자신을 박해하는

사람들을 용서해 주시기를 기도했습니다.

핵심 내용 : 예수님을 따르는 길에는 대가가 따르지만, 그 길은 참으로 가치가 있다.

유대 지도자들은 교회의 지도자들을 잠잠하게 하려고 위협과 매질을 하고 감옥에 가두려고 했지만 아무 소용이 없었단다. 복음이 말 그대로 예루살렘 온 성에 퍼지고 있었어! 모든 사람이 예수님 이야기를 했고, 수많은 사람이 그분을 따르기 시작했지. 유대인들이 교회를 침묵시킬 수 있는 방법이 점점 사라지고 있었어. 감옥으로도 그리스도인들의 입을 막을 수 없다면 무엇이 남았겠니? 한 가지밖에 없었지. 바로 죽음이야. 죽은 사람은 말할 수 없기 때문이란다.

스데반은 하나님께서 교회 안에 세우신 첫 집사들 가운데 한 사람이었고, 성령으로 충만한 주님의 종이었어. 그는 다른 사람들에게 예수님을 전하기를 사랑했는데, 그것 때문에 곧 어려움을 겪게 되었단다. 유대인들은 스데반이 하나님과 모세를 거슬러 말한다고 거짓으로 고발했어. 그러나 실제로 하나님과 모세를 거스른 사람들은 예수님을 믿지 않는 유대인들이었단다. 그들은 예수님을 거부함으로 하나님을 거부했고, 스데반을 거짓으로 고발하며 살해의 위협을 하는 것으로 모세도 거부한 셈이었어. 스데반은 재판 자리에서 마지막 설교를 하며 바로 그 사실을 전했단다. 그러자 유대 지도자들은 너무 분노한 나머지 그의 머리에 돌을 던져 죽여 버렸어. 스데반은 첫 그리스도인 순교자가 되었단다. 순교자는 예수님을 따르다가 죽임을 당한 사람을 말해. 스데반은 예수님처럼 거짓 고발을 당했고, 성 밖으로 끌려 나갔고, 옷이 벗겨졌으며, 죽어 가는 순간에도 하나님께 기도했단다.

스데반은 예수님을 위해 처음 죽은 사람이었지만 마지막은 아니었어. 이 세상에서 예수님을 따르는 일에는 대가가 따르고, 오늘날에도 많은 사람이 그리스도를 위해 생명을 내어 놓고 있단다. 그런데 왜 스데반과 수많은 사람이 모든 것을 잃으면서까지 예수님을 따르려 했을까? 그것은 예수님이 그만한 가치가 있으시기 때문이란다. 스데반의 눈은 하늘에 계신 예수님께 향해 있었고, 자신도 언젠가 그곳에 가게 될 것을 알았어. 그는 영광에 앞서 고난이 있고, 면류관에 앞서 십자가가 있다는 것을 알았단다. 그래서 그는 이 땅에서 가진 모든 것을 잃어도 괜찮았어. 유대인들이 빼앗을 수 없는 하늘의 보화를 가지고 있었기 때문이야.

1) 순교자란 무엇입니까?

　—— 예수님을 따르다가 죽임을 당한 사람입니다. 스데반은 첫 그리스도인 순교자였지만 마지막은 아니었습니다.

2) 스데반은 재판과 죽음에서 어떻게 예수님의 발자취를 따랐습니까?

　　　　　　　　　　　　　　　　　약속의 성취

── 예수님처럼 거짓 고발을 당했고, 성 밖으로 끌려 나가 유대
인들에게 죽임을 당했습니다. 또 십자가 위의 예수님처럼 기도
했습니다.

3) 스데반은 왜 예수님을 위해 죽기를 원했습니까?

── 예수님은 자기의 모든 것을 잃어도 따를 만큼 가치가 있으
신 분임을 알았기 때문입니다. 고난을 받으면서도 예수님을 따
르는 사람은 예수님과 함께 하늘의 영광도 누리게 될 것을 확신
했습니다.

기도 

우리 자녀들이 어떤 대가가 따르더라도 담대히 예수님을 따르게 해
주시기를 기도한다.

복습 

1) 스데반은 누구입니까?

— 초대 교회의 첫 집사들 가운데 한 사람이었고 담대하게 복음을 전한 설교자였습니다.

2) 스데반은 어떻게 죽었습니까?

— 예수님을 전하다가 돌에 맞아 죽었습니다.

본문 읽기

사도행전 8:1-8

1) 스데반이 죽은 뒤 박해가 멈추었습니까?

— 아닙니다. 스데반의 순교는 예루살렘 박해의 시작에 불과했습니다.

2) 그 박해를 통해 예루살렘 교회에는 어떤 일이 일어났습니까?

— 어떤 그리스도인들은 감옥에 갇혔고, 많은 사람들은 집과 일터를 떠나 다른 지역으로 흩어지면서 가는 곳마다 복음을 전했습니다.

3) 빌립은 어디로 갔습니까?

── 초대 교회의 집사 가운데 한 사람인 빌립은 사마리아로 가서 담대하게 복음을 전했습니다.

해설

예루살렘 교회의 지도자 가운데 한 사람이었던 스데반이 그리스도를 위해 피를 흘렸어. 우리 교회의 지도자가 복음 때문에 죽임을 당했다고 생각해 보렴. 예루살렘 교회에 얼마나 슬픈 순간이었겠니. 그의 장례식에서 많은 눈물이 흘렀고, 박해가 계속되면서 그 울음도 이어졌단다. 어떤 그리스도인들은 감옥에 갇혔고, 다른 이들은 집과 재산과 일터를 뒤로한 채 도시를 떠나야 했어. 예루살렘은 매우 어두운 때를 지나고 있었고, 겉으로 보기에는 사탄이 이기는 것처럼 보였단다. 그러나 모든 일이 보이는 그대로인 것은 아니란다.

예수님께서 승천하시기 전에 사도들에게 무엇을 약속하셨는지 기억하니? 예루살렘에서 시작된 복음이 유대와 사마리아와 땅끝까지 전해질 것이라고 하셨어(행 1:8). 예수님은 복음이 예루살렘 한 도시에만 머무르기를 원하지 않으셨어. 그곳에만 큰 교회가 있고 다른 곳에는 아무것도 없기를 바라지 않으셨단다. 온 세상에 말씀이 퍼져 어디에서나 교회가 세워지고 예수님이 예배받으시기를 원하

셨어. 사도들은 이것을 알고 있었지만, 그것이 박해를 통해 이루어
질 줄은 상상하지 못했지.

유대인들은 스데반을 죽여 그의 입을 잠잠하게 했어. 그의 입술
은 다시는 말씀을 전하지 못하게 되었지. 그러나 그의 죽음을 통해
교회는 흩어졌고, 흩어지는 곳마다 복음이 함께 전해졌단다. 또 다
른 집사였던 빌립을 통해 예수님의 말씀이 사마리아에 이르렀고,
그곳에서도 사람들이 예수님을 믿으며 교회가 세워지기 시작했어.
박해는 교회를 침묵시키거나 약하게 만들지 못했단다. 오히려 복음
이 퍼지고 교회가 자라나도록 만들었어. 어떻게 그런 일이 가능했
을까? 예수님께서 모든 것의 주님이시기 때문이란다. 모든 악의 세
력이 함께 달려들어도 그분의 나라가 이 땅에서 확장되는 것을 막
을 수 없단다. 사탄이 하나님의 백성에게 큰 악을 행할 때에도, 예수
님은 그것을 큰 선으로 바꾸셔서 자신이 참된 왕이심을 드러내셔. 그
래서 우리는 어떤 어려움 속에서도 그분을 신뢰하고 따라야 한단다.

1) 박해 속에서 사탄이 이루려고 하는 목적은 무엇입니까?

— 교회를 침묵시켜 예수님의 말씀이 퍼지지 못하게 하고 교
회가 자라지 못하게 하려는 것입니다.

2) 예루살렘에서 일어난 박해를 통해 사탄의 목적이 이루어졌습
니까?

— 아닙니다. 교회는 계속 예수님을 전했고, 그 증거를 통해 말
씀이 더 널리 퍼지고 전에 없던 곳들에 교회가 생겨났습니다.

                                        약속의 성취

오히려 사탄의 행동이 복음이 사마리아까지 전해지게 하는 도구가 되었습니다.

3) 이 이야기는 예수님에 대해 무엇을 가르쳐 줍니까?

—— 예수님은 모든 왕 위에 계신 참된 왕이셔서 어떤 존재도 그분을 대적해 이길 수 없다는 것을 가르쳐 줍니다. 우리의 삶에 어렵고 슬픈 일이 와도, 그분은 그것을 선으로 바꾸실 수 있기 때문에 우리는 예수님을 신뢰할 수 있습니다. 예수님은 자기 백성의 고난까지 친히 다스리시며 그 고난을 통해 자신의 나라를 넓히십니다.

기도 

박해받는 교회를 위해, 원수가 악으로 행한 일을 예수님께서 큰 선으로 바꾸어 주시기를 기도한다.

복습 

1) 스데반이 돌에 맞아 죽은 뒤 예루살렘의 박해가 멈추었습니까?

　── 아닙니다. 유대인들은 계속해서 그리스도인들을 감옥에 가두었습니다.

2) 그 박해가 복음의 확장을 막았습니까?

　── 아닙니다. 그리스도께서는 그 박해를 사용하셔서 복음이 사마리아와 같은 이전에 이르지 못했던 곳들까지 퍼지게 하셨습니다.

본문 읽기

사도행전 8:9-17

1) 예전에 사람들은 왜 시몬을 놀랍게 여겼습니까?

　── 그가 악한 능력을 통해 마술을 행했기 때문입니다.

2) 사람들은 왜 시몬과 그의 마술에 더 이상 주목하지 않게 되었습니까?

　── 빌립의 전도를 통해 예수님을 알게 되었고, 빌립이 행한 기적 속에서 예수님의 능력을 보았기 때문입니다. 시몬조차 예수

님 앞에 무릎 꿇고 세례를 받았습니다.

3) 이 새로운 사마리아 신자들을 만나기 위해 예루살렘 교회에서 누가 보냄을 받았습니까?

　　— 사도 베드로와 요한입니다. 그들은 사마리아 사람들을 위해 기도하고 안수해서 그들이 성령을 받게 했습니다.

해설

> **핵심 내용 :** 예수님은 나뉘어 있던 백성을 사탄에게서 건져 내어 한 나라 안에서 다시 하나 되게 하신다.

다윗의 아들 솔로몬은 이스라엘의 초기 왕들 가운데 한 사람이었단다. 그런데 솔로몬 왕이 죽은 뒤 이스라엘 나라는 두 왕과 두 나라로 갈라졌어. 이것이 바로 죄가 하는 일이란다. 관계를 깨뜨리고 사람들을 나누어 버리지. 하나님의 나라는 남쪽 유다와 북쪽 이스라엘로 나뉘었고, 남쪽의 수도는 예루살렘, 북쪽의 수도는 사마리아였어. 두 나라는 서로 미워하며 해가 갈수록 더 멀어졌단다. 그러나 하나님은 장차 성령을 부어 주셔서 이 나뉜 백성을 한 왕 아래 다시 하나로 모으겠다고 약속하셨어(겔 37:15-28). 그 약속된 왕이 바로 예수님이시란다. 예수님은 십자가의 고난을 겪으신 후 부활하시고 승천하셔서 하늘의 다윗의 보좌에 앉으셨어.

　예수님은 사도들의 전도를 통해 예루살렘의 수많은 사람들에게 성령을 부어 주셨고, 그들은 예수님을 왕으로 섬기게 되었단다. 그리고 이제 빌립을 통해 사마리아의 많은 무리도 예수님 앞에 무릎을 꿇었어. 예수님께서 그들을 사탄의 거짓에서 건져 내신 것이지. 그렇다면 예수님은 사마리아 신자들과 예루살렘 신자들을 하나로 묶을 수도 있으셨을까? 이 두 민족은 서로 깊이 미워하고 있었기에 한 가족이 되는 일은 불가능해 보였단다. 그러나 예수님께는 불가능한 일이 없어.

예수님은 사도들이 와서 안수할 때까지 사마리아 신자들에게 성령을 부어 주시는 일을 잠시 미루셨어. 이것은 사마리아 교회가 예루살렘 교회와 하나임을 보여 주는 표였단다. 예루살렘 교회의 기초였던 사도들이 곧 사마리아 교회의 기초가 되었고, 예루살렘에 부어졌던 같은 성령이 사마리아에도 부어졌어. 이렇게 나뉘어 있던 백성이 예수 그리스도 아래 한 나라로 연합되었어. 한 왕 아래 한 교회가 있고, 한 성령으로 충만하며, 한 사명을 맡게 된 거야. 예수님은 서로 다른 민족과 피부색과 문화를 가진 사람들을 사탄의 나라에서 건져 내어 자신의 나라 안에서 한 몸으로 하나 되게 하신단다.

1) 솔로몬이 죽은 뒤 이스라엘 나라는 어떻게 되었습니까?
   — 각자의 왕과 수도를 가진 두 나라로 나뉘었습니다. 하나는 예루살렘, 다른 하나는 사마리아였습니다.
2) 에스겔 37:22에서 하나님은 이 나뉜 나라에 대해 무엇을 약속하셨습니까?

    약속의 성취

── 다윗의 가문에서 나온 한 왕 아래 다시 하나로 모으겠다고
약속하셨습니다. 이 약속은 하나님이 성령을 부어 주시겠다는
약속 뒤에 이어집니다.

3) 오늘 이야기에서 예수님은 이 예언을 어떻게 이루십니까?

── 성령과 말씀으로 예루살렘과 사마리아의 백성을 모두 구
원하고 한 나라로 묶으심으로 이루십니다. 이는 죄인을 하나님
과 화목하게 하실 뿐 아니라 죄인들 서로도 하나 되게 하시는
예수님의 놀라운 능력을 보여 주는 것입니다.

기도 

예수님께서 성령으로 우리 교회를 충만하게 하시고, 성도들을 믿음
과 사랑 안에서 하나 되게 해주시기를 기도한다.

복습 

1) 누가 사마리아에 가서 복음을 전했습니까?

   —— 예루살렘 교회의 일곱 집사 가운데 한 사람인 빌립입니다.

2) 사도들은 왜 사마리아에 갔습니까?

   —— 예수님께서 예루살렘 교회에 부어 주신 동일한 성령으로 그들에게도 세례 주시도록 기도하기 위해서였습니다.

본문 읽기 

사도행전 8:26-38

1) 빌립이 가사로 가는 길에서 누구를 만났습니까?

   —— 에티오피아(오늘날의 수단)에서 온 내시였습니다. 내시는 왕이나 여왕을 섬기기 위해 결혼하지 않은 사람입니다.

2) 빌립이 그를 만났을 때 그는 무엇을 읽고 있었습니까?

   —— 선지자 이사야의 두루마리를 읽고 있었습니다.

3) 빌립이 이사야의 예언을 설명해 주었을 때 내시는 어떻게 반응했습니까?

   —— 예수님을 믿고 세례를 받았으며, 크게 기뻐했습니다.

핵심 내용 : 예수님은 은혜로 버림받은 자들을 모아 자기 교회의 일원이 되게 하신다.

버림받은 사람이란 어떤 집단에서 거절당하고 쫓겨난 사람을 말한단다. 이스라엘에서 내시들은 바로 그런 버림받은 사람들이었어. 그들은 부정하게 여겨졌고, 유대인이라 할지라도 예루살렘 성전에 들어가 하나님께 예배할 수 없었단다(신 23:1).

가사로 내려가는 길에서 빌립은 아프리카에서 온 한 내시를 만났어. 그는 아마도 멀리 흩어져 살게 된 유대인이었을 거야. 하나님을 예배하려고 예루살렘까지 먼 길을 왔지만, 내시라는 이유로 하나님께 가까이 나아갈 수 없었단다. 그러나 그는 하나님께 가까이 가기를 무엇보다도 간절히 원했어. 그래서 많은 돈을 들여 이사야의 두루마리를 샀던 거란다. 하지만 그 뜻을 깨닫지 못해 혼란스러워하고 있었지. 바로 그때 빌립이 나타나 이사야 53장이 예수님에 대한 말씀이며, 예수님께서 자기 백성의 죄를 지고 십자가에서 죽으심으로 그들을 하나님께 영원히 가까이 나아가게 하셨다고 설명해 주었단다.

아마 빌립은 두루마리를 조금 더 펼쳐 이사야 56장도 보여 주었을 거야. 거기에는 예수님이 십자가로 구원을 이루셔서 버림받은 자들, 곧 내시들까지도 하나님의 집 안으로 들어와 하나님을 예배하게 하실 것이라고 기록되어 있단다(3-8절). 빌립이 복음을 전하자 이 사람은 믿고 세례를 받아 하나님의 교회에 속하게 되었어. 이제 그는 하나님을 알고 섬길 수 있게 되었지. 그러니 그가 기쁨으로 길을 떠난 것이 조금도 이상하지 않아. 이 내시는 결국 아프리카에까지 복음을 전하게 되었을 거야.

우리가 때때로 생각하는 것과 달리, 많은 사람들이 예수님에 대해 듣기를 갈망하고 있단다. 그러나 이 내시처럼 누군가가 그들에게 복음을 설명해 주어야 해. 그 일을 하는 것보다 더 큰 특권은 없고, 버림받은 사람이 그리스도를 받아들이고 하나님께 가까이 나아오는 것을 보는 것보다 더 큰 기쁨도 없단다.

1) 이 내시가 예루살렘 성전에 갔을 때 안으로 들어갈 수 있었습니까?

— 아닙니다. 율법은 내시가 성전에 들어오는 것을 허락하지 않았습니다. 그는 하나님을 예배하려고 멀리서 왔지만 부정하다고 여겨져 성전에 가까이 갈 수 없었습니다.

2) 이 내시는 어떻게 깨끗하게 되어 하나님께 가까이 나아가게 되었습니까?

— 빌립이 전해 준 이사야 53장의 말씀을 통해 예수님을 믿게 되었기 때문입니다. 예수님께서 그의 부정함을 대신 지시고 십자가에서 하나님께 버림받는 고통을 당하셔서, 그가 하나님께 가까이 나아와 교회의 한 지체가 되게 하셨습니다.

　　　　　　　　　　　　　　　　　　　약속의 성취

3) 우리는 어떻게 깨끗하게 되어 하나님께 가까이 나아갈 수 있습니까?

── 이 내시와 같습니다. 우리 모두 죄 때문에 하나님의 집에서 쫓겨났지만, 예수님의 십자가로 깨끗하게 될 수 있습니다. 죄에서 돌이켜 그분을 믿을 때 우리는 하나님의 새 성전을 이루는 산 돌이 됩니다(벧전 2:5).

기도 

하나님께서 이번 주에 우리 가족이 다른 사람들에게 예수님을 전할 기회를 주시기를 기도한다.

복습

1) 빌립은 가사로 가는 길에서 누구를 만났습니까?

　— 이사야서를 읽고 있던 아프리카 출신 내시를 만났습니다.

2) 그 내시는 자신이 읽는 말씀을 이해하고 믿었습니까?

　— 아닙니다. 빌립이 복음을 설명해 줄 때에야 이해하고 믿었습니다.

본문 읽기

사도행전 9:1-9

1) 사울은 왜 다메섹으로 가고 있었습니까?

　— 그곳에 있는 그리스도인들을 잡아 예루살렘으로 결박해 끌고 오기 위해서였습니다.

2) 사울이 다메섹에 이르기 전에 누가 그에게 나타나셨습니까?

　— 부활하신 주 예수께서 왕이요 심판자로서 그에게 나타나셨습니다.

3) 예수님은 사울이 누구를 박해하고 있다고 말씀하셨습니까?

　— 예수님 자신입니다. 교회는 예수님의 몸이므로, 교회를 대

적하는 것은 곧 예수님을 대적하는 것이었습니다.

해설

핵심 내용 : 왕이신 예수님은 자기 원수들 위에 심판자로 보좌에 앉아 계신다.

스데반이 돌에 맞아 죽을 때 바리새인 사울은 기뻐하고 있었단다 (행 8:1). "이제 교회는 끝나고 이 그리스도인들도 잠잠해지겠지!" 그는 그렇게 생각했어. 그러나 그것은 틀린 생각이었단다. 박해는 복음을 멈추지 못했고, 오히려 흩어진 성도들이 가는 곳마다 믿음을 전하게 해서 복음이 더 널리 퍼지게 되었지.

너무 화가 나서 얼굴이 붉어지고 소리를 지르고 싶었던 적이 있니? 사울이 바로 그런 상태였단다. 수많은 사람이 회개하고 예수님께 돌아서면서 예루살렘 성전과 제사장들과 제사를 떠나자 그는 몹시 분노했어. 사울에게 성전을 떠나는 것은 하나님을 떠나는 것과 같았기 때문이야. 그래서 그는 도망간 그리스도인들을 찾아 붙잡고 마침내는 사형시키기 위해 길을 나섰단다.

그의 첫 목적지는 다메섹이었어. 그런데 그곳에 도착하기도 전에, 너무나 밝은 빛이 비추어 사울의 눈이 멀어 버렸단다. 태양을 똑바로 바라보면 눈이 상하는데, 이 빛은 태양보다 더 강렬했어. 그것은 부활하신 주 예수님의 빛이었고, 그 빛이 사울의 시력을 빼앗아

버린 것이란다. 한낮이었지만 그는 갑자기 어둠 속에 있게 되었어. 눈멂은 하나님께서 불신앙과 반역에 대해 경고하신 징벌 가운데 하나였단다(신 28:28). 하늘의 의로운 심판자이신 예수님께서 사울을 그 저주로 치신 거야.

사울은 왕이신 예수님 앞에 엎드렸단다. 그는 예수님이 죽지 않고 살아 하늘 보좌에 앉으셨다는 그리스도인들의 말을 한 번도 믿지 않았었어. 그러나 이제는 그분을 직접 대면하게 되었지. 하늘의 심판자이신 예수님은, 왕국을 대적한 것이 곧 그 왕을 대적한 것이라 하시며 그의 죄를 선언하셨어. 예수님과 그 교회를 박해하던 사울은 이 공의로운 심판 앞에서 낮아졌단다. 그러나 예수님은 그를 저주 아래 그대로 두지 않으셨어. 사울에게 내린 심판은 결국 구원과 복으로 이어진다는 것을 곧 보게 될 거야.

1) 사울은 왜 그리스도인들에게 그렇게 화가 나 있었습니까?
 — 그는 예루살렘 성전을 사랑하던 유대인이었는데, 점점 더 많은 유대인이 예수님을 따르면서 성전의 예배자들이 줄어들고 있었기 때문입니다.

2) 신명기 28:28을 읽어 봅시다. 사울의 눈멂에 대해 무엇을 알 수 있습니까?
 — 어떤 사람의 눈멂이 항상 죄의 직접적인 결과는 아니지만 (요 9:1-3), 사울의 눈멂은 그의 죄에 대한 직접적인 결과였으며 하나님의 저주를 보여 주는 표였습니다.

 약속의 성취

3) 예수님은 하늘의 영광 가운데 계시면서 어떻게 사울이 자신을 박해한다고 말씀하실 수 있었습니까?

── 교회가 예수님의 몸이기 때문에 교회를 대적하는 것은 곧 예수님을 대적하는 것이기 때문입니다. 이것은 박해받는 그리스도인들에게는 큰 위로가 되고, 박해하는 자들에게는 큰 경고가 됩니다.

기도 

오늘날 그리스도의 교회를 박해하는 사람들이 왕이시며 심판자이신 주님의 위엄 앞에서 낮아지게 해주시기를 기도한다.

왕께 고침을 받다

복습 

1) 사울은 다메섹으로 가는 길에서 누구를 만났습니까?

— 자신이 대적하던 부활하신 예수님입니다.

2) 예수님의 빛이 사울에게 비칠 때 그의 눈에는 무슨 일이 일어났습니까?

— 하나님의 저주 아래 있음을 보여 주는 표로 눈이 멀게 되었습니다.

본문 읽기 

사도행전 9:10-22

1) 예수님은 환상 가운데 누구에게 나타나셨습니까?

— 다메섹에 살던 예수님의 제자 아나니아에게 나타나셨습니다.

2) 예수님은 아나니아에게 무엇을 하라고 말씀하셨습니까?

— 사울을 찾아가 그에게 복음을 전하고 그의 눈을 고쳐 주라고 하셨습니다.

3) 사울은 눈을 고침 받은 후 무엇을 했습니까?

── 세례를 받고 다메섹 교회에서 지내며 예수 그리스도를 담대히 전하기 시작했습니다.

해설

사울이 다메섹으로 떠날 때 그의 눈은 아주 멀쩡했단다. 그러나 다메섹에 도착했을 때 그는 아무것도 볼 수 없게 되었어. 왜 그랬을까? 사울이 그리스도인들을 잡으러 가는 길에서, 오히려 그가 예수님께 붙잡혔기 때문이란다! 주님께서 그를 눈멀게 하셔서 완전한 어둠 속에 두신 거야.

그의 육체적 눈멂은 영적인 눈멂을 보여 주는 표였단다(사 42:19). 이 심판을 통해 그리스도께서는 사울에게 이렇게 말씀하시는 것과 같았어. "너는 본다고 생각하지만 사실은 보지 못한다. 너는 어둠 가운데 살고 있다." 사울은 그 강력한 심판 앞에서 낮아졌고, 금식하며 기도하기 시작했단다. 금식은 하나님을 향한 우리의 갈망을 나타내기 위해 일정 시간 먹는 것(때로는 마시는 것까지)을 멈추는 것이란다. 우리가 금식할 때, 하나님과 그분의 은혜에 대한 배고픔이 음식에 대한 배고픔보다 더 크다는 것을 고백하는 것이지.

그리스도께서는 사울을 그대로 어둠 속에 두실 수도 있었어. 사실 그는 하나님의 심판을 받아 마땅했단다! 그러나 교회를 미워하던 이 박해자에게 내리신 심판은 은혜로운 심판이었어. 그를 고치시기 위해 먼저 눈을 멀게 해서 그를 낮추신 것이란다. 사울의 기도에 응답해서 예수님은 아나니아를 보내 복음을 전하게 하시고 그의 시력을 회복시켜 주셨어(행 22:12-16 참고). 사울의 육체적 눈멂이 영적 눈멂의 그림자였던 것처럼, 그의 육체적 치유도 영적 치유의 그림자였단다. 다메섹 길에서 그는 부활하신 주 예수님을 보았어. 자신이 미워하던 분이 자신을 나타내 보이셨고, 그 만남 이후 사울은 결코 이전과 같지 않게 되었지.

그토록 담대하게 그리스도를 박해하던 사람이 이제는 담대하게 그리스도를 전하는 사람이 되었단다! 사울은 훗날 세상에서 가장 중요한 설교자 가운데 한 사람이 될 거야. 그러나 그렇게 되기 전에 먼저 왕이신 그리스도를 알아야 했지. 그래서 그리스도께서는 심판자로서 눈을 멀게 하여 그를 낮추시고, 구주로서 다시 그 눈을 열어 고치신 것이란다. 이제 사울은 심판자이시며 구주이신 예수님을 모든 사람에게 선포하며 살게 될 거야.

1) 이사야 42:18-19에서 하나님이 이스라엘에 대해 하신 말씀을 읽어 봅시다. 이것은 예수님을 만나기 전 사울의 모습과 어떻게 같습니까?

—— 사울은 자신이 분명히 본다고 생각했지만 실제로는 하나님을 보지 못하는 영적으로 눈이 먼 상태였습니다. 그는 하나님의 종으로 하나님을 증언해야 했지만, 오히려 사탄의 종처럼 하나

　　　　　　　　　　　　　　　약속의 성취

님의 참된 증인들을 죽이려 하고 있었습니다.

2) 그리스도께서 내리신 눈멂에 대해 사울은 어떻게 반응했습니까?

— 자신의 죄로 낮아져 기도하고 금식하며, 저주 가운데서도 하나님의 복을 구했습니다. 하나님의 심판은 우리로 하여금 그 분께 구원을 구하도록 이끌어야 합니다.

3) 사울은 어떻게 고침 받았으며, 그 치유는 무엇을 보여 줍니까?

— 예수님의 제자 아나니아의 안수를 통해 고침 받았습니다. 이것은 그리스도께서 그의 영적인 눈멂도 고쳐 주셨다는 것을 보여 주는 장면입니다. 사울은 이제 예수님을 보고 하나님으로 경배하게 되었습니다. 그는 훗날 우리가 모두 본성적으로 하나 님께 대해 눈먼 상태에 있으며, 오직 성령께서 복음 가운데 나 타난 그리스도의 영광을 보도록 눈을 열어 주셔야 한다고 기록 합니다(고후 4:4-6).

기도 

우리 자녀들이 복음 가운데 나타난 부활하신 주 예수 그리스도의 영광을 볼 수 있는 눈을 갖게 해주시기를 기도한다.

복습 

1) 누가 사울의 눈먼 것을 고쳐 주었습니까?

— 자신의 종 아나니아를 통해 예수님께서 고쳐 주셨습니다.

2) 사울은 고침 받은 후 무엇을 하기 시작했습니까?

— 세례를 받고 예수님이 주님이시며 심판자이시고 구주이심을 다른 사람들에게 전하기 시작했습니다.

본문 읽기

사도행전 9:32-42

1) 애니아에게는 어떤 문제가 있었으며, 예수님은 그를 어떻게 도우셨습니까?

— 애니아는 중풍병자였는데, 예수님께서 베드로를 통해 그에게 새로운 다리를 주셨습니다.

2) 다비다에게는 어떤 문제가 있었으며, 예수님은 그녀를 어떻게 도우셨습니까?

— 다비다는 죽었지만, 예수님께서 베드로를 통해 그녀에게 새로운 생명을 주셨습니다.

3) 애니아와 다비다가 고침 받는 것을 본 이웃들은 어떻게 반응했습니까?

　── 많은 이웃들이 죄에서 돌이켜 예수님을 믿게 되었습니다.

해설

핵심 내용 : 사도들의 기적은 그리스도의 부활 능력을 보여 주는 표와 인이다.

다메섹으로 가는 길에서 부활하신 주 예수님을 만나 변화된 사울은 그리스도의 위대한 설교자가 되었단다(행 9:19-31). 뒤의 장들에서는 사울이 온 세상을 다니며 예수님을 전한 이야기를 들려줄 거야(13-28장). 그러나 그 전에 우리의 시선은 또 다른 위대한 설교자, 사도 베드로에게로 향한단다. 흥미롭게도 오늘 본문은 그의 설교보다 그가 행한 두 가지 기적을 말해 주고 있어.

　기적이란 자연적인 설명으로는 이해할 수 없는 방식으로 하나님이 일하시는 것을 말한단다. 의사는 약과 운동으로 약한 다리를 조금 강하게 할 수는 있어도, 마비된 다리를 다시 걷게 할 수는 없어. 의사는 병든 사람이 회복되게 도울 수는 있어도, 죽은 사람을 다시 살릴 수는 없지. 마비된 사람이 걷고 죽은 사람이 다시 살아 말할 때, 우리는 그것을 기적이라고 불러. 이런 일은 하나님의 능력이 드러나는 사건이란다. 그리고 이 이야기에서는 이 기적들이 예수님께서 죽음에서 살아나신 전능한 왕이심을 보여 주는 증거가 되지.

실제로 애니아의 치유와 다비다의 부활은 모두 그리스도의 부활을 가리키는 표란다. 그래서 베드로는 두 사람 모두에게 "일어나라!"고 명령했어(행 9:34, 40). 애니아의 다리가 다시 움직이고 다비다의 심장이 다시 뛰기 시작했을 때, 그들은 예수님처럼 새로운 생명으로 일으켜 세움을 받은 것이란다.

그러나 이 기적들은 부활을 보여 주는 인이기도 했어. 인친다는 것은 어떤 것이 참됨을 확증한다는 뜻이란다. 마치 우리가 편지에 서명해서 그 편지가 정말 우리에게서 왔음을 확인하는 것과 비슷하지. 예수님께서는 기적을 통해 사도들의 설교가 참으로 자신에게서 온 말씀임을 확증해 주셨어. 베드로가 그리스도의 부활을 전하자, 그리스도께서는 기적으로 그 말씀이 참됨을 확인해 주신 것이란다. 이것은 하나님께서 "베드로는 나를 대신해 말한다. 그가 말할 때 너희는 들어야 한다."고 말씀하시는 것과 같았어. 이 치유들은 베드로가 선포한 메시지를 그림처럼 보여 주는 표이면서, 동시에 그 메시지가 참됨을 확증하는 인이었단다. 곧 예수님께서 부활로 죄와 죽음을 이기신 만왕의 왕이심을 증언하는 표와 인이었던 것이지.

1) 애니아와 다비다를 일으킨 것은 베드로 자신의 능력이었습니까?
   — 베드로는 이 치유를 행하신 분이 예수님이라고 말했습니다. 기적을 행하실 능력은 오직 부활하신 하나님의 아들 예수님께만 있습니다.

　　　　　　　약속의 성취

2) 이 기적들은 베드로가 전한 복음을 어떻게 보여 줍니까?

　　—— 두 사건 모두 새로운 생명으로 일어나는 일입니다. 이것은
예수님이 죽은 채로 머물지 않고 죄와 죽음을 이기고 부활하셔
서 우리에게 생명을 주신다는 복음의 핵심을 보여 줍니다.

3) 이 기적들은 베드로가 전한 복음을 어떻게 확증합니까?

　　—— 하나님께서 능력 있는 일들을 통해 베드로의 말이 하나님의
말씀임을 증명하시고, 그 말씀이 믿을 만함을 보여 주셨습니다.

기도 

우리 가족의 모든 사람이 부활하신 전능의 왕 예수님께로 돌이키게
해주시기를 기도한다.

복습

1)　중풍병자 애니아와 죽은 다비다에게 무슨 일이 일어났습니까?

　　── 두 사람 모두 사도 베드로를 통해 예수님께서 기적으로 고쳐 주셨습니다.

2)　그 치유들은 무엇을 보여 주는 그림이었습니까?

　　── 예수님께서 전능하신 왕으로 죽음에서 살아나셨다는 사실을 보여 주는 것이었습니다.

본문 읽기

사도행전 10:1-16

1)　고넬료는 누구입니까?

　　── 그는 약 백 명의 군인을 거느린 군대의 지휘관인 백부장이었습니다. 또한 하나님을 경외하는 사람이었는데, 이는 하나님을 예배하지만 할례와 같은 이스라엘의 의식은 따르지 않는 이방인을 말합니다.

2)　환상에서 천사는 고넬료에게 무엇이라고 말했습니까?

　　── 사람들을 보내어 사도 베드로를 데려오라고 했습니다.

3) 다음 날 베드로는 환상에서 무엇을 보았습니까?

— 부정한 동물들(옛 언약 아래에서 먹지 못하도록 금지된 고기)로 가
득 찬 큰 보자기를 보았습니다.

해설

하나님은 이스라엘에게 많은 규례를 주셔서 그들이 하나님의 특별
한 백성임을 기억하게 하셨어. 다른 민족들과 달리, 하나님은 유대
인들이 베이컨이나 게와 같은 음식들을 먹지 못하게 하셨단다(레 11
장; 신 14장). 어떤 사람들은 이것이 건강 때문이라고 생각하지만, 이
규례의 목적은 음식 자체보다 사람에게 있었단다. 함께 식사를 나
누는 자리에서 우정이 생기고 깊어지는 일이 많지. 그런데 엄격한
음식 규례 때문에 유대인들은 부정하게 될까 두려워 이방인들과 함
께 식사할 수 없었어.

옛 언약 아래에서 이 음식에 대한 규례는 유대인과 이방인을 갈
라놓는 큰 담과 같았단다. 그러나 예수님은 그 담을 허물어뜨리려
고 오셨어. 그래서 예수님께서는 온갖 부정한 짐승들이 가득한 큰
보자기를 보여 주시며 베드로에게 먹으라고 명하셨지. 베드로는
"그럴 수 없습니다!"라고 대답했어. 이것은 하나님이 선지자 에스
겔에게 변소 위에서 음식을 구워 먹으라고 하셨을 때 에스겔이 보

인 반응과 비슷하단다(겔 4:12-14). 하나님이 에스겔에게 그런 명령을 하신 것은, 하나님의 백성이 주변 민족들처럼 죄로 더러워졌음을 보여 주기 위한 것이었어. 그들의 죄가 유대인과 이방인을 나누던 담을 스스로 무너뜨리고 자기들을 더럽힌 거야.

그러나 베드로에게 부정한 음식을 먹으라고 하신 것은 유대인 신자들이 더러워졌음을 보여 주시는 것이 아니었어. 오히려 예수님의 피가 이방인들을 깨끗하게 하셔서 이제 믿는 유대인과 이방인이 하나의 백성으로 연합하게 됨을 보여 주는 것이었단다. 예수님은 베드로를 이방인 고넬료에게 보내 복음을 전하게 하심으로, 복음이 이방 세계 끝까지 퍼지게 하겠다는 약속을 이루기 시작하셨어(행 1:8). 바로 이 때문에 오늘 우리도 복음을 듣고 하나님을 우리의 하나님으로 모실 수 있게 된 것이란다.

1) 하나님이 이스라엘에게 먹을 고기에 관한 율법을 주신 이유는 무엇입니까?

—— 그들의 식생활을 통해 그들이 다른 민족과 달리 하나님께 구별된 특별한 백성임을 기억하게 하시기 위해서입니다.

2) 예수님은 왜 베드로에게 부정한 고기를 먹으라고 하셨습니까?

—— 예수님께서 십자가로 깨끗한 음식과 부정한 음식에 관한 옛 언약의 율법을 성취하시고, 그분을 믿는 모든 사람을 그 피로 깨끗하게 하셨기 때문입니다.

3) 우리는 왜 깨끗하게 되어야 하며, 누가 우리를 깨끗하게 하실

                                          약속의 성취

수 있습니까?

— 우리는 죄로 더러워져 있기 때문입니다. 우리는 스스로 깨끗하게 할 수 없지만, 예수님의 피는 우리를 씻어 하나님과 함께 살기에 합당하게 만들 만큼 능력이 있습니다. 특정 음식을 거부함으로 깨끗해지는 것이 아니라, 오직 예수 그리스도를 믿고 의지할 때 깨끗해집니다.

기도 

우리 가족 모두가 그리스도를 믿는 믿음으로 마음이 깨끗해지게 해주시기를 기도한다.

복습 

1) 고넬료는 누구입니까?

— 베드로를 자기 집으로 초대한 이방인 군대의 백부장이었습니다.

2) 베드로가 고넬료의 초대를 받기 전에 무슨 일이 있었습니까?

— 예수 그리스도를 통해 유대인과 이방인 사이의 막힌 담이 무너지고 있음을 환상으로 배우게 되었습니다.

본문 읽기 

사도행전 10:34-36, 42-48

1) 베드로는 누가 공평하시다고 말했습니까?

— 하나님이십니다. 하나님은 유대인이든 이방인이든 상관없이 모든 사람을 공평하게 대하십니다.

2) 베드로가 설교하는 동안 고넬료의 집에 있던 이방인들에게 무슨 일이 일어났습니까?

— 성령께서 유대인들(2장)과 사마리아 사람들(8장)에게 부어지신 것처럼 그들에게도 부어지셨습니다.

3) 이방인들이 복음을 받아 하나님을 예배하자, 베드로는 그들에게 무엇을 하라고 명했습니까?

── 그리스도의 교회에 속한 표로 세례를 받으라고 명했습니다.

해설

핵심 내용 : 예수님은 말씀과 성령으로 이방인들을 하나님께 가까이 나아오게 하신다.

고넬료는 환상을 본 뒤 사람들을 보내 사도 베드로를 불렀고, 베드로 역시 환상을 본 뒤 그들과 함께 고넬료의 집으로 갔어. 그가 도착했을 때, 그 집에는 고넬료의 가족과 친구들이 가득 모여 있었어. 부정하다고 여겨지던 이방인들로 가득한 그 방에 베드로가 들어서는 순간, 그는 전날 자신이 본 환상의 뜻을 깨닫게 되었단다. 예수님께서 "하나님이 깨끗하게 하신 것을 속되다 하지 말라"고 하신 말씀이 사람에 관한 것임을 알게 된 거야(행 10:28). 하나님은 피부색이나 민족에 따라 사람을 차별하지 않으시고 모든 사람을 공평하게 대하신단다.

그래서 베드로는 마지막 날에 모든 사람을 심판할 주님이시며, 그를 믿는 모든 사람을 구원하시는 예수님을 선포했어. 이것이 바로 구약이 가르치던 내용이었고, 베드로가 이 말씀을 전할 때 예수님은 이 죄 많은 이방인들에게도 씻는 은혜를 베푸셨단다.

오순절 날과 비슷하게, 베드로의 설교를 듣는 동안 남자와 여자와 아이들에게 성령이 부어졌어. 그들은 예수님을 받아들이고 그 은혜로 깨끗하게 되었지. 유대인과 사마리아 신자들 안에 거하시던 같은 성령께서 이제 이방인들 안에도 거하시며 그들을 한 교회의 지체로 삼으신 거야. 그래서 그들이 하나님의 크신 구원을 찬양하는 가운데 베드로는 그들에게 물세례를 받도록 명했단다.

예수님이 죽음으로 유대인과 이방인 사이의 담을 무너뜨릴 능력을 마련하셨다면, 그 담을 실제로 무너뜨리신 분은 성령이시란다. 이 군인의 집에서 예수님의 성령이 예수님의 말씀을 이방인들의 마음에 능력 있게 역사하셔서, 유대인과 사마리아 사람들처럼 그들도 하나님께 가까이 나아오게 되었어. 예수님은 이제 한 나라가 아니라 모든 나라에서 죄인들을 불러 모아 교회를 세워 가고 계신단다.

1) 하나님께서 사람을 차별하지 않으신다는 것은 무슨 뜻입니까?
  ── 하나님은 유대인이든 이방인이든 상관없이 모든 사람을 공평하게 대하십니다. 하나님은 모든 사람의 심판자이시며, 예수님을 믿는 모든 사람에게 구원을 주십니다.

2) 하나님은 이 이야기에서 그 공평하심을 어떻게 보여 주셨습니까?
  ── 유대인들에게 주셨던 말씀과 성령을 이방인들에게도 주셔서, 그들도 예수 그리스도를 통해 깨끗하게 되도록 하셨습니다.

3) 교회는 우리와 모습과 말이 같은 사람들만 있는 곳입니까?

   약속의 성취

── 아닙니다. 교회는 예수님을 구주로 받아들이고 왕으로 따르는 서로 다른 모든 사람들이 함께 모인 곳입니다. 예수님은 성령으로 모든 나라에서 사람들을 불러 교회를 이루게 하십니다.

기도 

성령께서 복음을 사용하셔서 우리 지역 사회의 더 많은 사람들이 그리스도와 그분의 교회로 나아오게 하시기를 기도한다.

복습 

1) 베드로는 왜 고넬료의 집에 갔습니까?

　—— 자신이 받은 환상에 순종해서 그에게 복음을 전하기 위해 갔습니다.

2) 베드로가 고넬료와 그의 집에 있는 이방인들에게 설교했을 때 무슨 일이 일어났습니까?

　—— 그리스도의 성령이 그들에게 임하셨고, 그들은 그리스도의 구원을 받았습니다.

본문 읽기

사도행전 11:1-5, 10-12, 15-18

1) 누가 이방인들과 함께 먹은 베드로를 못마땅하게 여겼습니까?

　—— 이방인도 구원을 받으려면 유대인이 되어야 한다고 믿던 예루살렘 교회의 한 무리였습니다. 사도행전 15장에서 이들을 다시 만나게 됩니다.

2) 베드로는 그들의 비판에 어떻게 대답했습니까?

　—— 그리스도께서 자신에게 이방인들에게 가라고 명하셨고, 말

쓰심과 성령으로 이 이방인들을 구원하셨다고 설명했습니다.

3) 베드로를 비판하던 예루살렘 교회 사람들은 그의 이야기를 듣고 어떻게 반응했습니까?

　── 더 이상 말하지 못하고 하나님께 영광을 돌리며 예배했습니다.

해설

핵심 내용 : 그리스도께서 허무신 것을 아무도 다시 세우지 못한다.

베드로는 고넬료의 집에서 그리스도께서 행하신 일을 예루살렘 교회에 전하고 싶어 서둘러 돌아왔단다. 그런데 그가 도착하기도 전에 교회는 이미 그 소식을 들었고, 어떤 사람들은 그것을 기뻐하지 않았어. 그들은 유대인과 이방인을 가르는 담이 영원히 그대로 있어야 한다고 생각했단다. 하나님께서 그 담을 세우신 것이라고 여겼기 때문이야. 어느 정도는 맞는 말이었지.

아담과 하와가 죄를 지은 뒤 하나님은 자신을 따르는 자들과 마귀를 따르는 자들 사이에 담을 두셨단다(창 3:15). 구약 전체에서 그 담은 하나님께 구별된 이스라엘과 마귀에게 속한 열방 사이의 구분으로 나타났어. 하나님은 할례와 음식 규례 같은 겉모습의 표를 주셔서 그들이 하나님의 특별한 백성으로 살도록 하셨지(창 17:10; 신 14:21). 이런 표는 하나님의 은혜에 대한 겸손한 감사와 그 은혜가 열방에 전해지기를 바라는 마음을 일으켜야 했단다(창 12:1-3; 시 67편). 그러나 그들은 그 뜻을 놓쳐 버리고, 그 담을 마음속 교만과 이방인에 대한 미움으로 바꾸어 버렸어. 심지어 유대인이 이방인의 집에 들어가지 못하게 하는 것 같은 규례까지 더해 담을 더 높이 쌓았단다.

그래서 예루살렘 교회의 유대인 신자들이 고넬료 같은 이방인을 쉽게 받아들이지 못한 것은 이해할 만한 일이었어. 이것이 하나님의 율법을 어기는 일처럼 보였기 때문이야. 그러나 많은 규례는 애초에 하나님께서 주신 것이 아니었고, 하나님께서 주신 음식 규례도 영원한 것이 아니라 잠시 동안의 것이었단다. 예수님은 베드로에게 보여 주신 환상과 고넬료와 그의 친구들에게 베푸신 구원을 통해 그 사실을 분명히 하셨어. 이 이방인들도 동일한 복음을 듣고, 동일한 믿음과 회개로 응답하며, 동일한 성령을 받고, 예루살렘의 유대인들과 동일한 교회 안으로 세례를 받았단다. 그들이 구원받은 이유는 유대인이 되었기 때문이 아니라 예수님을 받아들였기 때문이야. 그래서 베드로는 이렇게 묻는 셈이었단다. "그리스도께서 허무신 담을 내가 다시 세우며 그분의 길을 막으란 말입니까?"

1) 유대인과 이방인 사이의 담은 어디에서 왔습니까?
   —— 처음에는 하나님께서 이스라엘을 마귀가 다스리는 세상에서 구별하기 위해 두신 것이었습니다.

2) 하나님은 그 담이 영원히 남아 있기를 원하셨습니까?

   약속의 성취

── 아닙니다. 그 담은 한동안 이스라엘이 하나님의 특별한 백성임을 알게 하려는 것이었습니다.

3) 사도행전 11장 18절을 다시 읽어 봅시다. 복음의 은혜에 우리는 어떻게 반응해야 합니까?

── 죄와 마귀에게서 우리를 구원하실 수 있는 분은 오직 하나님뿐이시므로 그분을 예배해야 합니다. 유대인과 이방인 사이의 담은 무너졌지만, 하나님의 백성과 마귀의 백성 사이에는 여전히 담이 있습니다. 오직 그리스도만이 우리를 마귀에게서 건지시고 거룩한 백성으로 깨끗하게 하실 수 있으므로, 우리의 구원에 대한 모든 영광은 그분께 돌아갑니다.

기도 

우리 지역 교회가 그리스도의 은혜에 놀라는 마음으로 그분께 영광을 돌리게 해주시기를 기도한다.

복습 

1) 예루살렘의 모든 사람이 고넬료의 소식을 듣고 기뻐했습니까?

— 처음에는 아니었습니다. 베드로가 이방인들에게 복음을 전한 것이 잘못이라고 생각한 사람들이 있었습니다.

2) 베드로는 그들의 불평에 어떻게 대답했습니까?

— 자신에게 가라고 명한 분도, 그 이방인들을 구원한 분도 예수님이시므로 그들은 사실 예수님께 불평하고 있는 것이라고 말했습니다.

본문 읽기

사도행전 12:1-11

1) 헤롯 왕은 사도들에게 무엇을 했습니까?

— 야고보 사도를 죽이고 베드로 사도를 옥에 가두었습니다.

2) 베드로가 옥에 갇혀 있는 동안 교회는 무엇을 했습니까?

— 예수님께서 그와 함께하시고 그를 구해 주시기를 간절히 기도했습니다.

3) 교회의 기도에 대해 예수님은 어떻게 응답하셨습니까?

── 천사를 보내 베드로를 감옥에서 구해 내시고 자유롭게 하셨습니다.

해설

핵심 내용 : 큰 고난은 교회를 기도하게 하고, 큰 기도는 주 예수께서 일하시게 한다.

예수님은 왜 자기 백성이 고난을 겪도록 허락하실까? 이것은 아주 좋은 질문이란다. 그 이유는 여러 가지가 있지만, 그중 하나는 하나님께서 우리의 마음을 아시기 때문이야. 삶이 편하고 모든 일이 잘될 때 우리는 우리에게 하나님이 얼마나 필요하신지를 쉽게 잊어버린단다. 여전히 기도는 하겠지만 마음을 다해 하지 않고, 무엇을 구하더라도 절박함 없이 구하기 쉽지. 그러나 큰 시련은 우리로 하여금 간절한 기도를 하게 만들고, 뜨거운 시험은 뜨거운 열심으로 기도를 드리게 한단다.

예루살렘 교회가 겪은 고통 속에서 바로 그런 간절한 기도가 나왔어. 그들의 목자 중 한 사람인 사도 야고보가 헤롯 왕에게 목이 베어 죽임을 당했단다. 그것만으로도 너무나 슬픈 일이었는데, 헤롯은 또 다른 목자인 사도 베드로까지 감옥에 가두고 죽이려 했어. 이런 불의 앞에서 하나님의 백성은 어떻게 했을까? 칼을 들고 왕궁으로 쳐들어간 것이 아니라, 하나님께 가까이 나아가 간절히 기도했단다. 누가는 여기서 교회의 기도를, 겟세마네 동산에서 십자가를 앞두고 기도하시던 예수님의 모습과 같은 표현으로 기록하고 있어 (눅 22:44). 왕이신 예수님처럼, 교회도 자신들이 짊어진 십자가 때문에 온 마음을 다해 하나님께 기도하게 된 것이란다.

그 기도는 하늘에 올라 왕의 귀에 이르렀고, 예수님은 그들이 상상하지 못한 방식으로 응답하셨어. 그들은 실제로 예수님이 어떻게 기도에 응답하셨는지를 듣고도 쉽게 믿지 못했단다 (행 12:12-16). 천사가 감옥에 나타나 베드로의 쇠사슬을 풀고, 쇠문과 파수꾼들을 지나 감옥에서 무사히 빠져나오게 이끌어 낸 거야.

예수님은 이런 기도에 응답하심으로 자신이 왕들과 쇠사슬과 파수꾼과 굳게 잠긴 감옥보다 훨씬 크다는 것을 보여 주기 기뻐하신단다. 그래서 때로는 큰 고난을 사용해 자기 백성을 큰 기도로 이끄시고, 그 기도에 응답하심으로 자신의 위대하심을 드러내시는 거야.

1) 우리는 삶이 잘될 때 더 많이 기도합니까, 아니면 힘들 때 더 많이 기도합니까?

— 우리는 보통 삶이 힘들 때 더 많이 기도합니다. 고난을 겪을 때 하나님이 얼마나 필요한 분이신지 깨닫고 그분께 가까이 나아가게 됩니다.

2) 베드로가 감옥에서 구원받은 이야기는 왜 우리에게 기도를 격려해 줍니까?

— 예수님께서 우리의 기도에 기쁘게 응답하시며, 우리가 상

                                        약속의 성취

상하지 못한 방식으로도 일하신다는 것을 보여 주기 때문입니다. 기도 자체에 능력이 있는 것이 아니라, 능력 있으신 하나님이 기도에 응답해서 일하시기 때문에 기도는 힘이 있습니다.

3) 이 이야기를 통해 우리는 예수님에 대해 무엇을 배웁니까?

── 예수님은 왕들과 파수꾼들과 쇠사슬과 쇠문보다 더 크신 분입니다. 그 어떤 것도 그분의 뜻을 막을 수 없습니다.

기도 

예수님께서 우리 가족의 믿음을 자라게 하셔서, 함께 열심히 간절한 기도를 드리게 해주시기를 기도한다.

풀은 마르고

복습 

1) 누가 베드로를 옥에 가두었습니까?

— 헤롯 왕입니다.

2) 누가 베드로를 감옥에서 구해 주었습니까?

— 교회의 기도에 대한 응답으로 예수님께서 보내신 천사입니다.

본문 읽기

사도행전 12:20-24

1) 무리는 헤롯 왕에 대해서 무엇이라고 외쳤습니까?

— 사람이 아니라 신이라고 외치며 우상에게 하듯 경배했습니다.

2) 하나님의 천사는 왜, 그리고 어떻게 헤롯을 쳤습니까?

— 사람들이 그를 경배할 때 하나님께 영광을 돌리지 않고 기쁘게 그것을 받아들였기 때문에, 천사가 그를 쳐서 죽게 했습니다.

3) 헤롯은 죽었지만 하나님의 말씀은 어떻게 되었습니까?

— 계속 퍼져 나갔습니다. 헤롯은 그것을 막으려 했지만, 오히

려 하나님께서 그를 멈추게 하셨습니다.

> **핵심 내용 :** 풀은 마르지만 하나님의 말씀은 영원히 서 있다.

헤롯 아그립바 1세는 몹시 잔인하고 분노가 많은 사람이었단다. 그는 피에 굶주려 교회를 미워했을 뿐 아니라, 시리아 지역의 여러 도시들에도 그 분노를 드러냈어. 그는 두로와 시돈의 식량 공급을 끊어 버릴 권세까지 가지고 있었기 때문에, 그곳 사람들은 어떤 대가를 치르더라도 평화를 얻고자 그에게 나아왔단다.

헤롯은 왕의 옷을 입고 왕의 보좌에 앉아 왕답게 연설했어. 모든 것이 매우 인상적이었고, 무리는 그를 신이라고 부르며 찬양했단다. 참 하나님을 예배해야 할 사람들이 헤롯을 예배한 거야. 그때 헤롯은 어떻게 했어야 했을까? 그들을 막고 "나는 사람일 뿐이다"라고 말했어야 했어(행 10:26). 그러나 그는 경배받는 것을 기뻐했어. 하나님께 영광을 돌릴 생각조차 하지 않았지.

바로 그 순간 참되신 하나님께서 천사를 보내 헤롯을 심판하셨어. 베드로를 감옥에서 건져 내기 위해 베드로의 옆구리를 쳤던 천사가, 이번에는 헤롯을 쳐서 죽게 했단다. 그는 땅에 묻혀 벌레의 먹이가 되었어.

이 사람이 바로 사도 야고보의 목을 베고 베드로를 가두었던 헤

롯이야. 그는 예수 그리스도의 말씀을 전하는 사람들을 거세게 대
적했지. 그러나 아무리 애써도 하나님의 말씀을 막을 수는 없었단
다. 이것이 이 이야기의 핵심이야. 헤롯의 벌레 먹은 몸은 다시는 말
하지 못하지만, 그리스도의 복음은 결코 침묵하지 않아. 벌레에게
먹히지 않고 계속 사람들의 마음과 생각을 사로잡으며 그리스도의
나라를 퍼뜨린단다.

정치가도, 유명인도, 부자도, 철학자도 언젠가는 다 죽고 사라진
단다. 그러나 하나님의 말씀은 결코 시들지 않아. 사람은 풀과 같아
서 곧 시들어 죽지만, 예수님의 말씀은 결코 죽지 않아(사 40:7-8).
그 말씀은 영원히 서서 우리와 온 세상에게 오직 경배받으시기에
합당하신 왕, 곧 주 예수 그리스도를 찬양하라고 부르고 있단다.

1) 왜 하나님의 천사가 헤롯 왕을 쳐서 죽게 했습니까?
　　—— 사람들이 자신을 예배하도록 내버려 두고 참 하나님께 영
　　광을 돌리지 않았기 때문입니다. 헤롯은 그리스도를 미워하고
　　그분의 말씀과 그분을 섬기는 사람들을 대적했지만, 예수님을
　　대적하는 자는 결코 이기지 못합니다.

2) 헤롯은 설교자들을 죽이고 가두어 복음의 확산을 막으려 했는
　　데, 그가 하나님의 말씀을 멈출 수 있었습니까?
　　—— 아닙니다. 그가 더 강하게 대적할수록 말씀은 더 힘있게 전
　　파되었고 더 많은 사람이 믿게 되었습니다. 이것이 교회가 과거
　　부터 현재까지 항상 나아온 길입니다. 악한 사람들이 말씀을 무

　　　　　　　　　　　　　　　　　　　　약속의 성취

너뜨리려 할수록 하나님은 은혜와 능력으로 교회를 더 널리 퍼뜨리십니다.

3) 이사야 40:7-8의 말씀은 이 이야기에서 어떻게 이루어집니까?

—— 인간의 영광을 누리던 헤롯은 시들어 죽어 벌레의 먹이가 되었습니다. 그러나 약해 보이던 하나님의 말씀은 사라지지 않고 계속 퍼져 나갑니다. 하나님의 말씀은 결코 죽지 않습니다.

기도 

우리 자녀들이 영원한 하나님의 말씀을 믿음으로 붙들고 오직 참 하나님께만 예배하게 해주시기를 기도한다.

복습 

1) 천사는 헤롯 왕에게 무엇을 했습니까?

 ― 그가 자신을 신처럼 높였기 때문에 그를 쳐서 죽게 했습니다.

2) 사람은 풀처럼 시들지만, 하나님의 말씀은 어떠합니까?

 ― 결코 시들거나 죽지 않습니다. 하나님의 말씀은 영원히 살아 있습니다.

본문 읽기 

사도행전 13:4-12

1) 성령께서는 사울과 바나바를 어디로 보내셨습니까?

 ― 지중해에 있는 섬, 구브로로 보내셨습니다. 그곳은 바나바의 고향이었습니다(행 4:36).

2) 섬을 가로질러 여행한 뒤, 그들은 누구를 만났습니까?

 ― 예수님에 대해 듣고 싶어 했던 구브로 총독 서기오 바울을 만났습니다.

3) 사울이 새롭게 불리기 시작한 이름은 무엇입니까?

— 사울의 로마식 이름인 바울입니다.

핵심 내용 : 어둠의 나라는 그리스도의 나라가 자라는 것을 막을 수 없다.

한 나라가 그 경계를 넓히려면 주변에 있는 다른 나라들과 싸워 이겨야 한단다. 여호수아가 이스라엘을 이끌고 약속의 땅을 정복할 때에도 피 흘리는 전쟁이 필요했어. 마찬가지로 예수님께서 교회를 이끌어 세상을 정복하실 때에도 영적 전쟁이 필요해. 나라들은 싸움을 통해 자라나지. 그러나 우리는 칼과 방패 같은 육신의 무기가 아니라, 하나님의 말씀과 기도로 싸운단다(고후 10:4). 우리의 싸움은 사람이 아니라 영적인 권세들을 향한 것이기 때문이야(엡 6:12).

그리스도의 나라는 복음이 기도로 전파될 때 마귀의 나라를 무너뜨리며 자라난단다. 그러나 옛날 가나안 사람들이 이스라엘을 막으려 했던 것처럼, 마귀도 그리스도의 나라가 퍼지는 것을 막기 위해 온 힘을 다해 싸우지.

사울(이제부터는 바울이라 불려)과 바나바는 왕이신 예수님께 보내심을 받아 그분을 전하러 나아갔어. 그들은 배를 타고 바나바가 자란 구브로 섬으로 갔지. 섬의 한쪽 끝에서 다른 끝까지 약 145킬로미터를 걸어 다니며 복음을 전했어. 마침내 수도 바보에 이르렀고, 그곳에서 총독 서기오 바울의 초청을 받아 예수님에 대해 전할 기회를 얻었지.

이것은 놀라운 기회였지만, 총독이 예수님께 무릎 꿇지 못하도록 마귀가 방해하고 있었어. 바울과 바나바가 예수님을 전할 때, 엘루마라 불리는 거짓 선지자가 그들을 대적했단다. 그는 복음이 진리가 아니라고 총독을 설득하려 했어. 엘루마라는 이름은 "구원의 아들"이라는 뜻이었지만, 바울은 그를 "마귀의 아들"이라 불렀지. 이처럼 우리가 예수님의 말씀을 의심하도록 유혹받을 때마다, 그 뒤에는 마귀가 일하고 있는 거야.

예수님께서는 엘루마를 눈멀게 하심으로 자신이 마귀보다 더 강하심을 보이셨어. 총독은 말씀과 이 심판의 기적을 보고서 예수님께 무릎 꿇고 살아 계신 하나님을 예배하는 사람이 되었단다. 성령으로 충만한 선지자들을 통해 예수님의 진리가 마귀로 가득 찬 거짓 선지자의 거짓을 이긴 거야. 그 결과가 무엇이었을까? 높은 지위의 로마 관리의 마음속까지 예수님의 나라가 확장된 거야. 참으로 하나님을 찬양할 일이란다!

1) 바울과 바나바는 어둠의 나라와 싸울 때 육신의 칼과 방패를 사용했습니까? 왜 그러지 않았습니까?
   —— 그들은 사람이 아니라 영적인 권세들과 싸우고 있었기 때문에 육신의 무기를 사용하지 않았습니다. 교회가 싸우는 대상은 마귀와 타락한 천사들입니다.

2) 교회는 육신의 무기로 싸우지 않는다면 무엇으로 싸웁니까?

── 하나님의 말씀과 기도라는 영적인 무기로 싸웁니다. 기도하며 복음을 전할 때 마귀의 나라는 무너지고 그리스도의 나라는 자라납니다.

3) 서기오 바울은 구브로의 가장 높은 통치자였습니다. 이 이야기는 우리가 정부 지도자들을 위해 어떻게 기도해야 함을 가르쳐 줍니까?

── 세상의 권세자들도 가장 큰 권세자이신 예수님을 배우고 그분께 무릎 꿇어야 함을 보여 줍니다. 그래서 우리는 정부 지도자들이 복음을 듣고 주님을 예배하도록 기도해야 합니다.

기도 

우리의 정부 지도자들이 예수 그리스도를 믿고 그분 앞에 겸손히 무릎 꿇게 해주시기를 기도한다.

복습 

1) 서기오 바울은 누구입니까?

— 구브로의 총독이었습니다.

2) 그에게 어떤 일이 일어났습니까?

— 바울과 바나바가 기도로 전한 설교를 통해 그리스도인이 되었습니다.

본문 읽기

사도행전 14:8-18

1) 바울은 루스드라에서 어떤 기적을 행했습니까?

— 예수님의 능력으로 걷지 못하던 사람을 고쳐 주었습니다.

2) 사람들은 이 치유를 보고 어떻게 반응했습니까?

— 바울과 바나바를 신들처럼 예배했습니다.

3) 바울과 바나바는 자신들이 예배를 받을 때 어떻게 했습니까?

— 자신들도 단지 사람일 뿐이며, 예배받기에 합당한 분은 오직 한 분 하나님뿐이시라고 설명했습니다.

핵심 내용 : 예수님은 우리가 거짓 신들을 버리고 살아 계신 하나님께로 돌아오게 하려고 오셨다.

바울과 바나바는 어디를 가든지 예수님을 전했단다. 어떤 사람들은 기쁨으로 복음을 받아들였지만, 다른 사람들은 화내며 거절했어. 이런 일은 안디옥에서도(행 13:14-52), 이고니온에서도(행 14:1-5), 그리고 지금 이곳 소아시아의 작은 산성 도시 루스드라에서도 일어났단다.

성전 문 앞에서 베드로가 고쳐 준 걷지 못하던 사람이 기억나니(행 3)? 바울이 루스드라에서 설교할 때에도 비슷한 사람이 있었어. 그는 아기 때부터 다리와 발을 전혀 쓰지 못했단다. 그런데 바울의 설교를 한마디도 놓치지 않고 듣고 있었어. 바울은 그에게 믿음이 있는 것을 보고 일어나 서라고 명령했단다. 그러자 성전 문 앞의 사람처럼, 이 다리가 마비된 사람도 일어나 섰어. 이것은 그리스도의 부활 능력을 보여 주는 장면이었단다.

그런데 안타깝게도 사람들은 예수님과 복음에 주목하기보다 바울과 바나바를 신처럼 예배하기 시작했어. 오늘날에도 사람들이 정치인이나 배우나 운동선수를 우상처럼 높이는 일이 있지. 이것을 우상숭배라고 한단다. 창조주 대신 피조물을 예배하는 거야. 바울과 바나바는 사람들이 우상숭배에서 구원받도록 설교를 한 것이지, 거기 더 깊이 빠지게 하려 한 것이 아니었어. 그래서 그들은 외쳤단다. "여러분, 우리를 예배하지 마시오! 우리는 당신들과 같은 사람일 뿐이오!"

피조물을 예배하는 것은 언제나 잘못된 일이란다. 오직 하나님만이 예배받기에 합당하시기 때문이야. 사람들의 주의를 돌린 뒤, 바울은 하늘과 땅을 지으시고 지금도 붙들고 계시는 창조주 하나님을 전했단다.

세상에서 가장 부유하고 강한 사람들을 떠올려 보렴. 그들의 심장이 뛰게 하시고 식탁에 음식을 주시는 분도 하나님이란다. 그들이 가진 모든 것은 하나님에게서 온 거야. 그러니 우리가 위대한 사람들을 볼 때, 그 위대함을 주신 하나님께 영광을 돌려야 해. 창조 세계의 모든 좋은 것은 우리를 선하신 창조주께로 이끌어야 한단다. 예수님은 바로 이것을 이루려고 오셨어. 우리가 우상으로부터 돌아서서 살아 계신 하나님께로 향하게 하시려고 말이야.

1) 우리 자신이나 다른 사람을 예배해도 괜찮습니까?

— 아닙니다. 우리 같은 피조물은 예배받을 자격이 없습니다. 자신이나 다른 사람, 혹은 다른 피조물을 예배하는 것은 우상숭배이며 언제나 잘못된 것입니다. 우리는 하나님만 예배해야 합니다(출 20:3).

2) 사람들이 바울과 바나바를 예배하려 했던 것처럼, 오늘날 우리는 어떻게 다른 사람을 예배하는 죄에 빠질 수 있습니까?

                              약속의 성취

── 사람의 힘, 아름다움, 지식, 능력, 영향력, 부를 볼 때 그것이
하나님에게서 왔다는 사실을 잊어버릴 때 그렇습니다. 참으로
위대한 분은 하나님 한 분뿐이십니다.

3) 회개란 무엇이며, 왜 우리에게 필요합니까?

── 회개는 우상을 섬기던 것에서 돌이켜 그리스도를 믿음으로
하나님께 돌아가는 것입니다. 모든 사람은 죄 가운데서 피조물
들에게 예배하기 때문에 반드시 회개가 필요합니다. 오직 예수
님만이 우리를 죄에서 자유롭게 하셔서 하나님께로 돌이키게
하십니다.

기도 

그리스도께서 우리 가족 안에 회개를 일으키셔서 하나님 한 분만을
예배하게 해주시기를 기도한다.

그리스도 외에는 아무것도 없다

복습 

1) 바울은 루스드라에서 걷지 못하던 사람을 보고 무엇을 했습
니까?

　— 그리스도의 능력으로 그를 고쳐 주었습니다.

2) 사람들은 그가 고침 받은 것을 보고 무엇을 했습니까?

　— 능력이 그리스도에게서 온 것임을 알지 못하고 바울과 바
나바를 예배했습니다.

본문 읽기 

사도행전 15:1-11

1) 어떤 사람들이 바울과 바나바와 논쟁한 내용은 무엇이었습니까?

　— 그리스도 안에서 하나님의 구원을 받으려면 할례를 받아야
하는지에 대한 것이었습니다.

2) 이 논쟁을 해결하기 위해 그들은 어디로 갔습니까?

　— 교회의 사도들과 장로들이 모여 있는 예루살렘으로 갔습
니다.

2) 베드로는 다른 장로들에게 말할 때 할례가 필요하다고 주장했

습니까?

── 아닙니다. 구원은 우리가 하는 행위가 아니라 그리스도께서 하신 일을 믿는 믿음으로 받는 것이므로 할례는 중요하지 않다고 말했습니다.

해설

바울이 가는 곳마다 사람들이 복음을 믿었고 교회들이 세워졌단다. 그러나 새로 세워진 교회들이 그리스도 안에서 굳게 서려면 경건한 지도자들이 필요했어. 그래서 바울은 각 지역 교회마다 장로들을 세웠지(행 14:23). 장로는 진리를 가르치고 거짓을 막아 서도록 그리스도께 권위를 받은 사람들이란다(딛 1:9).

그런데 사탄은 교회 안에 거짓을 퍼뜨리려 했어. 그 거짓은 "예수님만으로는 충분하지 않다"는 말이었단다. 어떤 사람들은 구원을 받으려면 예수님을 믿는 것에 더해 할례도 받아야 한다고 주장했어. 그리스도인이 되려면 먼저 유대인이 되어야 한다는 뜻이지. 이건 겉으로 보면 경건해 보일 수 있지만, 사실은 복음을 흐리는 가르침이야. 복음은 우리가 무엇을 해서 구원받는다고 말하지 않아. 오직 그리스도께서 십자가와 부활로 이루신 구원을 믿음으로

써 받는다고 말하지. 우리 같은 죄인은 어떤 규칙을 지켜서 스스로를 구원할 수 없단다. 오직 예수 그리스도만이 우리를 구원하실 수 있어.

옛 언약이 지나가던 때라 할례를 받아야 하는지 아닌지를 두고 혼란이 생겼어. 그래서 교회는 이 문제를 분명히 해야 했지. 사도들과 장로들이 예루살렘에 모여 오래 논의한 끝에, 할례가 구원에 필요하다는 가르침을 거부했단다. 그리고 그 결정을 편지로 써서 여러 교회에 보냈어. 그리스도께서 온 교회를 대표하는 이 모임을 통해 성도들이 복음에서 떠나지 않도록 지켜 주신 거야. 복음은 그리스도께서 이루신 일에 우리의 행위를 더해야 구원받는다고 말하지 않아. 그리스도만으로 충분하다고 선포하지. 참으로 그리스도는 우리의 전부이시란다.

또 하나 기억할 것이 있어. 거짓이 널리 퍼질 때에는 여러 교회의 장로들이 함께 모여 교회를 보호하는 결정을 내릴 필요가 있다는 사실이야. 그들이 그리스도의 말씀과 성령을 의지할 때, 주님께서 교회를 거짓에서 지켜 주신단다.

1) 예수님은 왜 교회 장로들에게 권위를 주십니까?
    —— 교회를 진리의 길로 인도하고 거짓에서 지키도록 하기 위해서입니다.
2) 구원을 위해 할례가 필요하다고 말하는 것이 왜 그렇게 잘못된 것입니까?

── 우리의 행위를 복음에 더해야 한다고 말하면 그리스도의 일이 충분하지 않다는 뜻이 되기 때문입니다. 우리가 한 일로 구원받는다면 우리는 스스로의 구원지기 되고 맙니다.

3) 교회 공의회란 무엇이며, 왜 때때로 필요합니까?

── 여러 교회의 장로들이 모여 온 교회를 대표하는 모임입니다. 널리 퍼지는 거짓에 맞서 진리를 지키기 위해 필요할 때가 있습니다.

기도 

그리스도께서 우리 교회의 장로들을 강하게 하셔서, 겸손히 진리를 굳게 붙들고 오류와 싸우게 해주시기를 기도한다.

복습 

1) 바울과 바나바가 예루살렘으로 여행한 이유는 무엇이었습니까?

   ── 할례가 구원에 필요한지 논의하기 위해 장로들과 함께 모이기 위해서였습니다.

2) 여러 지역의 장로들이 모여 온 교회를 대표하는 것을 무엇이라고 부릅니까?

   ── 교회 공의회라고 부릅니다.

본문 읽기

사도행전 16:11-22

1) 바울과 그 일행은 강가에서 누구를 만났습니까?

   ── 안식일에 예배하려고 모인 여인들의 무리를 만났습니다. 그중 한 사람은 루디아였고, 그녀가 빌립보의 첫 그리스도인이 되었습니다.

2) 루디아가 바울의 설교에 마음을 기울여 믿게 된 이유는 무엇입니까?

   ── 주 예수님께서 성령으로 그녀의 마음을 여셨기 때문입니다.

3) 바울과 그 일행이 루디아의 집을 떠난 뒤 누구를 만났습니까?

　　── 악한 영에 사로잡힌 한 여종을 만났고, 바울이 그 영을 쫓아
냈습니다.

해설

핵심 내용 : 그리스도께서는 빌립보에서 말씀으로 자기 백성을 은혜로 구원
하신다.

예루살렘 공의회 이후 바울과 바나바는 서로 다른 길로 떠났어(행
15:36-41). 바울은 디모데와 실라와 누가와 함께 에게해를 건너 마게
도냐로 갔단다. 오늘날 지도로 보면 유럽 지역이지. 훗날 유럽은 커
다란 기독교 대륙이 되어 아프리카와 아시아, 그리고 북아메리카와
남아메리카까지 복음을 전하는 통로가 되었어. 그 시작이 바로 바
울 일행이 빌립보라는 중요한 도시에 이른 것이었단다.

그곳에는 회당이 없었기 문에, 그들은 안식일에 여인들이 기도하
러 모이는 강가로 갔어. 바울은 그들에게 예수님을 전했지. 그 가운
데 루디아라는 여인이 있었는데, 자주 옷감을 파는 성공한 상인이
었단다. 그녀가 복음에 마음을 기울인 까닭은 주 예수님께서 성령
으로 그녀의 마음을 여셨기 때문이야. 결국 루디아와 그의 가족이
세례를 받으면서 빌립보 교회의 첫 열매가 되었단다.

얼마 지나지 않아 바울 일행은 악한 영에 사로잡힌 한 어린 여종

을 만났어. 그 아이는 점을 쳐 주며 주인들에게 돈을 벌어 주고 있었지. 그런데 그 아이가 여러 날 동안 바울을 따라다니며 큰 소리로 외치는 바람에 복음 전파에 방해가 되었어. 그래서 바울은 성령의 능력과 예수님의 이름으로 그 귀신을 쫓아냈단다. 성경은 그 뒤의 일을 자세히 말하지 않지만, 그 아이 역시 예수님을 믿고 교회의 한 지체가 되었을 가능성이 크지. 이렇게 그리스도의 능력 있는 말씀이 빌립보의 죄인들을 구원하며 교회를 세웠단다.

이 이야기는 한 가지 중요한 사실을 보여 줘. 사람이 복음을 듣는 것만으로는 충분하지 않아. 주님께서 성령으로 마음을 여셔야 믿음이 생기는 거야. 또한 사탄의 권세를 이길 수 있는 분도 오직 예수 그리스도 한 분뿐이시란다. 그러므로 교회가 세워지는 일은 언제나 그리스도의 말씀과 능력으로 이루어진단다.

1) 바울은 예루살렘 공의회 이후 어디로 여행했습니까?

— 바울과 선교 팀은 마게도냐 지방, 곧 오늘날의 유럽으로 여행했습니다. 그곳을 통해 복음은 북아메리카를 포함해서 세계 여러 지역으로 퍼져 나가게 되었습니다.

2) 사도행전 16:14을 다시 읽어 봅시다. 루디아는 왜 바울의 설교에 마음을 기울였습니까?

— 예수님께서 성령으로 그녀의 마음에 역사하셨기 때문입니다. 우리가 육신의 귀로 복음을 듣는 것만으로는 충분하지 않습니다. 성령께서 마음에 믿음을 주시지 않으면 우리는 결코 복음

  약속의 성취

을 믿을 수 없습니다.

3) 바울은 자기 힘으로 여종에게서 귀신을 쫓아냈습니까?
    —— 아닙니다. 그는 성령의 능력과 예수 그리스도의 말씀으로
    귀신을 쫓아냈습니다. 오직 예수님만 마귀와 그 세력을 이기실
    수 있습니다.

기도 

하나님께서 우리 가족 모두의 마음을 여셔서 복음에 마음을 기울이
고 믿게 해주시기를 기도한다.

복습

1) 빌립보는 어디에 있었습니까?

 —— 마게도냐에 있었고, 오늘날의 유럽 지역입니다.

2) 루디아는 누구입니까?

 —— 바울의 설교를 듣고 그리스도를 믿게 된 사업가였습니다.

본문 읽기

사도행전 16:19-34

1) 바울이 귀신 들린 여종에게서 귀신을 쫓아내자 그 주인들은 무엇을 했습니까?

 —— 바울과 실라를 공회 앞으로 끌고 가 그들을 거짓으로 고소하고, 때리고, 감옥에 가두었습니다.

2) 바울과 실라는 감옥에서 원망하고 불평했습니까?

 —— 아닙니다. 하나님을 찬송하며 그분께 기도했습니다.

3) 하나님은 그들의 기도에 어떻게 응답하셨습니까?

 —— 지진을 보내 감옥 문들이 열리게 하셨습니다.

4) 간수장은 지진을 보고 어떻게 반응했습니까?

― 처음에는 자결하려 했지만, 바울의 말을 듣고 예수 그리스
도를 믿어 구원을 받았습니다.

핵심 내용 : 예수님은 귀신과 감옥까지도 사용하셔서 구원의 진리를 퍼뜨리
신다.

새로운 교회가 세워지는 일, 곧 교회 개척은 언제나 어려운 일이
야. 왜냐하면 마귀가 새 교회가 세워지는 것을 몹시 싫어해서 온 힘
을 다해 막으려 하기 때문이지. 바울이 빌립보의 여종에게서 귀신
을 쫓아내자 그들을 크게 적대하는 일이 따라왔어. 바울과 실라는
매를 맞고 사슬에 묶여 어두운 감옥에 던져졌단다. 이런 상황에 놓
이면 우리는 두려워하거나, 자신을 불쌍하게 생각하거나, 분노하기
쉽지. 그러나 이 경건한 분들은 그렇게 하지 않았어. 쇠사슬에 묶인
채로도 죄에서 자신들을 자유롭게 하신 분을 찬송했고, 감옥에서도
능히 구원하실 수 있는 분께 기도했단다. 그리고 주님은 실제로 그
들을 자유롭게 하셨어. 지진을 보내 감옥 문을 열고 사슬을 풀어 주
신 거야.

　감옥의 책임자였던 간수장은 아마 전쟁을 겪은 거친 군인이었을
거야. 그는 지진의 흔들림 속에서 끔찍한 생각에 사로잡혔지. 죄수
들이 도망쳤다면 로마 관리들이 자신을 처벌하지 않겠느냐는 두려

움이었어. 그는 스스로 목숨을 끊으려 했지만, 바울이 그를 막았단다. 그러자 이 강한 군인이자 죄인인 간수장이 이렇게 외쳤어. "내가 어떻게 해야 구원을 받으리이까?" 참으로 놀라운 질문이지. 사실 이것은 모든 사람에게 가장 중요한 질문이란다.

이 간수장은 로마의 심판보다 훨씬 더 두려운 심판이 있다는 사실을 깨달았어. 사람은 죽은 뒤 하나님 앞에서 심판을 받아야 하거든(히 9:27). 죄 가운데 있는 우리는 정죄를 받아 영원한 형벌에 떨어질 수밖에 없어. 그렇다면 어떻게 구원을 받을 수 있습니까? 바울의 대답은 아주 단순했어. 우리를 구원하시기 위해 필요한 모든 일을 이루신 분, 곧 예수 그리스도를 믿어야 한다는 거야. 간수는 바로 그렇게 했고, 그와 그의 온 집이 함께 세례를 받았어.

여기서 놀라운 사실을 보게 된단다. 만일 어린 여종이 귀신 들린 사건이 없었다면 바울이 감옥에 갇히는 일도 없었을 거고, 그렇다면 이 간수는 복음을 듣지 못했을 거야. 그러나 예수님은 귀신과 감옥까지도 자신의 구원 계획 속에서 사용하셨지. 주님은 악이 선을 이루도록 다스리는 참된 왕이시란다.

1) 빌립보에 교회를 세우는 일은 쉬웠습니까?

—— 아닙니다. 마귀와 불신자들의 강한 반대 때문에 매우 어려웠습니다. 교회가 자랄 때마다 이런 일은 늘 일어납니다.

2) 바울과 실라의 모습은 우리가 어려운 시련 속에서 무엇을 해야 함을 가르쳐 줍니까?

  약속의 성취

── 예수님을 바라보며 찬송하고 기도해야 함을 가르쳐 줍니다. 모든 일이 힘들어 보여도 주님의 선하심을 찬양하고 은혜를 구해야 합니다.

3) 귀신과 감옥 같은 나쁜 일들이 어떻게 죄인의 구원이라는 선한 결과를 가져올 수 있습니까?

── 예수님께서 악한 일들까지도 다스리시며, 마귀가 악하게 사용하려 한 것을 선으로 바꾸실 수 있기 때문입니다.

기도 

상황이 어둡고 어려운 때에도 그리스도를 찬송하며 그분께 기도하는 믿음을 주시기를 기도한다.

성경으로 모든 것을 시험하기

복습 

1) 빌립보에서 바울과 실라가 여종에게서 귀신을 쫓아낸 후 어떤 일이 있었습니까?

    —— 그들이 매를 맞고 감옥에 갇혔습니다.

2) 그들은 오랫동안 감옥에 머물렀습니까?

    —— 아닙니다. 예수님께서 그들의 기도에 응답하셔서 지진으로 그들을 구해 내셨습니다.

본문 읽기 

사도행전 17:10-15

1) 바울과 실라가 베뢰아에 도착했을 때 어디로 갔습니까?

    —— 베뢰아 유대인들에게 복음을 전하기 위해 회당으로 갔습니다.

2) 베뢰아 유대인들은 바울과 실라의 설교에 어떻게 반응했습니까?

    —— 기쁘게 말씀을 들었고, 모든 말을 구약 성경과 대조해서 시험했습니다.

3) 바울이 왜 베뢰아를 떠나야 했습니까?

약속의 성취

── 데살로니가에서 온 유대인들이 폭동을 일으켜 바울을 해치고 그의 사역을 방해하려 했기 때문입니다.

해설

핵심 내용 : 복음 설교가 성경에 충실하다면 우리는 기쁨으로 믿고 순종해야 한다.

바울과 그의 동역자들은 거의 160킬로미터를 이동해서 마게도냐의 중심 도시인 데살로니가에 이르렀고, 그곳 회당에서 예수님을 전하기 시작했어(행 17:1-3). 데살로니가 유대인들 가운데 일부는 복음을 믿었지만, 많은 사람은 분노하며 그 말씀을 거부하고 폭동을 일으켜 이 담대한 설교자들을 해치려 했지(행 17:4-9). 그래서 밤이 되자 그곳에 있는 형제들이 바울 일행을 몰래 이웃 도시 베뢰아로 보냈어. 바로 전날 회당에서 설교하다가 거의 죽을 뻔했다면 다시 회당에서 설교하기를 망설일 수도 있었을 거야. 그러나 잠 못 이루는 밤을 보낸 뒤에도 바울은 담대히 회당으로 들어가 베뢰아 사람들에게 예수님을 전했어.

그곳 사람들의 반응은 하나님의 은혜로 데살로니가 회당 사람들과 전혀 달랐단다. 그 차이는 흑과 백, 쓴맛과 단맛만큼이나 분명했어. 데살로니가 사람들이 불신과 분노로 복음을 거절한 반면, 베뢰아 유대인들은 믿음과 겸손으로 응답했어.

베뢰아 사람들은 바울의 설교를 매우 간절히 들었어. 그러나 그렇다고 해서 그가 말하는 모든 것을 아무 생각 없이 곧바로 믿은 것은 아니었어. 그들은 그의 말을 구약 성경과 하나하나 대조해 보았지. 굶주린 마음과 펼쳐진 성경을 가지고 말씀을 들으면서, 바울이 전한 예수님이 구약의 모든 페이지에 계시다는 사실을 깨닫게 되었고 결국 그분을 믿게 되었지.

이 베뢰아 유대인들은 하나님께서 기뻐하시는 말씀 듣기의 좋은 본이야. 하나님은 우리가 교회에 올 때 그분의 말씀 설교를 향한 갈망과 기쁨을 가지고 오기를 원하신단다. 그러나 아무 생각 없이 듣는 모든 말을 그대로 믿으라고 하시지는 않아. 설교자도 잘못 말할 수 있기 때문이야. 우리는 언제나 그 말이 성경과 일치하는지 겸손히 살펴야 해. 성경은 결코 틀리지 않기 때문이지. 설교자의 말이 성경의 가르침에 충실하다면, 우리는 그것을 믿고 순종해야 한단다. 성경이 바르게 선포될 때 하나님께서 우리에게 말씀하고 계신 것이기 때문이야.

이 이야기를 통해 하나님은 우리에게 물으신단다. "너는 베뢰아 사람들처럼 겸손히 내 복음을 받겠느냐, 아니면 데살로니가 사람들처럼 분노로 거절하겠느냐?" 이 질문에 대한 우리의 대답은 매우 중요하단다.

1) 베뢰아 유대인들은 데살로니가 유대인들과 어떻게 달랐습니까?

     —— 그들은 바울의 설교를 열려 있는 마음으로 듣고자 했습니

                                             약속의 성취

다. 데살로니가 사람들 가운데도 믿는 이들이 있었지만, 많은 베뢰아 사람들은 바울의 메시지가 성경에 충실하다는 것을 깨닫고 예수님을 믿었습니다.

2) 베뢰아 사람들은 바울의 말을 아무 생각 없이 다 믿었습니까?

—— 아닙니다. 모든 것을 성경과 대조해 시험했습니다. 아무리 신실한 설교자라도 때때로 실수할 수 있습니다. 우리는 그들의 말을 성경으로 시험해야 합니다. 성경은 결코 실수하지 않기 때문입니다.

3) 우리가 듣는 설교가 성경에 충실하다면 어떻게 반응해야 합니까?

—— 베뢰아 사람들처럼 겸손한 믿음과 회개와 순종으로 반응해야 합니다. 성경이 바르게 선포될 때 하나님께서 우리에게 말씀하고 계십니다.

기도 

하나님께서 우리 교회의 모든 성도가 그분의 말씀의 신실한 설교를 바르게 듣고 받아들이도록 도와주시기를 기도한다.

복습 

1) 바울은 데살로니가에서 설교한 후 어디로 갔습니까?

— 마게도냐의 도시 베뢰아로 갔습니다.

2) 베뢰아 유대인들은 데살로니가 유대인들과 어떻게 달랐습니까?

— 그들은 바울의 설교를 기쁘게 받아들였고, 많은 사람이 예수님을 믿었습니다.

본문 읽기 

사도행전 17:16-19, 22-27, 30-31

1) 왜 바울의 마음이 아테네에서 격동되었습니까?

— 어디를 보아도 거짓 신들의 우상이 가득했기 때문입니다.

2) 그 많은 우상들의 모습을 보고 바울은 무엇을 했습니까?

— 예수 그리스도 안에서 우리를 구원하러 오신 참 하나님을 아테네 사람들에게 전했습니다.

3) 바울은 아테네 사람들에게 무엇을 해야 한다고 말했습니까?

— 예수님께서 장차 그들을 심판하실 것이므로 우상에서 돌이켜 하나님께로 돌아오라고 권했습니다.

핵심 내용 : 이 땅의 모든 사람은 하나님께 전적으로 의존하며 동시에 하나님께 책임을 지는 존재다.

성경이 참되다는 것을 믿지 않는 사람을 알고 있니? 세상에는 하나님의 말씀을 거부하거나 그것을 비웃는 사람들이 많이 있어서 참으로 안타까운 일이야. 우리는 죄 가운데서 스스로 하나님보다 더 지혜롭다고 여기며 그분의 말씀이 필요 없다고 생각하지. 이것이 어리석음이란다.

사도 바울은 베뢰아에서 아테네로 갔어. 아테네는 고대 세계의 철학 중심지였지. 철학은 지혜를 사랑한다는 뜻이지만, 안타깝게도 아테네는 참된 지혜가 아니라 어리석음으로 가득했어. 사람들은 큰 사상과 어려운 말과 끝없는 토론을 좋아했지만 하나님과 그분의 말씀은 사랑하지 않았단다. 대신 셀 수 없이 많은 우상들—거짓 신의 우상들—을 섬기며 인간의 생각을 의지했어.

바울이 아테네 거리를 걸을 때 그의 마음은 고통과 거룩한 분노가 뒤섞여 크게 흔들렸어. 그래서 참 하나님을 전하게 되었고, 결국 아레오바고라는 중요한 언덕으로 초청을 받아 철학자들에게 설교하게 되었단다.

그곳에서 바울은 창조주 하나님을 선포했어. 하나님은 사람이 만든 우상들과 달리 사람에 의해 만들어지거나 유지되는 분이 아니

셔. 오히려 모든 사람과 만물을 창조하시고 지금도 붙드시는 분이
지. 우리가 지금 숨 쉬는 것 역시 하나님의 선물이란다.

또한 하나님은 우리가 언제 어디서 살지를 정하셔. 왜 우리는 천
년 전이 아니라 지금 살아 있을까? 왜 이 나라와 이 가정에서 태어
났을까? 그것은 우연이 아니라 하나님께서 그렇게 하셨기 때문이란
다. 바울은 우리가 창조주 하나님께 전적으로 의존한 존재임을 깨
닫게 하려 했어.

더 나아가 그는 우리가 하나님께 전적으로 책임을 지는 존재임
도 알려 주었단다. 우리가 회개하지 않고 우상에서 돌이키지 않으
며 하나님의 말씀을 믿지 않는다면 결국 지옥의 심판을 받게 돼. 죽
은 자 가운데서 다시 살아나신 예수님께서 다시 오셔서 모든 사람
을 심판하실 것이기 때문이야. 그때에는 어떤 우상 뒤에 숨는다 해
도 아무 소용이 없어. 오직 예수님 안에 숨은 사람, 곧 그분의 피로
씻김 받고 그분의 의로 옷 입은 사람만이 구원을 얻는단다.

우리의 지식이 아무리 커 보여도 우리를 구원할 수는 없어. 우리
에게 필요한 것은 크신 하나님이시란다.

1) 왜 모든 사람이 하나님과 성경을 믿는 것은 아닙니까?

   —— 죄로 인해 사람은 하나님과 그분의 진리를 거부하며 스스
   로 삶의 주인이 되려 하기 때문입니다.

2) 사람은 참 하나님을 예배하지 않으면 예배하는 일을 멈추게 됩
   니까?

 약속의 성취

── 아닙니다. 우리는 하나님의 형상으로 지음 받은 존재이기 때문에 항상 무엇인가를 예배합니다. 참 하나님을 거부하면 돈, 소유, 권력, 쾌락 같은 피조물을 우상으로 섬기게 됩니다.

3) 우리가 우상숭배에서 벗어나려면 무엇을 해야 합니까?

── 죄에서 돌이켜 하나님께 회개해야 하고, 우리를 죄책과 죄의 권세에서 구원하실 그리스도를 믿어야 합니다. 오직 예수님만이 우리를 참되게 하나님을 예배하는 사람으로 만드실 수 있습니다.

기도 

하나님께서 우리 가족이 매 순간 주시는 호흡의 은혜에 감사하고, 특히 그리스도 안에서 값없이 주시는 구원의 선물을 깊이 기뻐하며 살게 해주시기를 기도한다.

복습

1) 왜 바울의 마음이 아테네에서 괴로웠습니까?

— 어디를 가도 우상들로 가득했기 때문입니다.

2) 바울은 아테네 사람들에게 무엇을 하라고 권했습니까?

— 그리스도를 통해 우상에서 돌이켜 참 하나님께로 돌아오라고 했습니다.

본문 읽기

사도행전 18:1-11

1) 바울은 아테네 다음 어느 도시로 갔습니까?

— 로마 아가야 지방의 수도 고린도로 갔습니다. 아테네에서 서쪽으로 약 74킬로미터 떨어진 곳입니다.

2) 고린도 사람들은 바울의 설교를 기뻐했습니까?

— 많은 사람이 바울의 사역을 싫어했지만, 어떤 이들은 복음을 믿고 예수님 안에서 기뻐하게 되었습니다.

3) 많은 반대에도 불구하고 바울이 어떻게 계속 설교할 힘을 얻었습니까?

── 예수님께서 환상 가운데 나타나셔서 격려해 주셨습니다.

핵심 내용 : 예수님을 전하기 두려울 때 우리는 그 백성을 구원하기 위해 예수께서 임재하시는 것을 기억해야 한다.

다른 사람에게 거절당하거나 놀림받을까 봐 두려웠던 적이 있니? 우리는 모두 사랑받고 받아들여지기를 바라지. 이 바람 자체는 나쁜 것이 아니지만, 그것이 예수님을 따르는 것보다 더 중요해질 때 문제가 된단다. 놀랍게도 사도 바울처럼 담대한 사람도 두려움과 씨름했어(고전 2:3).

큰 말과 사상을 숭배하던 아테네를 떠난 바울은 쾌락을 숭배하던 도시 고린도로 갔어. 그가 예수님을 전하자 사람들은 마음이 상했고, 자신들이 사랑하던 우상들이 위협받는다고 느꼈지. 그래서 바울을 비난하고 해치려 했어. 바울은 두려움에 빠질 수도 있었지만, 부활하신 주 예수께서 환상 가운데 나타나 "두려워하지 말라"고 명하셨단다. 오늘날 예수님이 이런 방식으로 말씀하시지는 않지만, 그 환상 속에 담긴 위로는 지금도 우리에게 큰 힘이 돼.

먼저 예수님께서 자신이 그 백성을 구원하기 위해 임재하신다는 것을 확신시켜 주셨어. 바울 주위에는 그를 해치려는 원수들이 있었지만, 예수님이 그와 함께 계셨고 또 그를 보호해 주겠다고 약속하셨어. 사람을 두려워하지 않는 가장 확실한 길은 예수 그리스도를 경외하며 그분 안에 숨는 것이란다.

또한 예수님은 자신의 구원하시는 목적을 알려 주셨어. 고린도에는 이미 주님께 속한 사람들이 많이 있다고 하셨어. 이것을 성경은 '택하심'이라고 부르는데, 하나님께서 영원 전에 택하신 사람들을 때가 되어 복음으로 구원하신다는 뜻이란다. 하나님은 바울의 설교를 사용해서 고린도에서 자기 백성을 구원하실 것이었어(딤후 2:10). 이 사실이 얼마나 큰 위로인지 몰라. 우리는 누가 택함받았는지 알 수 없지만, 잃어버린 영혼을 위해 기도하고 복음을 전할 때 하나님께서 자기 사람들을 반드시 구원하신다는 확신을 가질 수 있기 때문이야.

예수님의 임재하심에 대한 말씀으로 바울은 두려움을 물리쳤고, 그는 고린도에 일 년 반이나 머물며 복음을 전하도록 힘썼단다. 우리가 예수님을 따른다면 같은 진리로 우리도 강해질 수 있어.

1) 다른 사람에게 받아들여지고 싶어 하는 마음은 잘못된 것입니까?

— 하나님은 우리가 관계 속에서 살도록 창조하셨기 때문에 그 마음 자체는 잘못이 아닙니다. 그러나 그 마음이 예수님을 따르려는 마음보다 커지면 문제가 됩니다.

2) 사람을 두려워하는 마음과 어떻게 싸울 수 있습니까?

— 그 두려움을 예수 그리스도를 향한 거룩한 경외심으로 바

꾸어야 합니다. 주님의 위대하심과 우리와 함께하심을 알수록 사람을 덜 두려워하게 됩니다.

3) 택하심이란 무엇이며, 그것이 왜 바울에게 설교를 계속하게 하는 격려가 되었습니까?

—— 택하심은 하나님께서 세상이 시작되기 전에 어떤 사람들을 택해서 영원히 자기 백성으로 삼기로 정하셨다는 성경의 가르침입니다. 하나님은 복음을 듣게 함으로 택하신 사람들을 구원하시기 때문에, 이것이 바울이 계속 설교하도록 하는 큰 격려가 되었습니다.

기도 

그리스도의 임재하심과 임재하시는 목적에 대한 가르침이 우리와 우리 가족을 사람에 대한 두려움에서 건져 주시기를 기도한다.

거짓된 말과 거짓된 행위

복습 

1) 예수님은 고린도에서 바울이 두려움을 이기도록 어떻게 도우셨습니까?

— 밤에 환상으로 나타나 도와주셨습니다.

2) 환상 가운데 예수님은 바울에게 무엇을 말씀하셨습니까?

— 자신이 바울과 함께하고 계시며 바울을 통해 택하신 백성을 구원하겠다고 하셨습니다.

본문 읽기 

사도행전 19:1, 8-20

1) 이제 바울은 어느 도시에 이르렀습니까?

— 에베소입니다. 로마 제국에서 가장 크고 부유하며 영향력 있는 도시 가운데 하나였습니다. 바울은 그곳에서 약 삼 년 동안 사역했습니다(행 20:31).

2) 바울은 왜 회당을 떠나 두란노 서원으로 갔습니까?

— 회당의 유대인들이 그의 설교에 대항했기 때문에, 그의 말을 기쁘게 듣는 이방인들이 있는 장소로 옮겨 갔습니다.

3) 스게와의 아들들이 예수님의 이름으로 귀신을 쫓아내려 했을 때 무슨 일이 일어났습니까?

── 귀신 들린 사람이 그들을 제압하고 때리고 벌거벗겨 도망치게 했습니다.

해설

핵심 내용 : 유대인들의 거짓된 말과 행위조차 참된 복음의 전파를 위해 사용된다.

위조 지폐를 본 적이 있니? 겉모습은 진짜와 아주 비슷하지만 실제로는 아무 가치가 없지. 바울이 가는 곳마다 이런 '위조된 종교'가 있었어. 겉으로는 좋아 보이고 그럴듯하게 들렸지만, 실제로는 거짓이며 사람을 망하게 하는 것이었단다.

바울이 오늘날 터키 지역에 있는 에베소에 도착했을 때도 늘 하던 대로 먼저 회당의 유대인들에게 말씀을 전했어. 유대교는 하나님의 말씀을 받은 종교였기에 겉으로 보면 가장 참된 것처럼 보였지. 그러나 그들은 성경이 예언해 온 구원자 예수님을 거부했어. 어떤 유대인들은 거짓된 말로 참된 복음에 맞섰고, 그래서 바울은 그들을 떠나 이방인들이 모이는 강연 장소에서 복음을 전하기 시작했지. 많은 사람이 와서 듣고 믿었어.

그동안 하나님은 바울을 통해 놀라운 기적들을 행하고 계셨어.

병이 낫고 귀신이 떠나갔지. 성경에서 참된 기적은 언제나 "이 사람이 하나님의 말씀을 전한다. 그러니 그의 말을 들어라" 하고 하나님이 친히 증언하시는 표지란다. 그런데 같은 때에 유대인 마술사 무리도 거짓된 행위를 하고 있었어. 그들은 하나님의 이름을 주문처럼 사용해 귀신을 쫓아내려 했지. 예수님의 이름에 능력이 있다는 말을 듣고 그대로 흉내 내려 한 거야. 하지만 결과는 정반대였어. 귀신을 쫓아낸 것이 아니라 귀신 들린 자에게 두들겨 맞고 벌거벗은 채 도망치게 되었단다.

놀랍게도 하나님은 이 사건까지 사용하셨어. 많은 에베소 사람들이 자신들의 거짓 종교를 회개하고 참 하나님을 믿게 되었어. 그들은 귀신의 마술이 적힌 값비싼 두루마리들을 불태워 버렸지. 오늘날 돈으로 수십억 원에 이르는 값이었지만, 그들은 예수님이 세상의 모든 돈보다 더 귀하다는 것을 알게 되었단다. 그래서 옛 삶을 완전히 버리고 주님을 따르기로 한 거야.

1) 위조된 것이란 무엇입니까?

— 진짜처럼 보이지만 실제로는 아닌 것입니다. 유대인들의 종교는 말과 행위가 그럴듯했지만 실제로는 거짓이었습니다.

2) 유대인들의 거짓된 말과 행위가 바울의 참된 사역을 이길 수 있었습니까?

— 아닙니다. 오히려 바울의 말과 행위가 참되다는 사실을 더 분명히 드러냈습니다.

 약속의 성취

3) 에베소 사람들은 왜 수십억 원의 가치가 있는 마술 두루마리들을 불태웠습니까?

— 예수님이 세상의 모든 돈보다 더 귀하나는 것을 알았기 때문입니다. 또한 옛 삶을 버리지 않고서는 온전히 주님을 따를 수 없다는 것도 깨달았습니다.

기도 

우리 가족 모두가 거짓에 속지 않고 참된 복음을 붙들게 해주시기를 기도한다.

복습 

1) 스게와의 아들들이 예수님의 이름으로 귀신을 쫓아내려 했을 때 무슨 일이 일어났습니까?

— 귀신 들린 사람이 그들을 때리고 벌거벗겨 도망치게 했습니다.

2) 에베소 사람들이 예수님을 알게 된 후 마술 두루마리들은 어떻게 되었습니까?

— 불태워져 잿더미가 되었습니다.

본문 읽기 

사도행전 20:7-12

1) 바울은 그리스도인들과 함께 예배하려고 어느 요일에 모였습니까?

— 한 주의 첫날이었습니다. 이 날은 예수님이 죽은 자 가운데서 살아나신 주일, 곧 그리스도인의 안식일입니다.

2) 바울이 밤늦도록 설교할 때 유두고에게 무슨 일이 일어났습니까?

— 잠이 들어 창문에서 떨어져 죽었습니다.

3) 유두고의 죽음에 바울은 어떻게 반응했습니까?

　　— 생명 없는 그의 **몸** 위에 **몸을** 굽혀 그를 안고, 예수님의 능력으로 살아났다고 선언했습니다.

해설

에베소에서 큰 소동이 일어난 뒤, 바울은 여러 교회를 격려하기 위해 마게도냐와 아가야 지방으로 여행했단다(행 20:1-5). 그 격려가 어떤 모습이었는지는 드로아에서 분명히 볼 수 있어. 안식일에 교회는 한 삼 층 집에 모여 하나님께 예배하고 서로 교제했어. 바울은 예수 그리스도의 말씀을 전함으로 성도들을 격려했단다. 하나님의 거룩한 날에 그분의 말씀이 선포되는 것보다 성도의 영혼을 더 강하게 하는 것은 없어.

바울은 다음 날 떠날 계획이었기 때문에 밤늦도록 아주 길게 설교했어. 사람들이 모인 다락방은 덥고 답답했지. 그래서 유두고라는 어린 소년이 시원한 밤공기를 느끼며 말씀을 들으려고 창가에 앉아 있었단다. 하지만 설교가 길어지자 눈꺼풀이 점점 무거워졌어. 설교 시간에 졸음을 참기 어려웠던 적이 있니? 아무리 훌륭한 설교자라도 듣는 이를 졸게 만들 때가 있단다. 유두고는 꾸벅꾸벅 졸다가 결국 잠이 들어 창문 아래로 떨어져 죽고 말았어.

만일 이야기가 거기서 끝났다면 참으로 슬픈 일이었을 거야. 하지만 바울은 설교를 멈추고 아래로 내려가 길에 쓰러진 아이의 몸 위에 몸을 굽혀 그를 안아 올렸고, 그를 다시 살아나게 했어. 크게 놀란 성도들은 다시 위층으로 올라가 월요일 새벽까지 계속 교제하며 예배했단다.

얼마나 큰 격려인지 몰라. 말씀과 표적을 통해 예수님은 성도들에게 이렇게 말씀하시는 거야. "너희의 십자가 때문에 낙심하지 말아라. 내가 죽음을 이겼다."

우리가 매 주일 교회에 모일 때 하나님께서 바로 이 사실을 다시 기억하게 하신단다. 한 주의 첫날은 우리 영혼을 특별히 격려하시는 그리스도의 음성을 듣는 날이기에, 우리에게 가장 기쁜 날이 되어야 한단다.

1) 왜 그리스도인과 교회에는 격려가 필요합니까?

  ── 이 삶에는 힘든 일이 많고, 하나님의 백성도 죄와 고난 때문에 쉽게 낙심하기 때문입니다.

2) 히브리서 10:24-25를 읽어 봅시다. 그리스도인들은 어떻게 서로를 격려합니까?

  ── 드로아 교회처럼 함께 모여 교제하고 예배함으로 격려합니다. 주일은 서로를 격려하는 날입니다.

  약속의 성취

3) 왜 그리스도인들은 한 주의 첫날에 예배와 교제를 위해 모입니까?

— 주일은 예수님이 죽은 자 가운데서 살아나신 날이기 때문입니다. 유두고가 다시 살아난 일은 그리스도께서 죽음을 이기셨음을 보여 주는 표입니다. 우리는 매주 그 승리를 기념합니다.

기도 

우리 자녀들이 지역 교회의 주일 예배와 교제를 사랑하게 해주시기를 기도한다.

복습 

1) 유두고는 바울의 설교를 듣다가 어떻게 되었습니까?

— 잠이 들어 삼 층 창문에서 떨어져 죽었습니다.

2) 유두고는 계속 죽은 상태로 있었습니까?

— 아닙니다. 바울이 예수님의 능력으로 그를 다시 살렸습니다.

본문 읽기

사도행전 20:17-28

1) 바울은 밀레도에서 누구를 불러 만나게 했습니까?

— 에베소 교회의 장로들입니다. 장로는 예수님께서 자신의 교회를 이끌고 돌보도록 세우시는 사람들입니다.

2) 바울은 자신의 사역에 대해 무엇을 상기시켜 주었습니까?

— 큰 고난이 따를 때에도 하나님의 말씀을 신실하고 담대하며 사랑으로 전했다는 것입니다.

3) 바울은 에베소 장로들에게 무엇을 하라고 권면했습니까?

— 거짓 가르침과 거짓 교사들을 주의하고 자신들과 교회 성도들을 늘 살피라고 했습니다.

핵심 내용 : 장로는 하나님의 능력으로 하나님의 말씀을 하나님의 교회에 가르쳐야 한다.

바울은 에베소 교회를 깊이 사랑했지만, 가난한 성도들을 위한 연보를 가지고 예루살렘에 서둘러 가야 했기 때문에 그 도시를 일부러 지나쳤단다. 그러나 에베소 남쪽 약 50킬로미터 떨어진 해안 도시 밀레도에서 배를 타기 전에, 그는 에베소 교회의 장로들을 불러 마지막으로 만나고자 했어.

장로는 예수님께서 교회를 이끌도록 세우신 사람들이란다. 목자가 양을 인도하고 먹이며 보호하듯이, 장로도 성도들을 인도하고 먹이며 지켜야 해. 쉬워 보일지 모르지만, 하나님의 양 떼를 돌보는 일은 매우 어려운 일이란다. 왜 그럴까? 늑대 때문이야. 목자는 사나운 짐승으로부터 양을 지키기 위해 자기 목숨까지 내놓을 각오를 해야 하지.

늑대들이 하나님의 양을 삼키는 가장 큰 방법 가운데 하나는 거짓 가르침이란다. 바울은 마지막으로 장로들을 만나 자신이 어떻게 말씀을 전하고 가르쳤는지를 상기시켜 주었어. 그들도 같은 길을 따라 하나님의 능력으로 하나님의 말씀을 하나님의 교회에 담대히 선포하게 하려고 한 거야. 장로는 성경을 깊이 연구하고 온전히 믿어야 하며, 그렇게 해서 진리를 가르치고 거짓을 막아야 해. 사탄이 에덴동산에서 하나님의 말씀을 공격했던 것처럼, 오늘날에도 거짓 교사들을 통해 계속 그렇게 하고 있단다. 안타깝게도 늑대들은 교회 밖에서만 오는 것이 아니라 교회 안에서도 일어나. 때로는 양처럼, 또 심지어는 목자처럼 보이기도 하지. 그래서 장로들은 방심하지 말고 깨어 있어야 한단다. 그렇지 않으면 예상하지 못한 순간에 자신과 양 떼가 해를 입게 돼.

신실한 장로에게 필요한 지혜와 믿음과 담대함과 깨어 있음은 모두 성령의 열매란다. 하나님의 교회의 지도자들은 악한 자와 싸우는 가운데 성령으로 충만해야 해. 그들이 하나님의 말씀과 성령을 의지할 때, 그리스도의 양 떼는 보호받고 인도받으며 먹을 것을 얻게 된단다.

1) 하나님께서 장로의 일을 왜 종종 목자에 비유하십니까?

── 목자가 양을 인도하고 먹이며 보호하듯이, 장로도 교회의 성도들을 인도하고 먹이며 보호하기 때문입니다.

2) 왜 장로들은 늘 깨어 있으며 하나님의 말씀을 굳게 붙들어야 합니까?

── 거짓 교사들이 항상 거짓을 퍼뜨려 하나님의 백성을 무너뜨리려 하기 때문입니다. 목자가 밤에도 깨어 늑대로부터 양을 지키듯이, 장로도 성경의 진리로 거짓을 막아야 합니다.

3) 사도행전 20장 28절을 다시 읽어 봅시다. 누가 장로를 세우며, 누가 교회를 세우십니까?

　　　　　　　　　　　　　　　　　　　약속의 성취

—— 성령께서 장로를 세우시고, 그리스도께서 자신의 죽음을 통해 교회를 세우십니다. 지도자들은 그리스도의 모범을 따라 교회를 위해 자기들의 생명을 내어놓을 때 반드시 성령의 능력을 의지해야 합니다.

기도 

성령께서 우리 교회의 장로들을 충만하게 하셔서 지혜와 담대함을 주시기를 기도한다.

복습

1) 바울은 예루살렘으로 가는 길에 왜 에베소에 들르지 않았습니까?

— 가난한 성도들을 위해 여러 교회가 모은 헌금을 예루살렘에 빨리 가져가야 했기 때문입니다. 그래서 에베소 장로들이 자기에게 오게 했습니다.

2) 장로들은 어떤 점에서 목자와 같습니까?

— 목자가 양을 인도하고 보호하며 먹이듯이, 장로들도 그리스도의 백성을 인도하고 보호하며 먹입니다.

본문 읽기

사도행전 21:7-15

1) 바울은 가이사랴에서 누구의 집에 머물렀습니까?

— 전도자 빌립의 집입니다. 전도자는 예수님의 복된 소식을 세상에 전하기 위해 교회를 이끄는 사람입니다.

2) 선지자 아가보는 예루살렘에서 바울에게 무슨 일이 일어날 것이라고 말했습니까?

── 복음을 전한 일 때문에 결박되고 붙잡혀 재판을 받게 될 것이라고 했습니다.

3) 바울은 이런 소식을 듣고 예루살렘에 가지 않기로 했습니까?

── 아닙니다. 비록 그곳에서 죽게 될지라도 예루살렘에 가기로 굳게 결심했습니다.

해설

핵심 내용 : 예수님처럼 바울도 고난을 알면서 담대히 예루살렘으로 나아갔다.

누가 "이번 주에 뭐 했니?" 하고 물을 때 우리는 지난 일주일 동안 있었던 모든 일을 다 말하지는 않아. 가장 중요하거나 기쁘거나 힘들었던 일만 골라 이야기하고 나머지는 말하지 않지. 사도행전에 기록된 교회의 역사도 이와 같아. 누가는 모든 세부적인 일을 다 기록하려는 것이 아니라, 부활하신 주 예수께서 어떻게 교회를 통해 자신의 나라를 땅끝까지 넓혀 가시는지를 보여 주려는 것이란다.

지금까지의 기록은 빠르게 흘러왔지만, 이제부터는 속도가 크게 느려져. 마치 시속 200킬로미터로 달리던 차가 시속 30킬로미터로 속도를 줄이는 것처럼, 누가는 바울이 예루살렘으로 가는 여정과 그곳에서 겪게 될 고난을 자세히 보여 주고 있어. 이는 바울이 예수님의 발자취를 따라가고 있음을 드러내기 위함이란다. 누가가 기록한 첫 번째 역사서인 누가복음도 예수님께서 고난을 받으러 예루살 렘으로 올라가시는 부분에서 같은 방식으로 속도가 느려지지. 구주를 따르는 종 바울도 믿음 없는 유대인들이 기다리는 위험한 예루살렘으로 걸어 들어갔단다.

밀레도에서 에베소 장로들과 작별한 뒤, 바울은 지중해를 건너 시리아 해안의 여러 교회들을 방문했어. 두로에서는 장차 올 고난 때문에 예루살렘에 가지 말라는 권면을 들었고, 가이사랴에서는 선지자 아가보가 그가 결박될 것을 다시 경고했단다. 아가보는 자신의 손과 발을 묶으며 바울이 쇠사슬에 매일 것을 예언하기까지 했어. 그러나 바울은 물러서지 않았어. 거룩한 성에서 당할 고난을 알고도 나아가신 예수님처럼, 바울도 예루살렘의 고난을 받아들였단다. 그는 예수님을 위해 죽는 것까지도 마다하지 않았고, 결국 자기 주님을 죽였던 바로 그 도성으로 담대히 나아갔어.

1) 성령께서는 예루살렘에서 어떤 일이 일어날 것을 바울에게 알리셨습니까?

—— 교회를 통해 바울이 붙잡히고 결박되어 갇히게 될 것을 경고하셨습니다.

2) 그런데도 바울은 왜 예루살렘으로 갔습니까?

—— 복음을 전하기 위해서라면 죽는 것까지도 기꺼이 감당하려 했기 때문입니다. 또한 예루살렘에서 받을 고난조차 하나님께서 구원을 이루는 일에 사용하신다고 믿었습니다.

 약속의 성취

3) 사도행전의 구조는 누가복음과 어떻게 비슷합니까?

   —— 두 책 모두 예루살렘으로 가는 여정에서 속도가 느려지며,
   그곳에서 예수님과 바울이 유대인과 로마인에게 붙잡혀 재판
   받는 장면에 집중합니다.

기도 

우리 가족 모두가 죽기까지 예수님께 충성하도록 기도한다.

복습 

1) 아가보는 바울에게 무엇을 경고했습니까?

—— 바울이 예루살렘에 가면 쇠사슬에 매여 감옥에 갇힐 것이라고 경고했습니다.

2) 바울은 아가보의 예언을 들은 뒤 예루살렘에 가지 않기로 했습니까?

—— 아닙니다. 바울은 하나님께서 자신을 그곳으로 부르신다고 확신했고, 예수님을 위해 고난을 받고 심지어 죽을 각오까지 되어 있었습니다.

본문 읽기

사도행전 21:27-36

1) 예루살렘에서 유대인들은 바울을 무엇으로 고발했습니까?

—— 그가 구약 성경을 거스르도록 가르쳤다고, 또 율법에 어긋나게 이방인들을 성전의 성소 구역 안으로 데려왔다고 고발했습니다.

2) 화가 난 유대인 무리가 바울을 공격했을 때 누가 바울을 구해

주었습니까?

—— 로마 군대의 천부장이 군사들을 보내 소요를 멈추게 하고 바울을 체포해서, 바울이 죽임을 당하지 않도록 구해 주었습니다.

3) 아가보의 예언은 어떻게 성취되었습니까?

—— 아가보가 경고한 대로 바울이 예루살렘에서 쇠사슬에 매였습니다(행 21:11).

해설

핵심 내용 : 예수님처럼 바울도 예루살렘에서 거짓 고발을 받고 체포되었다.

바울과 그의 선교 동역자들이 예루살렘에 도착했을 때, 교회는 그들을 따뜻하게 맞이했어. 그리고 바울이 소아시아 전역에서 그리스도께서 어떻게 교회를 세워 가시는지 말할 때, 그들은 그것을 열심히 들었단다(행 21:17-20). 그러나 안타깝게도 도시의 다른 사람들은 바울에게 그렇게 친절하지 않았고, 바울의 사역을 통해 하나님께서 이방인들(유대인이 아닌 사람들)을 구원하신 일도 기뻐하지 않았어. 아마 오순절을 지키러 예루살렘에 와 있던 유대인들 가운데 한 무리가, 바울에 대해 거짓말을 퍼뜨리며 사도에게 대항하도록 거대한 군중을 선동했을 거야. 그들은 바울이 하나님의 말씀과 하나님의 도성인 예루살렘을 대적한다고 거짓으로 고발했어.

하지만 사실 바울은 성경을 신실하게 전했고, 예루살렘을 너무나 사랑해서 그 성의 사람들을 위해 기꺼이 죽을 마음까지 품고 있었어. 그들은 또 바울이 이방인을 성전 안쪽 뜰로 데려왔다고 거짓으로 고소했단다. 그곳은 유대인이 아닌 사람들에게는 허락되지 않은 곳이었지. 그러나 바울은 그런 일을 한 적이 전혀 없었어. 예수님처럼 바울도 거짓 고발을 당했고, 유대인들에게 난폭하게 붙잡혔단다.

분노한 군중이 바울을 때리고 있을 때, 로마 군대의 천부장은 군사들에게 그 광란을 멈추라고 명령했어. 그리고 아가보를 통해 주신 하나님의 말씀대로, 바울은 수갑에 채워져 로마에 의해 체포되었단다. 예루살렘의 성난 무리가 의로우신 예수님을 로마에게 끌고 가라고 외쳤던 것처럼(눅 23:18), 바울이 심문을 받기 위해 군영으로 끌려가고 있을 때에도 그들은 의로운 바울을 끌고 가 심문하라고 외쳤어.

누가는 여기서 그리스도의 제자들은 고난 가운데서도 주님을 따른다는 사실을 보여 주고 있어. 그리스도를 위해 사는 자들은 세상으로부터 박해를 받게 될 거야(딤후 3:12). 그런데 가장 놀라운 것은, 그리스도와 바울의 고난이 세상에게서 온 것이 아니라, 하나님의 택하신 백성(이스라엘)과 하나님의 택하신 도성(예루살렘)에서 왔다는 점이야. 바울은 그의 주님처럼, 하나님께 순종하기 위해서 믿지 않는 유대인들과 로마인들의 손에 죽임을 당하는 것까지도 감수할 마음이 있었단다. 예수님을 따르는 일이 값비싸다고 해서 놀랄 필요는 없어. 참된 제자는 그 선생과 같기 때문이야(눅 6:40).

　약속의 성취

1) 바울은 예루살렘에서 따뜻한 환영을 받았습니까?

— 예루살렘의 그리스도인들은 바울을 사랑으로 맞이했지만, 믿지 않는 유대인들은 그렇지 않았습니다. 한쪽은 사랑으로 그를 품었고, 다른 한쪽은 미움으로 그를 죽이려 했습니다.

2) 이 이야기에서 바울은 어떻게 그리스도의 발자취를 따랐습니까?

— 예수님처럼 바울도 유대인들에게 거짓으로 고발을 당했고, 유대인들은 바울이 사형에 해당하는 죄를 지은 사람으로 판결받기를 바라며 그를 로마에게 넘겨 주었습니다.

3) 사도행전 20:24을 읽어 봅시다. 바울은 이 이야기에서 어떻게 그 말씀들이 참되다는 것을 보여 주었습니까?

— 바울은 그리스도를 위해 고난을 받되, 심지어 죽음까지도 감수하려 했습니다. 바울처럼 우리도 어떤 대가가 따르더라도 예수님을 따르는 것을 가장 큰 목표로 삼아야 합니다.

기도 

박해받는 전 세계의 교회가 죽기까지 예수님께 신실하게 해주시기를 기도한다.

바울 이야기의 저자

복습 

1) 바울이 예루살렘에 도착했을 때 무슨 일이 일어났습니까?

 — 믿는 그리스도인들에게는 환영을 받았지만, 믿지 않는 유대인들에게는 매를 맞았습니다.

2) 분노한 무리가 바울을 죽이려 했는데도 왜 죽일 수 없었습니까?

 — 로마 군인들이 그들을 막고 바울을 체포했기 때문입니다.

본문 읽기

사도행전 23:11-23

1) 로마 군영에 갇혀 있을 때 예수님은 바울에게 무엇이라고 말씀하셨습니까?

 — 예루살렘에서 죽지 않을 것이니 담대하라고 하셨습니다.

2) 어떤 유대인들은 바울을 죽이기 전까지 무엇을 하지 않겠다고 맹세했습니까?

 — 그를 죽일 때까지 먹지도 마시지도 않겠다고 맹세하며, 예루살렘에서 그를 공격할 계획을 세웠습니다.

3) 그들의 계획은 성공했습니까?

── 아닙니다. 바울의 조카가 그 음모를 듣고 로마 군대 장관에게 알려서, 바울은 곧 가이사랴로 보내졌습니다.

> **핵심 내용 :** 사람들의 죄악된 계획까지도 하나님은 자신의 완전한 뜻을 이루는 데 사용하신다.

하나님은 역사의 위대한 저자시란다. 역사는 곧 하나님의 이야기야. 하지만 우리는 때때로 하나님이 왜 이런 방식으로 이야기를 쓰시는지 이해하지 못할 때가 있어. 만일 네가 예수님의 이야기를 쓴다면 어떻게 하겠니? 아마도 자신이 구원하러 오신 사람들에게 거절당하고, 죄인처럼 공개적으로 죽임당하는 장면은 지워 버리고 싶을 거야. 그러나 바로 사람들의 죄악된 계획을 통해 하나님은 자신의 완전한 구원 계획을 이루셨단다.

바울의 이야기 역시 마찬가지야. 우리가 저자라면, 그가 맞고 거짓 고발을 당하고 예루살렘에 갇히는 부분을 빼 버리고 싶을 거야. 바울은 교회가 알게 된 가장 뛰어난 설교자요 교사 가운데 한 사람이었으니까, 그가 자유롭게 오래 살면서 더 많은 사람에게 복음을 전하는 편이 더 좋아 보이기 때문이야. 그러나 하나님의 길은 우리의 생각과 다르단다. 하나님은 사람들의 악한 계획을 지워 버리지 않으시고, 오히려 그것을 사용해 복음이 땅끝까지 전해지도록 하셨어.

바울은 유대인의 무리에게 공격을 당했고, 로마 군인에게 붙잡혔으며, 예루살렘에서 재판까지 받았어. 상황만 보면 그는 그곳에서 살아 나가지 못할 것처럼 보였지. 그런데 예수님께서 바울에게 말씀하시며 로마까지 가게 될 자신의 계획을 확실히 알려 주셨어. 만일 우리가 이 이야기를 쓴다면, 아마도 몰래 탈옥시키거나 부유한 그리스도인이 큰돈을 내어 풀어 주는 방법을 생각했을 거야. 하지만 하나님은 전혀 다른 방법을 사용하셨어. 피에 굶주린 유대인들의 살해 음모를 이용하신 거야. 그들은 바울이 살아서 예루살렘을 떠나지 못하게 하려 했지만, 하나님은 그 계획을 통해 오히려 바울이 살아서 예루살렘을 떠나도록 하셨단다.

바울의 조카가 그 음모를 알게 되어 로마 군대 장관에게 알렸고, 그날 밤 바울은 거의 오백 명에 이르는 군사의 보호를 받으며 가이사랴로 비밀리에 보내졌어. 그곳에서 로마 총독 앞에 서게 되었지. 참으로 하나님의 길은 우리의 길과 다르단다.

1) 역사의 저자는 누구십니까?

—— 하나님이십니다. 하나님은 선한 일과 악한 일 모두를 다스리며 자신의 완전한 구원 계획을 이루십니다.

2) 하나님이 바울의 이야기를 쓰시는 방식에서 놀라운 점은 무엇입니까?

—— 교회의 가장 뛰어난 설교자 가운데 한 사람인 바울이 큰 고난을 겪도록 하셨고, 그 고난을 통해 복음이 더 널리 전해지게

약속의 성취

하셨습니다.

3) 바울의 이야기는 예수님의 이야기와 어떻게 비슷하고 또 다릅니까?

—— 두 분 모두 예루살렘에서 거짓 고발과 결박을 당했습니다. 그러나 예수님은 그곳에서 죽임당하셨고, 바울은 살아서 더 많은 사역을 하게 되었습니다. 두 이야기 모두에서 하나님이 악을 사용해 구원의 계획을 이루시는 모습을 볼 수 있습니다.

기도 

우리 가족 모두가 하나님의 완전한 계획을 신뢰하게 해주시기를 기도한다.

복습

1) 바울은 예루살렘에서 죽임을 당했습니까?

　── 아닙니다. 어떤 유대인들이 그를 죽이려 했지만 하나님께서 그를 보호하셨습니다.

2) 보호를 위해 바울은 밤에 어디로 보내졌습니까?

　── 가이사랴 성으로 보내졌고, 그곳에서 총독의 심문을 받게 되었습니다.

본문 읽기

사도행전 24:1, 10-21

1) 바울이 자신에 대해 변론을 한 대상은 누구입니까?

　── 유대 지방 총독 벨릭스였습니다.

2) 바울이 예루살렘 성에서 폭동을 일으켰습니까?

　── 아닙니다. 그는 조용히 지내고 있었는데 유대인들이 그를 죽이려 했습니다.

3) 바울이 부정한 사람이나 물건을 예루살렘 성전에 들여왔습니까?

　── 아닙니다. 그가 성전에서 자신을 정결하게 하고 있을 때 유

대인들이 그를 죽이려 했습니다.

핵심 내용 : 그리스도와 달리 바울은 복음을 위해 로마 총독 앞에서 자신을 변호하였다.

바울은 그리스도의 발자취를 따라 담대히 예루살렘으로 들어갔고, 그곳에서 유대인들에게 거짓 고발을 당한 뒤 로마 사람들에게 죄인처럼 넘겨졌단다. 그러나 바울의 이야기는 예수님의 이야기와 완전히 같지는 않았어. 쌍둥이 형제를 본 적이 있니? 서로 많이 닮았지만 각자 다른 삶과 이야기를 가지고 있지. 바울의 이야기도 그리스도와 닮아 있으면서도 분명히 다른 점이 있었단다.

예수님은 유대인들에게 거짓으로 고발당하고 로마의 재판을 받으실 때 스스로를 변호하지 않으셨어. 고발이 거짓이라는 것을 아셨지만 바로잡으려 하지 않으셨지. 이는 죄 없는 희생 제물로서 죄인들을 대신해 죽으러 오셨기 때문이야. 그래서 도살장으로 끌려가는 어린양처럼 아무 말도 하지 않으셨단다. 그러나 바울은 거짓 고발을 당했을 때 자신을 변호했어.

가이사랴에 안전하게 도착한 바울은 총독 벨릭스의 관할 아래 놓였고, 며칠 뒤 예루살렘의 유대인들이 변호사를 데리고 와 그를 고소했어. 그들은 바울이 폭동을 일으키고 사람들을 진리에서 떠나게

하며 성전을 더럽혔다고 주장했지만, 그 모든 말은 사실이 아니었
단다. 오히려 폭동을 일으킨 쪽도, 사람들을 예수님의 진리에서 멀
어지게 한 쪽도, 하나님의 교회를 해치려 한 쪽도 바로 그들이었어.
바울은 죄가 없었고, 그래서 두려움 없이 벨릭스 앞에서 사실을 말
했단다.

　남의 잘못을 뒤집어쓰게 된 적이 있니? 우리는 쉽게 자기의 편함
을 위해 스스로를 변호하려 해. 그러나 바울의 변론은 자신을 위한
것이 아니라 예수님을 위한 것이었어. 하나님께서 십자가에 달리시
고 다시 살아나신 그리스도를 총독에게 전할 기회를 주셨음을 알았
기 때문이야. 그래서 바울은 죄 없으신 하나님의 아들이 죄인들을
대신해 정죄받으시고, 죄와 죽음을 이기고 살아나셨다는 복음을 담
대히 전했단다. 벨릭스는 바울이 무죄라는 것을 알았지만 유대인들
의 마음을 달래기 위해 그를 이 년이 넘도록 감옥에 가두어 두었어.
그러나 그 시간 속에서도 하나님은 여전히 바울을 향한 일을 이루
고 계셨단다.

1)　바울의 이야기는 예수님의 이야기와 어떻게 달랐습니까?

　　—— 예수님은 거짓 고발 앞에서 자신을 변호하지 않으셨지만,
바울은 로마 총독 앞에서 자신을 변호했습니다.

2)　바울은 왜 벨릭스 앞에서 자신을 변호했습니까?

　　—— 편안한 삶을 얻기 위해서가 아니라, 예수님과 그분의 부활
을 전하기 위해서 변호했습니다.

　　　　　　　　　　　　　　　　　　　약속의 성취

3) 벨릭스는 바울의 변론에 어떻게 반응했습니까?

— 본디오 빌라도처럼 바울이 무죄임을 알면서도 유대인들을 기쁘게 하려고 그를 그대로 고난 속에 두었습니다. 그러나 하나님은 여전히 바울을 통해 이룰 것을 계획하고 계셨습니다.

기도 

거짓 고발로 고난받는 전 세계의 성도들을 예수님께서 친히 변호해 주시기를 기도한다.

복습 

1)　벨릭스는 누구입니까?

　　── 바울이 재판을 받으며 서 있었던 유대 지방의 총독이었습니다.

2)　바울은 벨릭스 앞에서 재판을 받을 때 자신을 변호했습니까?

　　── 네. 유대인들이 그에게 제기한 고발이 사실이 아님을 분명히 밝혔고, 그들이 자신을 죽이려 한 진짜 이유가 예수님 때문임을 드러냈습니다.

본문 읽기 

사도행전 25:1-12

1)　베스도가 예루살렘을 방문했을 때 유대인들은 그에게 무엇을 요청했습니까?

　　── 바울을 예루살렘으로 데려와 재판하게 해 달라고 요청했습니다.

2)　베스도는 그들의 요청에 어떻게 대답했습니까?

　　── 바울이 갇혀 있는 가이사랴로 와서 고소하라고 말했습니다.

3) 바울은 유대인들의 거짓 고발에 어떻게 대응했습니까?

　── 자신을 변호했고, 로마 황제에게 상소했습니다.

해설

핵심 내용 : 죄가 없는 바울은 복음이 땅 끝까지 전해지도록 가이사에게 재판을 요청했다.

세상의 가장 강력한 통치자들도 잠시 동안만 권력을 가질 수 있어. 영원히 모든 권세로 다스리시는 분은 오직 한 분 주 예수 그리스도뿐이시란다.

총독 벨릭스가 권력을 잃고 보르기오 베스도라는 사람이 그 자리를 대신하게 되었어. 베스도는 부임한 지 첫 주에 유대 지도자들을 만나기 위해 예루살렘으로 올라갔어. 바울이 그들 앞에 섰던 때로부터 이 년이 넘는 시간이 흘렀지만, 그들은 여전히 바울을 몹시 미워하며 죽이려 했단다. 벨릭스 때에는 그 일을 이루지 못했지만, 새 총독이 온 것은 사도를 죽일 또 다른 기회처럼 보였지. 만일 바울을 예루살렘으로 데려오게 할 수만 있다면, 길에서 그를 습격해 죽일 수 있었기 때문이야. 그러나 베스도는 그 요청을 들어주지 않았어. 대신 바울이 갇혀 있는 가이사랴로 내려와 고발하라고 말했단다. 그래서 약 보름 뒤 그들은 실제로 가이사랴로 내려왔어.

그들은 다시 거짓 고발을 늘어놓았고, 바울은 다시 자신을 변호했어. 모든 증거는 그가 무죄임을 보여 주었지만, 베스도는 유대인들의 마음을 기쁘게 하려 했단다. 그래서 바울에게 예루살렘으로 올라가 재판을 받겠느냐고 물었어. 그러나 바울에게 예루살렘으로 돌아가는 일은 뒤로 물러가는 것과 같았어. 그것은 마치 북극으로 가기 위해 남쪽으로 내려가는 것과도 같은 일이었지. 바울은 그리스도의 복음을 땅 끝까지 전하는 사명을 받고 있었기 때문이야. 그 사명은 예루살렘에서 시작되었지만, 거기서 끝나도록 주어진 것이 아니었단다. 그래서 바울은 로마 황제 가이사에게 상소했어. 가이사는 로마 제국의 수도 로마를 다스리는 황제였지. 예루살렘이 유대 세계의 중심이라면, 로마는 이방 세계의 중심이었단다. 로마 시민이었던 바울에게는 황제에게 재판을 요청할 권리가 있었고, 베스도에게는 그것을 허락할 책임이 있었어.

1) 결코 왕좌에서 쫓겨나지 않는 유일한 왕은 누구십니까?

— 예수님이십니다. 유대를 다스리던 베스도조차 예수님의 뜻 없이는 바울에게 손을 댈 수 없었습니다. 예수님은 땅의 모든 통치자들 위에 계신 왕이십니다.

2) 바울에게 예루살렘으로 돌아가는 일이 왜 뒤로 물러가는 것과 같습니까?

— 예수님께서 바울을 이방 세계의 땅 끝까지 보내어 왕들 앞에서도 복음을 전하게 하셨기 때문입니다. 사명은 예루살렘에서 시작되었지만 거기서 끝나지 않았습니다.

 약속의 성취

3) 로마는 왜 그렇게 중요한 도시였습니까?

—— 예루살렘이 유대 세계의 중심이었던 것처럼, 로마는 이방 세계의 중심이었기 때문입니다.

기도 

하나님께서 복음이 세상 사방 끝까지 계속 퍼져 나가게 하시기를 기도한다.

복습 

1) 베스도는 누구입니까?

— 벨릭스를 대신한 유대 지방의 새 총독이었습니다.

2) 바울은 베스도 앞에서 재판을 받으며 무엇을 요청했습니까?

— 로마 황제 앞에서 자신의 사건을 다루어 달라고 요청했습니다.

본문 읽기

사도행전 27:1, 13-15, 18-26

1) 바울이 로마로 가는 배에 올랐을 때에도 여전히 죄수였습니까?

— 네. 바울과 다른 죄수들은 군인들의 감시를 받으며 배에 타고 있었습니다.

2) 지중해를 건너는 여행은 순조로웠습니까?

— 아닙니다. 무서운 폭풍을 만나 거의 죽을 뻔했습니다.

3) 바울과 함께한 사람들이 죽지 않을 것이라고 누가 약속해 주셨습니까?

— 하나님께서 천사를 통해 약속해 주셨습니다.

 약속의 성취

핵심 내용 : 예수님을 신실하게 따를 때에도 폭풍과 파선을 겪게 된다.

우리는 종종 하나님의 일을 하나님의 방법대로 하면 모든 일이 순조롭게 이루어질 것이라고 생각하곤 해. 하지만 바울은 어디를 가든지 어려움을 겪지 않은 적이 거의 없었단다. 그는 가이사랴 감옥에서 칠백 일이 넘도록 갇혀 있었어. 그러나 예수님은 바울을 로마로 보내겠다고 약속하신 것을 반드시 이룰 분이시지(행 23:11). 오랜 기다림 끝에 마침내 그는 로마 제국의 수도로 향하는 배에 오르게 되었단다.

그런데 바람이 반대 방향으로 불어서 그들이 그레데 섬에 도착했을 때에는 이미 겨울이 가까워져 있었어. 그 계절에 지중해를 항해하는 일은 매우 위험했단다. 얼마 동안 그레데에 머문 뒤 바람이 잠시 잠잠해지는 것 같아 다시 출항했지만, 그 바람은 곧 치명적인 폭풍으로 변하고 말았어. 거센 바람이 무서운 태풍을 일으켜 배는 완전히 통제력을 잃었지. 나침반도 위성항법장치도 없던 시대라, 그 배는 며칠 동안 해와 별조차 보지 못한 채 어둠 속에서 떠밀려 다녔단다. 결국 그 배는 암초에 부딪혀 부서지고 말았어.

누가는 우리가 그 배 위에 함께 있는 것처럼 느끼도록 이 장면을 자세히 보여 주고 있어. 하나님의 일을 할 때 바울이 겪어야 했던 어려움을 보여 주려는 거야. 때로는 예수님을 따르는 길이 폭풍에 흔들리는 바다처럼 느껴질 때가 있어. 날이 갈수록 어둠이 더 짙어지는 것처럼 보일 때도 있지. 우리의 계획이 무너지고 모든 것이 통제 밖에 있는 것처럼 느껴지기도 해. 그러나 그런 순간에도 예수님은 완전한 주권으로 모든 것을 다스리고 계시며, 우리에게 그분을 신뢰하라고 부르신단다. 주님은 약한 사람을 통해 자신의 능력을 드러내기를 기뻐하시고, 고난을 사용해서 우리의 헛된 자신감을 없애시기도 해. 그러므로 우리가 예수님을 따른다면, 그분이 우리 안에서 그리고 우리를 통해 선한 뜻을 이루시는 동안 여러 어려움과 좌절을 겪게 될 것을 예상해야 한단다.

주님은 바울이 분명히 로마에 이르게 하셨지만, 그 길은 매우 느리고 불편한 여정이었어. 파선으로 그는 한 섬에 머물러 여러 달을 지낸 뒤에야 다시 다른 배를 타고 목적지로 향할 수 있었지(행 28:1-9).

1) 그리스도께서는 바울에게 하신 약속을 즉시 이루셨습니까?
   — 아닙니다. 바울은 여러 해 동안 감옥에 있었고, 로마로 가는 여정도 예상보다 훨씬 오래 걸렸습니다.

2) 누가는 왜 폭풍 속 배의 이야기를 이렇게 자세히 기록했습니까?
   — 예수님을 따르는 삶에는 어려움이 따르기도 한다는 사실을 보여 주기 위해서입니다.

3) 예수님은 왜 바울과 우리에게 많은 고난을 겪게 하십니까?
   — 우리가 주님만을 신뢰하게 하시고, 우리의 약함을 통해 주님의 능력을 드러내시기 위해서입니다.

기도 

하나님께서 우리 가족 모두가 어둠과 폭풍 속에서도 그리스도를 신실하게 섬기게 해주시기를 기도한다.

복습

1) 바울의 로마 항해는 순조로웠습니까?

— 아닙니다. 바람이 반대 방향으로 불다가 치명적인 태풍이 되었고, 결국 배가 암초에 부딪혀 부서졌습니다.

2) 폭풍과 파선은 예수님을 따르는 삶에 대해 무엇을 가르쳐 줍니까?

— 예수님을 따르는 길은 종종 어렵고 고통스럽다는 것을 가르쳐 줍니다.

본문 읽기

사도행전 28:16-17, 23-31

1) 바울이 로마에 도착했을 때 감옥에 갇혀 있었습니까?

— 아닙니다. 군인의 감시를 받으며 집에서 지내는 것이 허락되었습니다. 이것을 가택 연금이라고 합니다.

2) 바울은 누구를 자기 집으로 불러 모았습니까?

— 유대 지도자들을 불러 예수님에 대해 전하려 했습니다.

3) 유대인들은 바울이 전한 복음을 믿었습니까?

── 아닙니다. 그들은 복음을 거부했고, 그 일로 바울은 이방인들에게로 향하게 되었습니다.

해설

핵심 내용 : 그리스도께서는 사도들을 통해 교회의 사도적 기초를 완성하신다.

어떤 사람들은 사도행전 28장의 끝에 이르면 이야기가 중간에 멈춘 것처럼 느끼곤 해. 누가의 기록은 사도 바울이 로마에서 가택 연금된 상태로 끝나기 때문이지. 바울이 가이사 앞에서 증언했는지, 풀려났는지는 말해 주지 않아. 이것은 기록할 두루마리의 공간이 부족해서가 아니란다. 예수님께서 약속하신 대로, 사도들을 통해 예루살렘에서 시작된 하나님의 나라가 유대와 사마리아를 거쳐 땅끝까지 확장되었음을 보여 주기 위함이야(행 1:8).

로마는 로마 제국의 수도로서 이방 세계의 정치·사회·문화의 중심지였어. 로마가 물론 땅의 끝은 아니지만, 세상의 끝을 상징하는 장소였단다. 그래서 유대 세계의 중심인 예루살렘에서 시작된 그리스도의 나라가 이방 세계의 중심인 로마에 이른 순간은 이 이야기를 마무리하기에 가장 알맞은 장면이야. 사도들의 증언을 통해 왕이신 그리스도께서 그분의 교회의 기초를 완성하신 것이란다(엡 2:20).

집의 기초는 한 번만 놓이고, 그 위에 집이 세워지지. 오늘날 그리스도의 백성은 사도들이 놓은 기초에 무엇을 더하지는 않지만, 성령과 말씀 안에서 그 위에 계속 세워 가는 일을 맡고 있어. 교회가 세워지는 과정에서도 사도들처럼 불신과 반대를 만나게 되겠지만 낙심해서는 안 돼. 부활하신 그리스도를 그 어떤 것도 막지 못했듯이, 그분이 이 위대한 건축을 시작하고 완성하시는 일 역시 아무도 막을 수 없기 때문이야. 음부의 권세도 교회를 이길 수는 없단다.

1) 사도행전의 끝은 우리가 기대한 모습과 같습니까?

   —— 아닙니다. 바울은 여전히 사슬에 매여 있고, 유대인들은 복음을 거부하고 있습니다. 그러나 그 속에서도 그리스도의 나라는 계속 확장되고 있습니다.

2) 누가의 결론은 사도들에게 주신 그리스도의 부르심이 완성되었음을 어떻게 보여 줍니까?

   —— 이방 세계의 중심인 로마에서 바울이 복음을 증언하는 모습으로 이야기가 끝나는 것으로 보여줍니다. 이는 복음이 땅끝까지 이르렀음을 나타냅니다.

3) 사도들이 교회의 기초를 완성했다면, 이제 할 일은 없습니까?

   —— 아닙니다. 우리는 성령을 의지하고 그리스도의 말씀을 믿음으로 그 기초 위에 교회를 계속 세워 가야 합니다. 예수님을 전하고 하나님의 나라가 임하기를 기도해야 합니다.

 약속의 성취

기도 

그리스도의 나라가 온 땅에 임하고 하나님의 뜻이 이루어지기를 기
도한다.

가정 예배를 드릴 때 성경과 교리문답을 암송하라

하나님은 어린아이들에게 지식을 흡수하는 독특한 능력을 허락하셨다. 어렸을 때의 암기 능력이 가장 뛰어나다. 그러다가 10대 청소년이 되면 암기 능력이 현저하게 줄어든다. 따라서 자녀들이 어릴 때 우리는 하나님이 그들에게 주신 능력을 십분 활용해야 한다.

암기는 자녀들에게 믿음을 전달하는 매우 중요한 수단 가운데 하나다. 성경에 기록된 하나님의 말씀과 〈웨스트민스터 소요리문답〉과 같은 충실한 교리문답에 요약된 진리를 암기해야 한다. 성경과 교리문답을 암기하도록 자녀들을 독려하고 있지 않다면 매일 가정 예배를 드릴 때 그런 시간을 마련하라고 강력히 권하고 싶다.

이 책을 통해 가정 예배를 드릴 때 활용할 수 있도록 성경 암기의 지침을 아래에 마련해 놓았다. 매주 가족들과 함께 암기해야 할 성경 구절과 복습해야 할 구절들을 표기했다(이 책을 통해 일주일에 가정 예배를 다섯 번 드린다는 것을 전제로 암기해야 할 성경 구절을 표기했으니 참조하라). 구절들을 암기하고, 복습하는 데 하루에 몇 분밖에 걸리지 않을 것이다. 한 번에 한 구절을 여섯 번 반복하는 것보다 엿새 동안 한 구절을 하루에 한 번씩 반복하는 것이 기억에 더 오래 남을 가능성이 크다. 아울러, 성경 암기와 더불어 일주일에 교리문답의 질문들

약속의 성취

을 하나씩 자녀들과 함께 암기하라고 권하고 싶다.

주	암기	복습
1	요 1:1, 14	해당 없음
2	눅 2:10-11	요 1:1, 14
3	요 3:3	눅 2:10-11; 요 1:1, 14
4	마 5:3-5	요 3:3; 눅 2:10-11
5	마 6:10-13	마 5:3-5; 요 3:3
6	막 7:20-22	마 6:10-13; 5:3-5
7	막 8:29	막 7:20-22; 마 6:10-13
8	요 11:25	막 8:29; 7:20-22
9	요 14:6	요 11:25; 막 8:29
10	요 16:13-14	요 14:6; 11:25
11	막 15:37-39	요 16:13-14; 14:6
12	마 28:18-20	막 15:37-39; 요 16:13-14
13	행 1:8	마 28:18-20; 막 15:37-39
14	행 2:38-39	행 1:8; 마 28:18-20
15	행 5:29	행 2:38-39; 1:8
16	행 17:24-25	행 5:29; 2:38-39
17	행 20:24	행 17:24-25; 5:29
18	행 26:22-23	행 20:24; 17:24-25

약속의 성취

지은이　조엘 R. 비키, 닉 톰슨
옮긴이　김도영
펴낸이　김종진
초판 발행　2026. 3. 12.
등록번호　제2018-000357호
등록된 곳　서울특별시 서초구 서초중앙로 24길 55, 401-2호
발행처　개혁된실천사
전화번호　02)6052-9696
이메일　mail@dailylearning.co.kr
웹사이트　www.dailylearning.co.kr

책값은 뒤표지에 있습니다.
ISBN 979-11-89697-62-4　03230